安徽省质量工程项目阳光宁名师工作室（项目编号：2016msgz049）资助出版
池州学院专著出版基金资助出版

近代史料笔记研究

黎俊祥◎著

安徽师范大学出版社
ANHUI NORMAL UNIVERSITY PRESS
·芜湖·

图书在版编目(CIP)数据

近代史料笔记研究 / 黎俊祥著. —芜湖:安徽师范大学出版社,2022.1
ISBN 978-7-5676-5082-4

Ⅰ.①近… Ⅱ.①黎… Ⅲ.①中国历史 - 近代史 - 史料 - 研究 Ⅳ.①K250.6

中国版本图书馆CIP数据核字(2021)第261735号

近代史料笔记研究

黎俊祥 ◎ 著

JINDAI SHILIAO BIJI YANJIU

责任编辑:李慧芳
责任校对:蒋　璐
装帧设计:王晴晴
　　　　　冯君君
责任印制:桑国磊
出版发行:安徽师范大学出版社
　　　　　芜湖市北京东路1号安徽师范大学赭山校区　　　邮政编号:241000
网　　址:http://www.ahnupress.com/
发 行 部:0553-3883578　5910327　5910310(传真)
印　　刷:苏州市古得堡数码印刷有限公司
版　　次:2022年1月第1版
印　　次:2022年1月第1次印刷
规　　格:700 mm × 1000 mm　1/16
印　　张:17.5
字　　数:265千字
书　　号:ISBN 978-7-5676-5082-4
定　　价:62.00元

目　录

绪　论

第一节　笔记的概念

笔记作为书名，始见于北宋宋祁著作《笔记》，此后有诸多作品以笔记为书名，如王炎《笔记》八卷、陆游《老学庵笔记》十卷、戴冠《濯缨亭笔记》十卷。虽然中国古代典籍中，笔记作品蔚为大观，但在中国目录学史上，却始终没有笔记这一类别，对笔记的概念也没有明确的界定。属于笔记的作品数量众多，这些作品内容丰富，特征各异。那么笔记的本来意思是什么呢？

笔，首先是一种书写工具。《尔雅·释器》中有言："不律谓之笔。"《说文解字》谓："所以书之器也。楚谓之聿，吴谓之不律，燕谓之弗，秦谓之笔。"后来笔就引申为"述事而书之"[①]之意，即"记录"之意。南北朝时称散文为笔，与韵文相对时，称笔记。南朝梁刘勰言："今之常言，有文有笔；以为无韵者笔也，有韵者文也。"[②]又言："路粹、杨修，颇怀笔记之工；丁仪、邯郸，亦含论述之美"[③]，"温太真之笔记，循理而清通：亦笔端之良工也。"[④]南朝梁王僧孺言："辞赋极其精深，笔记尤尽典

① [清]王先谦：《释名疏证补》，上海古籍出版社1984年版，第467页。

② [南朝梁]刘勰：《文心雕龙》下篇《总术第四十四》，上海古籍出版社2015年版，第246页。

③ [南朝梁]刘勰：《文心雕龙》下篇《才略第四十七》，上海古籍出版社2015年版，第269页。

④ [南朝梁]刘勰：《文心雕龙》下篇《才略第四十七》，上海古籍出版社2015年版，第270页。

实。”[①]这里，刘勰和王僧孺所谓之“笔”“笔记”均是和韵文相对应的一种散文体。这当是笔记的最初概念。此后，笔记的意义虽然有所变化，但“散”这一体例特征却一直延续了下来。如前所述，北宋著名文学家宋祁《笔记》[②]是最早直接用“笔记”二字作为书名的作品，共三卷，上卷“释俗”、中卷“考古”、下卷“杂说”，该著体例、内容也符合今天我们所认知的笔记的特征。

《四库全书总目提要》把我们现在认为是笔记的作品主要放入“史部·杂史”“子部·杂家”“子部·小说家”三类之中。其中杂家又一分为六，分别为杂学、杂考、杂说、杂品、杂纂、杂编，小说家分杂事、异闻、琐语三类。这些划分均是以作品记载的内容为依据。今人鉴于笔记数量及其价值，已将笔记作为一个独立的文献类型加以研究，如刘叶秋的《历代笔记概述》、谢国桢的《明清笔记谈丛》、郑宪春的《中国笔记文史》等。冯尔康的《清史史料学》将笔记作为和纪传体、编年体、纪事本末体、文集、日记等类型并列的史料之一予以论述。

为对笔记的内涵与外延有更准确的认识，下文将笔记与几个相关的概念进行辨析。

一、笔记与小说

古代小说的含义与今不同，而其含义又处于不断演变之中。小说最初的含义是指偏颇琐屑的言论。如《庄子·外物》中所言：“饰小说以干县令，其于大达亦远矣。”即是此意。《汉书·艺文志》中将街谈巷语、道听途说者称为小说。《汉书·艺文志·序》称：“小说家者流，盖出于稗官，街谈巷语、道听途说者之所造也。”后又用小说概称丛杂的著作。张衡《西京赋》云：“小说九百，本自虞初。”薛综对此注曰：“小说，医巫厌祝

① [南朝梁]王僧孺:《太常敬子任府君传》,转载自姚继荣,姚忆雪:《唐宋历史笔记论丛》,民族出版社2016年版,第498页。

②《郡斋读书志》著录为《景文笔录》,《直斋书录题解》著录为《景文笔记》,《宋史·艺文志》题为《笔记》。

之术。”《四库全书总目提要·小说家类》中称：“迹其流别，凡有三派：其一叙述杂事，其一记录异闻，其一缀辑琐语也。”在我们今天看来，《四库全书总目提要》中所概括的小说家类的三派著作均是笔记之属。在这个含义上，小说和笔记有着千丝万缕的联系。

唐末，作为说话家之小说已经产生。唐段成式称：“予太和末，因弟生日观杂戏，有市人小说。”①到了宋代，小说又为说话家之一。宋灌圃耐得翁对说话家进行了分类：“说话有四家，一者小说，谓之‘银字儿’，如烟粉、灵怪、传奇。说公案，皆是搏刀赶棒，及发迹变泰之事。说铁骑儿，谓士马金鼓之事。说经，谓演说佛书。说参请，谓宾主参禅悟道等事。讲史书，讲说前代书史文传、兴废争战之事。”②在说话的基础上出现平话、话本，小说开始成为故事性文体的专称，如《京本通俗小说》。元明以来则盛行章回体小说。明郎瑛曰：“小说起宋仁宗。盖时太平盛久，国家闲暇，日欲进一奇怪之事以娱之。”③明冯梦龙言：“如今再说一个富家，安分守已，并不惹事生非；只为一点悭吝未除，便弄出非常大事，变做一段有笑声的小说。”④清昭梿言：“自金圣叹好批小说，以为其文法毕具，逼肖龙门……至士大夫家几上，无不陈《水浒传》、《金瓶梅》以为把玩。”⑤作为故事性文体专称的小说显然已经脱离了笔记的范畴。

以上是小说含义演变的两条线。随着小说含义的不断演变，小说的概念随之复杂化，正如清代学者刘廷玑所说：“盖小说之名虽同，而古今之别则相去天渊。”⑥到了元明清之时，“小说”既可指故事性的作品，也可指杂记见闻、辨章学术的作品。明胡应麟将小说家做了分类：

---

① [唐]段成式：《酉阳杂俎续集》卷四《贬误》，四部丛刊景明本。

② [宋]孟元老：《东京梦华录(外二种)》，二十一世纪出版社集团2018年版，第243—244页。

③ [明]郎瑛：《七修类稿》卷上《辩证类(上)》，广益书局1936年版，第190页。

④ [明]冯梦龙：《古今小说》第三十六卷《宋四公大闹禁魂张》，上海古籍出版社1992年版，第341页。

⑤ [清]昭梿：《啸亭杂录　续录》，上海古籍出版社2012年版，第303页。

⑥ [清]刘廷玑：《在园杂志》，中华书局2005年版，第82—83页。

小说家一类又分为数种：一曰志怪，《搜神》、《述异》、《宣室》、《酉阳》之类是也；一曰传奇，《飞燕》、《太真》、《崔莺》、《霍玉》之类是也；一曰杂录，《世说》、《语林》、《琐言》、《因话》之类是也；一曰丛谈，《容斋》、《梦溪》、《东谷》、《道山》之类是也；一曰辨订，《鼠璞》、《鸡肋》、《资暇》、《辨疑》之类是也；一曰箴规，《家训》、《世范》、《劝善》、《省心》之类是也。①

用今天的观点来看，胡应麟的分类中，杂录、丛谈、辨订均为笔记作品，志怪为笔记小说，传奇为小说。

清嘉庆时陈琮为诸联《明斋小识》所写序中将小说家分为四种，即录事、纪异、丛谈、合纂②。这一分类中就摒弃了志怪、传奇等故事性小说，比较接近今人笔记的概念。

今人所谓的小说是一种以散文形式叙述虚构性内容的文学体裁，也指以这种体裁写成的文学作品，这和小说的最初含义是有差异的。近现代以来，小说是在我国唐宋以来话本小说、章回小说的基础上，借鉴外国小说发展而来，是现代文学的一大类别。它具有完整的故事情节，且内容为作者虚构。小说按篇幅长短及内容广狭，可分为长篇小说、中篇小说、短篇小说、小小说等。今人研究笔记，宜以当代小说的概念为标准，将古人所谓的小说与今人所谓的小说的概念妥加区分，视小说为故事性文体的专称，将原来囊括在小说类别下的杂录、丛谈、辨订等文体（《四库全书总目提要》则谓之叙述杂事、记录异闻、缀辑琐语）归入笔记一类，这样就可以避免小说与笔记在概念上的混淆。

① [明]胡应麟:《少室山房笔丛》,上海书店出版社2001年版,第282页。

② [清]诸晦香:《明斋小识》,《笔记小说大观·二十一编》,新兴书局有限公司1978年版,第5877页。

二、笔记与笔记小说

笔记与笔记小说是另一对容易混淆的概念。笔记与小说合称，大概出现于清末[①]，合称后形成一个新的名词，但长期以来笔记小说的概念甚为模糊，没有学界公认的定义。从语法上分析，笔记与小说可以是并列结构，笔记小说也就是笔记或者小说（这里的小说是古意）；笔记与小说也可以是偏正结构，意谓有笔记这一撰述形式的小说，即笔记体小说（这里的小说是今意）。笔记小说到底是何种文体？恐怕发明者、使用者也都无法知晓，或许并不想去注意吧。因此，从民国至今的出版物来看，笔记小说所收纳的作品可真是丰富多彩。20世纪20年代由上海进步书局出版的《笔记小说大观》，收录的作品大部分为史料性笔记和学术性笔记，也包含着笔记小说，如洪迈《夷坚志》、纪昀《阅微草堂笔记》、袁枚《子不语》、张潮《虞初新志》等。这样，笔记与笔记小说混同起来，它们之间的界线也变得更为模糊。除此之外，还包括游记、日记、地理书、诗文集等作品。台北新兴书局自20世纪60年代开始亦出版了《笔记小说大观》，共45编450册，收录图书总计2080种。该丛书是在上海进步书局版《笔记小说大观》基础上扩充而来，收录图书更为庞杂，漫无限制，经史子集均有涉猎，“笔记小说”四字更是名不副实。20世纪90年代中后期，山西古籍出版社出版《民国笔记小说大观》，2007年上海古籍出版社出版《清代笔记小说大观》，均称笔记小说，但收录的大都是史料笔记。这是出版界的现状。

在学术界，情况比较复杂，有的对二者的概念不加区分。如上海辞书出版社出版的《中国文学大辞典》对笔记小说的定义如下：

> 笔记小说，古代小说类别名。文言小说的一种。大多以随笔形式记录见闻杂感而成。宋代宋祁始以“笔记”作书名，后如旧题苏轼的

① 程毅中:《略谈笔记小说的含义及范围》,《古籍整理研究学刊》1991年第2期。

《仇池笔记》，陆游的《老学庵笔记》等均沿用。另有称笔谈、笔丛、随笔、笔余，乃至杂录、漫录、谈丛、丛说等，大致均可归入此类。①

上海古籍出版社出版的《清代笔记小说大观》在出版说明中指出：

"笔记小说"是泛指一切用文言书写的志怪、传奇、杂录、琐闻、传记、随笔之类的著作，内容广泛驳杂，举凡天文地理、朝章国典、草木虫鱼、风俗民情、学术考证、鬼怪神仙、艳情传奇、笑话奇谈、逸事琐闻等等，宇宙之大，芥子之微，琳琅满目，真是万象包罗。②

这两种定义将笔记小说与笔记等同，认为笔记小说就是笔记。这一概念已经颇受学者质疑，而且定义本身颇有自相矛盾之处。如《中国文学大辞典》的定义中指出笔记小说"大多以随笔形式记录见闻杂感"，又是"文言小说的一种"，但是文言小说的故事情节基本是虚构的，又怎能等同于记录见闻杂感的文字呢？实际上这一定义是将笔记小说作为笔记和笔记体小说的合体。

另一种观点是将笔记小说作为笔记的一种，但和笔记又有所区分。如《辞海》对笔记的定义如下：

笔记，文体名。泛指随笔记录、不拘体例的作品。……笔记的异名，有随笔、笔谈、杂识、札记等。其铺写故事，以人物为中心而较有结构的，称为笔记小说。③

吴礼权认为，"按照目前学术界的普遍看法，所谓'笔记小说'，就是指那些铺写故事、以人物中心而又较有情节结构的笔记作品"④，笔记小

① 钱仲联等:《中国文学大辞典》,上海辞书出版社2000年版,第1998页。

② 上海古籍出版社编:《清代笔记小说大观》,上海古籍出版社2007年版,第1页。

③ 辞海编辑委员会编:《辞海》(1999年版缩印本),上海辞书出版社2000年版,第2263页。

④ 吴礼权:《中国笔记小说史》,商务印书馆国际有限公司1997年版,第2页。

说“应该具备下列内容与形式两方面的特征：在描写内容上，它所记述、描写的文字应该有人物活动于其中，有必要的故事情节，哪怕是最简单的；在形式上，它用于叙写的文字应是文言，篇幅应短小，字数每则当在五千字以下。……概括起来说，所谓‘笔记小说’，就是那些以记叙人物活动（包括历史人物活动、虚构的人物及其活动）为中心、以必要的故事情节相贯穿、以随笔杂录的笔记与简洁的文言、短小的篇幅为特点的文学作品。”①笔记小说“就是指那些具有小说性质、富有文学意趣的笔记作品”②。

刘叶秋认为历史琐闻类笔记和考据辨证类笔记“只能算作‘笔记’，不宜称为‘笔记小说’”，“所谓‘笔记小说’内容主要是情节简单、篇幅短小的故事，其中有的故事略具短篇小说的规模”③。刘叶秋对笔记和笔记小说的区分是必要的，但在区分的同时仍将笔记小说作为笔记的一种，这一观点很普遍。

另有部分学者明确提出应区分笔记与笔记小说的概念。苗壮在《笔记小说史》中认为：

> 笔记小说是文言小说的一种类型，是以笔记形式所写的小说。它以简洁的文言、短小的篇幅记叙人物（包括幻化的鬼神精怪和拟人的动植物与器物等）的故事，是中国小说史中最早产生并贯串始终的小说文体。④

苗壮在给笔记小说界定时就以区分“非小说的笔记”与“非笔记的小说”为入手点，将笔记与笔记小说做了区分。苗壮认为“是否有自觉或不自觉的想象虚构，是否有程度不同的艺术加工，便成为笔记小说与杂史琐

① 吴礼权：《中国笔记小说史》，商务印书馆国际有限公司1997年版，第2—3页。

② 吴礼权：《中国笔记小说史》，商务印书馆国际有限公司1997年版，第3页。

③ 刘叶秋：《历代笔记概述》，北京出版社2003年版，第4页。

④ 苗壮：《笔记小说史》，浙江古籍出版社1998年版，第6页。

闻的重要区别”[①]。

王多闻、程毅中、陶敏等学者都在文章中呼吁笔记和笔记小说应有明确的区分，不应再将笔记小说和笔记等同或作为笔记的一类。

我们以为，既然笔记与小说已经被公认是不同的文体类型，那么笔记和笔记小说就不应混同。既不能认为笔记与笔记小说是同一种文体，也不宜将笔记小说作为笔记的一个类别。一般而言，可以认为笔记小说是古代文言小说的一种，有着较为完整的以虚构创作为内容主体的故事情节。它和笔记的根本区别表现在内容上：笔记是以纪实为主，虽然在口耳相传中会出现某些违背事实的虚构，但不是有意为之，即使是记载鬼神怪异，作者也是本着纪实之心去记述的；而笔记小说则是以虚构为主体，虽然虚构的同时有现实的背景，甚至是真实的人与事，但其主体却非事实，是作者主观创造的产物。笔记小说以笔记的撰述形式创作，比如篇幅短小、每则文字独立成篇，不相贯属等。同时，又由于笔记作品的特征，同一作品会出现虚构故事与见闻琐记并存的情况。以上两点是导致笔记和笔记小说极易混同的原因所在。

三、笔记与野史

野史的名称最早出现于唐朝，陆龟蒙有诗：“自爱垂名野史中。”野史这一类史学著作在中国史学史上是一个客观而广泛的存在，但是上至《隋书·经籍志》下至《四库全书总目提要》，并无野史的分类，其概念更难以明确界定。学者一般并不将笔记和野史作严格区分，如梁启超把别史、杂史、杂传、杂记等一概视为野史[②]。谢国桢在其《明清笔记谈丛》“重版说明”中即杂用笔记、小说笔记、野史笔记等概念[③]，他认为，“凡不是官修的史籍，而是由在野的文人学士以及贫士寒儒所写的历史纪闻，都可以

① 苗壮：《笔记小说史》，浙江古籍出版社1998年版，第5页。

② 梁启超：《中国历史研究法》，东方出版社1996年版，第56页。

③ 谢国桢：《明清笔记谈丛》，上海书店出版社2004年版，第1—5页。

说是野史笔记，也可以说是稗乘杂家。”[①]吴绍釚则将笔记作为野史的撰述形式，他认为，“除二十四史之外的凡是保存有史料价值的以纪闻、杂录、偏录、随笔、漫钞、丛谈等形式而撰写的私家笔记之作，都可视之为野史”，并将“笔记性”作为野史的特征之一[②]。

在图书编撰出版中，将二者等同的现象更为明显。小横香室主人编撰的《清朝野史大观》及徐珂编著的《清稗类钞》均取材于笔记、文集、传记、报刊杂志等，名称虽有野史和笔记之分，但实际上为同类著作[③]。姚佐绥等合编的《中国近代史文献必备书目》中“笔记”一类就收录了大量的野史作品。民国时期由上海进步书局石印的《笔记小说大观》录有部分野史著作。当代出版的《中国野史集成》《中华野史》等大型丛书中均收录有不少笔记。

笔记与野史之所以被混为一谈，是因为它们有一些共性：首先，二者的概念在史学史上均没有很明晰的界定；其次，二者均无固定的体例；再次，在所涉及的内容上，二者都极为广博而杂乱，且以个人见闻为主；最后，它们都是私家著述。也正因此，前辈学者将野史与笔记不做严格区分，结合起来研究是有其合理性的。但二者毕竟不能等同。举例来说，从徐一士《近代笔记过眼录》、谢国桢《明清笔记谈丛》、张舜徽《清人笔记条辨》、来新夏《清人笔记随录》等作品来看，他们都是以介绍笔记为中心的学术笔记，显然不能称为野史。而众多的野史著作如梁启超《戊戌政变记》、费行简《慈禧传信录》等个人创作的纪事本末体作品和人物传记显然亦不属笔记之类。

要想认清笔记与野史的关系，首先需要厘清野史的基本含义。瞿林东在《说野史》中在对前人定义剖析的基础上得出野史的规律性认识：“第

① 谢国桢：《明末清初的学风》，上海书店出版社2006年版，第87页。

② 吴绍釚：《“野史”特征漫议》，《东疆学刊（哲学社会科学版）》1996年第2期。笔者认为作者将笔记性作为野史的特征不尽合理。

③ 冯尔康认为《清稗类钞》类作品为笔记类书，即“与类书相接近的笔记书籍”，见冯尔康：《清代人物传记史料研究》，天津教育出版社2005年版，第424页。

一，野史本是一个较宽泛的概念，自唐以下，相沿至今。第二，野史具有几个明显的特点：一是作者多非史官，二是体裁不拘，三是所记大多出于闻见，四是记事较少忌讳。”①从中我们可以知道，野史和纪传体、编年体、纪事本末体、典制体等不一样，不是史学体裁的一类，不是某一固定的编撰体例，而是和正史相对应的概念，是中国历代史学著述的一大范畴。一部史著是否为野史并不是依据其体例、编撰手法，而是要综合考虑作者、史源、题材、内容等诸多方面方能确定。这样，我们就不能简单地将笔记与野史等同或者截然区分开来。简而言之，笔记作品并不全是野史，但保留着较多历史资料的笔记作品应属于野史范畴，即谢国桢所称的“野史笔记”。野史笔记或者说史料笔记是野史与笔记的一个交集，具有笔记与野史的共性。

四、笔记的概念

以上辨析了笔记与小说、笔记小说、野史之间容易混淆的几对关系，有利于加深我们对笔记的认识。其实，前辈学者在对笔记进行研究时，对笔记的概念已有诠释。

刘叶秋在《历代笔记概述》中说：

> 后人就总称魏晋南北朝以来“残丛小语”式的故事集为“笔记小说”，而把其他一切用散文所写零星琐碎的随笔、杂录统名之为“笔记”。②

冯尔康在《清史史料学》中认为：

> 古代笔记是随笔记录当时见闻，阅读古今图书、文物心得，随笔撰写带有虚构性的人物故事。它具有内容广泛的特性。……它还有不

① 瞿林东：《说野史》，《齐鲁学刊》2000年第1期。

② 刘叶秋：《历代笔记概述》，北京出版社2003年版，第1页。

拘形式的特点，信笔所记，杂乱无章。①

刘叶秋、冯尔康对笔记的界定是目前学术界比较认可的看法。除此之外，比较权威的工具书对笔记的定义有如下数种。

《汉语大词典》：

一种以随笔记录为主的著作体裁。内容大都为记见闻，辨名物，释古语，述史事，写情景。其异名则有随笔、笔谈、杂识、札记等。鲁迅《且介亭杂文·关于中国的两三件事》："烧掉房子的事，据宋人的笔记说，是开始于蒙古人的。"洪深《电影戏剧的编剧方法》第四章三："现在引明人笔记一则为例。"②

《中国大百科全书·中国文学》：

笔记文是一种随笔记录的文体，"笔记"之"笔"即文笔之分的"笔"，意谓散记、随笔、琐记。笔记文包括史料笔记、考据笔记和笔记小说。③

《中国大百科全书·中国历史》：

笔记，意谓随笔记录之言，属野史类的一种史学体裁。有随笔、笔谈、杂识、日记、札记等异名。……笔记形式随便，又无确定格式，诸如见闻杂录、考订辨证之类，皆可归入。

笔记除常以丛谈、杂记、笔记、琐言、随笔、漫抄、见闻录、笔谈等命名外，亦有用载、编、史、乘、论、考、辨等署题。笔记依其

---

① 冯尔康：《清史史料学》，沈阳出版社2004年版，第307页。

② 汉语大词典编纂委员会，汉语大词典编纂处编纂：《汉语大词典》（第8卷），汉语大词典出版社1991年版，第1164页。

③ 中国大百科全书总编辑委员会《中国文学》编辑委员会，中国大百科全书出版社编辑部编：《中国大百科全书·中国文学》（2），中国大百科全书出版社1988年版，第766页。

所载内容，大体可分作：鬼神仙怪、历史琐闻和考据辨证等类别。①

以上诸工具书的观点和刘叶秋与冯尔康的论述基本一致，均认为笔记是随笔记录之言，形式以散、内容以杂为主。

笔者根据阅读近代史料笔记时的体会，及对笔记与小说、笔记小说、野史等概念的辨析，再结合前辈学人的观点，给笔记下一个简单定义：笔记是作者以个人经历、见闻、读史阅世的心得体验为主要记载内容，大多没有固定体例和章法的随手记录之作。关于该定义，还需强调以下几点：

其一，笔记的作者群非常广泛，不受限制。上至枢臣亲贵、封疆大吏，下至普通学者寒士，能下笔者，均能为文。

其二，从体例和涉及内容来看，笔记作品几乎没有固定的体例和章法，没有特定目的，大多为随笔记录之作，所载内容包罗万象，不受限制，只要是作者感兴趣的均可下诸于笔端。其体例之散和内容之杂区别于具有一定体例和撰述方式及特定撰述内容的史著。

其三，笔记以纪实为主，较少主观性的歪曲与虚构。即使作者根据见闻记录了一些神怪之作，作者本人也大都认为是真实可信才予以记载的。这一点区分于主观虚构的故事性的笔记小说。

当然，因为笔记撰述的随意性，以上定义及其解释，也只能是粗略的。比如，笔记不一定全是随手记录，没有目的。有的作者有意识地将平日见闻记录在案以为他日刊刻，如陈康祺的《郎潜纪闻》初笔、二笔、三笔、四笔；有的作者则是晚年借此记录其人生经历，如吴永口述的《庚子西狩丛谈》；有的作者则当作一门学问而专门从事此类撰述，如徐一士的《凌霄一士随笔》《一士类稿》《一士谈荟》；有的作者带有种种不可一律的目的，如薛福成在《庸庵笔记》中就提出其目的是“挽回世道人心”“裨经世之学”等。同时，笔记“散”的特征只是相对而言的，有的笔记作品

① 中国大百科全书总编辑委员会《中国历史》编辑委员会，中国大百科全书出版社编辑部编：《中国大百科全书·中国历史》(1)，中国大百科全书出版社1992年版，第47页。

就有比较集中的撰写内容，如梁章钜的《枢垣记略》就以记军机处为中心，易宗夔的《新世说》以记人为主，陈夔龙的《梦蕉亭杂记》以个人经历为线索。

第二节 学术史回顾

笔记形式活泼、包容广阔，故而颇受文人学士的青睐，历代均有大量笔记作品问世。笔记具有较高的史料价值或学术价值，对笔记进行的研究历代不乏其人。当代学者对笔记做过一定的理论探讨和专题研究，逐一介绍如下。

一、对笔记的概念、价值及特点的考察

首先，笔记的概念与分类。

关于笔记的概念，前文已有较为详细的论述，此处不再赘述。从目前研究现状来看，对笔记概念的讨论主要集中于笔记与笔记小说、笔记与野史这两对概念的联系与区别。就笔记与笔记小说而言，多数学者认为应该将二者加以明确区分。王多闻明确指出“笔记断非笔记小说”①。吴礼权认为笔记小说“属于小说范畴”②。程毅中则指出“笔记与小说连称出于清末，于古于今都缺乏科学依据，在目录学上已经造成了一些混乱，今后似不宜再推广这个名称了”③。陶敏、刘再华在《“笔记小说”与笔记研究》中也认为应该辨明笔记小说与笔记的不同点，并探讨了笔记小说这一概念对笔记文学与笔记文献整理的影响。陶敏、刘再华认为人们对笔记小说的不同理解，“给笔记和小说研究整理工作造成了许多混乱。‘笔记小说’概念导致人们忽视笔记与小说二者文体性质的差异，视笔记为小说的

① 王多闻：《笔记杂谈》，《图书馆学刊》1980年第1期。

② 吴礼权：《中国笔记小说史》，商务印书馆国际有限公司1997年版，第3页。

③ 程毅中：《略谈笔记小说的含义及范围》，《古籍整理研究学刊》1991年第2期。

附庸，使笔记研究始终处于‘笔记小说’的阴影笼罩之下”[①]。因此，有必要将笔记从笔记小说中剥离出来，“今天不必要也不应该继续用‘笔记小说’来指称全部笔记”[②]。

就笔记与野史的关系而言，有学者提出应从文体角度区分笔记与野史，认为“凡属历史体裁的著作，可考虑为野史；凡属文学、杂考、杂说、杂品、杂纂、杂编，虽其内容有涉及历史者，亦不宜列为野史”[③]，“野史的性质当然属于史书”，“‘野史’和‘笔记’，是两个各自独立的文体概念，这一点当是没有疑问的”[④]。此处将笔记与野史加以区分是正确的，但单从文体的角度区分仍有欠缺。关于笔记与野史的关系，上文已经有所论述。

实际上，历史上笔记数量众多且内容丰富、形式多样，很难下一个明晰的定义。为研究和出版的方便，学者们对笔记概念并不作严格限定，至于将笔记与笔记小说、笔记与野史等同的现象更为普遍。笔者认为，虽然对笔记作严格的限定既无必要，也不可能，但将其外延无限扩大而使其失去必要的界定也是不妥的。

其次，笔记的史料价值及缺陷。

我国历史上笔记种类之多、数量之大、范围之广，有目共睹，而其史料价值也一直为学者们所注重。《四库全书总目提要》著者认为笔记类作品“足以存掌故，资考证，备读史者之参稽”[⑤]。1915年，周椒青为裘毓麐《清代轶闻》作序时，对遗闻轶事记载之作有一生动比喻：“凡古人言行，其载之正史者，皆山中之恒蹊也；及睹其轶事于他说，则其人之性情毕露而读者之耳目为之一新，此即天外之飞瀑也。”[⑥]梁启超在《中国历史

① 陶敏，刘再华：《“笔记小说”与笔记研究》，《文学遗产》2003年第2期。

② 陶敏，刘再华：《“笔记小说”与笔记研究》，《文学遗产》2003年第2期。

③ 缪钺，胡昭曦：《论野史——〈中国野史集成〉序言》，《四川图书馆学报》1994年第2期。

④ 憨斋：《说野史》，《阅读与写作》2007年第2期。

⑤ [清]纪昀：《四库全书总目提要》，河北人民出版社2000年版，第1403页。

⑥ 裘毓麐：《清代轶闻》，中华书局1989年版，第7页。

研究法》中就认为："别史、杂史、杂传、杂记之属，其价值实与正史无异，而时复过之。"[①]鲁迅曾说："历史上都写着中国的灵魂，指示着将来的命运，只因为涂饰太厚，废话太多，所以很不容易察出底细来。正如通过密叶投射在莓苔上面的月光，只看见点点的碎影。但如看野史和杂记，可更容易了然了，因为他们究竟不必太摆史官的架子。"[②]鲁迅还说："野史和杂说自然免不了有讹传，挟恩怨，但看往事却可以较分明，因为它究竟不像正史那样地装腔作势。"[③]可见，鲁迅更为强调笔记、野史记载的客观性与真实性。谢国桢在《明清笔记谈丛》中指出笔记的记载"足以扩充历史的内容，补充官修正史的不足"[④]，并详细列举了明清笔记所包含的十大方面的内容。来新夏根据个人对笔记的爬梳整理撰成《清人笔记的史料价值》一文，具体考察了清代笔记资料在政治、经济、社会、文化等诸方面的史料价值。[⑤]戴逸也谈道："笔记中所记保持较多的真实性，因为作者或闲居自娱，或消愁解闷而作笔记，无心沽名传世，亦非刻意著作，故无所避讳，无所顾忌，无所掩饰，能透露某些真实情况和真实思想，比起官方史书更加可信。"[⑥]

当然，笔记中历史记载的缺陷也是显而易见的，有诸多道听途说之文，鬼怪迷信之事，各类记载辗转相袭，记载错误之处也不少。对此，学者多有认识。宋人洪迈著《容斋随笔》时曾对沈括《梦溪笔谈》等笔记记载的失实之处进行了考证，他认为"野史杂说，多有得之传闻及好事者缘饰，故类多失实，虽前辈不能免，而士大夫颇信之"，并提出了"野史不可信"的问题[⑦]。如傅斯年评价的"私家的记载时而失之诬"[⑧]，恐怕是笔

① 梁启超：《中国历史研究法》，东方出版社1996年版，第56页。
② 鲁迅：《鲁迅文集》(4)，甘肃文化出版社2018年版，第14页。
③ 鲁迅：《鲁迅文集》(4)，甘肃文化出版社2018年版，第109页。
④ 谢国桢：《明清笔记谈丛》，上海书店出版社2004年版，第1页。
⑤ 来新夏：《清人笔记的史料价值》，《天津社会科学》1987年第1期。
⑥ 戴逸：《"录之者尚有人"——〈清人笔记随录〉序言》，《博览群书》2004年第3期。
⑦ [宋]洪迈：《容斋随笔》(上)，上海古籍出版社1978年版，第52—53页。
⑧ 傅斯年：《史料论略及其他》，辽宁教育出版社1997年版，第26页。

记资料的最大问题了。王多闻提出利用笔记需注意的问题，如“第一，不少笔记都杂有神异采报，荒诞不经之说”；“第二，笔记多是封建士大夫和文人之作，所以对封建制度都是竭诚拥护，对农民起义又总是污蔑的”；“第三，同一故实，此因彼袭，也是笔记之通病”；“第四，注意鉴别资料的先后真伪、讹漏与删节”①。可见，学者对笔记史料价值的优劣是有着全面认识的。

再次，笔记的特点。

关于笔记的特点，学术界的观点比较一致，即“杂”和“散”。刘叶秋就说：“我认为笔记的特点，以内容论，主要在于‘杂’：不拘类别，有闻即录；以形式论，主要在于‘散’：长长短短，记叙随宜。”②戴逸指出：“笔记最明显的特点就是内容杂，大千世界，芸芸众生，兼收并蓄，无所不包……”③王多闻也认为：“笔记最大的特点在于一个‘杂’字。大而典章制度、政治经济；细而社会风俗、遗闻轶事以及考辨经史，甚至技艺、器用无不罗列。”④笔者认可学术前辈的见解，“杂”“散”确能概括出笔记同其他诸多文体相区别的独特性。

二、近代史料笔记的研究成果

晚清民国时期，随着社会的变迁、民族危机的加深、西学的传入，上至亲贵枢臣，下至普通士绅，均有笔记问世，或述经历、或记见闻、或表政见、或考文史，且数量可观。这类笔记大都具有一定的史料价值，对我们了解近代以来的政治、经济、社会、文化、民俗生活、社会变迁具有重要意义。因此，学者较为重视近代笔记的搜集整理与介绍。

近代掌故大家徐一士所著《近代笔记过眼录》，于1941年起刊发于《中和月刊》并先后由山西古籍出版社（1996年）、中华书局（2008年）出

① 王多闻：《笔记杂谈》，《图书馆学刊》1980年第1期。

② 刘叶秋：《历代笔记概述》，北京出版社2003年版，第5—6页。

③ 戴逸：《“录之者尚有人”——〈清代笔记随录〉序言》，《博览群书》2004年第3期。

④ 王多闻：《笔记杂谈》，《图书馆学刊》1980年第1期。

版。该著介绍评述了近代11位学者的作品及其版本、流变，其特点是大量摘录原文并就相关内容征引其他史料，对保存史料做出了贡献，如《杏轩偶录》《瓜棚闲谈》《闲谈笔记》等多为今日所难见，但我们仍可通过该著获得其中部分资料，了解其概貌。

谢国桢是研究明清笔记的大家，早在1960年即由中华书局出版了《明清笔记谈丛》①，该书收录了谢国桢接触到的明清笔记等著作60种，介绍作者的生平、作品的版本、流传及内容等，尤注重分析作品的史料价值。谢国桢亦于1980年发表《明清野史笔记概述》，厘清了明清野史笔记著述的发展脉络，对其所涉及的历史资料和史料价值做了总结②。

张舜徽的《清人笔记条辨》收录笔记百种，大多均属“考据辨证”类，如著者所言：“有辨章学术者，有考论经籍者，有证说名物制度者，有订正文字音义者，有品定文艺高下者，有阐述养生方术者。”③该书首先介绍每种笔记的作者及主要著作，次则就其中观点内容进行考辨，颇可作为研究学术、思想史的资料。

来新夏亦致力于清代笔记资料的研究，数十年间究心于笔记资料的发掘运用，其著《清人笔记随录》为国家清史编纂工程中学术研究丛刊之一，共著录清代146人的笔记216种，考证作者、辨明版本，摘引史料、述评价值。该著出版后，颇受重视，戴逸为之作序，称道：“来新夏先生继谢、张之后尘，裒辑之广，用力之勤，心得之多，蔚为大观。”④该书的出版有助于推动清人笔记的后续研究。

姚继荣撰写的《清代历史笔记论丛》探讨了笔记、史料笔记与历史笔记的概念，分析了历史笔记的史料价值和缺陷，并分四个时期（顺治至雍正，乾隆至嘉庆，道光至同治，光绪至宣统）介绍了记载清代历史的

① 该书于1960年由中华书局出版，1981年由上海古籍出版社再版，上海书店出版社2004年新版。

② 谢国桢：《明清野史笔记概述》，《史学史研究》1980年第5期。

③ 张舜徽：《清人笔记条辨》，华中师范大学出版社2004年版，第2页。

④ 戴逸：《“录之者尚有人”——〈清人笔记随录〉序言》，《博览群书》2004年第3期。

历史笔记200余种。该著以“历史笔记”为名，不同于史料笔记，作者认为“历史笔记的切入点，一般说来，既不涉及那些纯文学性质的小说故事类笔记，也不涉及不关乎‘史’之内容的考据辨证类笔记，而主要是历史琐闻类笔记和学术笔记中的考史部分”①。在他看来，历史笔记和史料笔记的差距即是否纳入“学术笔记中的考史部分”。其实，学术笔记中的考史部分，当然涉及史料，但是一部包含考史内容的笔记到底是历史笔记，还是学术笔记？如果是历史笔记，那其中夹杂的“不关乎‘史’之内容”应该怎么看待？如果是学术笔记，那历史笔记划分的意义也就不存在了。姚著在笔记的选择上比来新夏著《清人笔记随录》有所扩充，包含了一批刊行于民国时期的史料笔记，如《近代笔记过眼录》《十叶野闻》等。

刘叶秋在其著《历代笔记概述》中对笔记作品进行分类并介绍了清代笔记作品的大致状况及其价值。在介绍清代笔记作品时，刘叶秋开宗明义指出：“清代是笔记集大成的时代，各种笔记都在前人述作的基础上进一步发展。其中历史琐闻类笔记的内容，尤为充实而多样化，较明人记叙的范围更广。”②并分“小说故事类的笔记”“历史琐闻类的笔记”“考据辨证类的笔记”三类述评了清代笔记数十种，所论精到公允。如谈到陈其元的《庸闲斋笔记》、薛福成的《庸庵笔记》，刘叶秋一方面认为其“记道光、咸丰以来史事，颇有可采”，同时又指明《庸闲斋笔记》“侈谈风水，大讲门阀，谄谀当世显贵，宣扬宿命因果”，《庸庵笔记》“间杂着大量荒唐迷信的传说”“美化统治阶级、诋毁起义人民”。客观全面地评述笔记作品是该著的一大特点。

郑宪春的《中国笔记文史》是一部为“笔记”作史的著作，除了探讨笔记的概念、渊源、演变、分类、学术价值外，亦以较多篇幅介绍了清代笔记作品。该书对笔记概念的探讨仍可商榷，尤其是将游记、日记、传记

① 姚继荣:《清代历史笔记论丛》,民族出版社2014年版,第29页。

② 刘叶秋:《历代笔记概述》,北京出版社2003年版,第199页。

乃至于纪事本末体著作均纳入笔记之列，则笔记的概念未免太宽；将笔记分为笔记小说、笔记小品、山水笔记、随笔、诗话、日记、学术笔记、野史笔记、杂著笔记、尺牍、序跋等，分类过杂，标准不一，亦失去了分类的意义。

冯尔康非常注重笔记资料，其在《清史史料学》中对“笔记”概念进行了研讨，对清朝笔记的史料价值作了分析，并介绍有代表性的笔记著作以及笔记出版状况。在《清代人物传记史料研究》中辟专章着重探讨了清人笔记中的人物传记资料，考证价值、评点得失。在《中国社会史概论》中辟专节介绍了笔记的社会史史料价值。

除了这类系统地对清代笔记进行研究的学术成果外，学者对部分史料价值较高的笔记进行了专题研究。这里就一些有代表性的研究成果予以介绍。

清末曾任监察道御史的胡思敬政治思想保守，但其著述如《国闻备乘》《戊戌履霜录》《审国病书》却颇有史料价值，为历来治清史者所注重，多种资料选入中国史学会主编的《中国近代史资料丛刊》。近亦有人对其笔记进行研究，如李泽昊考察刊行于1924年的《国闻备乘》，评述其史料价值、撰著特点和思想倾向，认为：“《国闻备乘》记载史实，并非出于猎奇，而是关注政治兴衰、世局变动”①，“胡思敬的史学思想中，具有不完全依从政治立场的相对独立的史学准则”②，因而虽政治立场落后，但能在其著述中直书清朝政治的阴暗，不仅给我们留下了宝贵的历史资料，其史学思想也是值得继承的。这一评价是符合实际的。

清末直隶总督陈夔龙著《梦蕉亭杂记》，亦属回忆录性质的笔记，对清末政情的记录有较高的参考价值。学者对其颇为关注，李双璧于1986年在《读书》杂志上发表文章，称其为近代史研究“提供了不少有价值的史

① 李泽昊：《儒家的情怀与担当：胡思敬研究》，上海三联书店2018年版，第145页。

② 李泽昊：《儒家的情怀与担当：胡思敬研究》，上海三联书店2018年版，第146页。

料”[①]。马秀娟撰文介绍了《梦蕉亭杂记》的主要内容，分析了陈夔龙的思想，认为“《梦蕉亭杂记》从不同的侧面反映了晚清政治、经济、文化教育等制度与掌故”[②]，肯定了其史料价值。冯祖贻亦对《梦蕉亭杂记》涉及的史实及人物记录予以了评介[③]。

徐一士除著有《近代笔记过眼录》外，尚有《凌霄一士随笔》《一士类稿》《一士谈荟》等作，其中尤以《凌霄一士随笔》为著。《凌霄一士随笔》初连载于《国闻周报》，累八年而不衰，洋洋120万字，在民国年间曾风行一时。有学者研究后指出其“内容则集中理析清代，尤其是道咸以来至民初近百年的朝野掌故，尤矢志于此期著名人物、科举制度及官制流变，其笔法则重在排比资料，连类缕析，探微析幽，甚具史学眼光”[④]。综合全书内容来看，此评论是公允的。徐一士之子徐泽昱亦曾撰文谈《凌霄一士随笔》的写作、史料价值及整理出版等状[⑤]。

三、近代史料笔记研究的展望

近代史料笔记由于其独特的史料价值，已成为研究近代政治、经济、军事、文化、社会生活等不可或缺的资料，同时，其出版也呈现出欣欣向荣之态。但在笔记作品的整理、研究等方面，笔者认为有尚需加强之处。

首先，对“笔记”这一文献类别的基本理论研究尚需加强。如前所述，笔记的定义、分类及笔记与笔记小说、笔记与野史的关系等问题学界尚未达成较为一致的意见，这对笔记的利用、整理、研究都是不利的。因此，需要从史学史和历史文献学的角度对历代笔记进行探讨，研究其内涵、外延，分析其类别，整理其发展历史。如对笔记概念的界定，笔者认为：第一，笔记与笔记小说应有所区别，笔记小说属文言小说的一种，不

---

① 李双璧:《巧宦的自述——陈夔龙和他的〈梦蕉亭杂记〉》,《读书》1986年第10期。

② 马秀娟:《陈夔龙及其〈梦蕉亭杂记〉》,《文物春秋》1997年第4期。

③ 冯祖贻:《陈夔龙和他的〈梦蕉亭杂记〉》,《文史天地》1994年第1期。

④ 张继红:《浅谈徐一士的〈凌霄一士随笔〉》,《津图学刊》1998年第3期。

⑤ 徐泽昱:《徐一士与〈凌霄一士随笔〉》,《博览群书》2004年第8期。

应作为笔记的一个类别；第二，笔记与相关史学著作类别如传记、日记、纪事本末、年谱等也应划清界限，笔记的题材不拘，没有固定的撰写范式和明确的撰写内容；第三，笔记与野史的关系需要进一步厘清，笔记不同于野史，但保留有较多史料的笔记是野史的组成部分。对此，前文已有初步探讨。

其次，史料笔记的文献整理、考辨工作需进一步重视。史料笔记作为近代史研究的重要史料，价值在于反映历史真相的程度及其在历史研究中的作用。利用资料是体现资料价值的首要途径，而要利用资料，必须对资料进行严肃的整理工作，包括考证、校勘、辨伪等。但是，这项工作并没有得到足够的重视。虽然不少近代史料笔记经过点校予以出版，但仍有大量笔记作品被掩埋无闻。此外，点校出版水平参差不齐，且缺乏考辨环节，也影响了资料的利用。

再次，对众多笔记资料的专题研究仍较薄弱。前所介绍的《清人笔记随录》《清代历史笔记论丛》等著均属提要式著作，并非是对某种笔记的系统研究。对笔记资料的专题研究，相对于近代笔记的数量而言非常不足。诸多文章仅限于介绍或笼统地评价其史料价值，并未深入对笔记的记载予以考辨。如研究义和团运动不得不参阅恽毓鼎《崇陵传信录》，诸多研究者将之视为信史加以引用，然据学者考证，恽毓鼎的记录竟有六大错误，除了无心之失外，亦有有意为之者[①]；林华国在研究义和团运动时曾质疑该书的可信度[②]，虽不能完全否定该书的价值，但在利用其资料时当有所警惕。又如许指严著《十叶野闻》，虽为不少笔记丛刊收录，但据笔者考订，它有很多基本史实的错误。刘禺生所著《世载堂杂忆》，虽然有

① 欧阳跃峰：《恽毓鼎〈崇陵传信录〉辨误》，《历史档案》1990年第1期，另见欧阳跃峰：《〈崇陵传信录〉记刚毅回京日期有误》，《近代史研究》1986年第2期。

② 林华国：《历史的真相——义和团运动的史实及其再认识》，天津古籍出版社2002年版，第113—122页、167—168页。

较高的史料价值，但其所涉及的内容虽得之见闻，仍不免错谬[①]。因之，只有对笔记进行具体而微的专题研究，才能提高笔记的整体研究水平，便于在史学研究中利用。

第三节　研究对象及内容

一、研究对象

本著将涉及晚清史实并刊行于1840—1949年间的史料笔记作为一个整体进行探讨。所谓史料笔记，即前文所述有较高史料价值的笔记，是笔记的类别之一。中华书局在中华人民共和国成立后先后出版了两套史料笔记丛刊，即《历代史料笔记丛刊》和《近代史料笔记丛刊》，编辑者将史料价值较高的笔记收入丛刊中。《中国大书典》中将福格《听雨丛谈》、吴振棫《养吉斋丛录》等作品称为“史料笔记”，可见史料笔记也是学界广泛使用的概念。本著中的“近代”指的是1840—1949年中国处于半殖民地半封建社会的历史时期。在民国时期出版刊行了数量非常可观的笔记作品，这些作品大多涉及清史特别是晚清史的内容。如果将这部分出版于民国时期的笔记作品排除在外，则所谓“近代史料笔记”的数量将会大大减少，其价值也逊色甚多。本著以涉及晚清历史的笔记为主要研究对象，主要是因为1840—1949年间刊行的涉及晚清历史的笔记数量多，资料更为丰富，便于较为全面地对史料笔记进行考察。

近代史料笔记的数量必不少，但如想得其确数，势必艰难。笔者在从事相关内容研究时，从各种丛书、期刊及书目中搜罗出两百余种史料笔记。当然，笔者在选定史料笔记时，并没有做非常严格地限定，如《枢垣记略》《石渠余记》《崇陵传信录》《梦蕉亭杂记》《庚子西狩丛谈》等均算

① 石继昌：《谈〈世载堂杂忆〉》，载中华书局编辑部：《文史》（第八辑），中华书局1980年版，第272—276页。

在内。当然，也并不是漫无限制，那些明显的纪事本末体著作如《夷氛闻记》《粤氛纪事》《庚子国变记》《拳变余闻》等，明显的日记体著作如徐建寅的《欧游杂录》、蓼村遁客的《虎窟记略》，明显的年谱如《道咸宦海见闻录》等均排除在外。笔者的研究即在所选定的史料笔记的基础上进行的，尤其注重以记载亲见亲闻为主的史料笔记。

二、研究内容

围绕“近代史料笔记”这一研究对象，本著分为五章，分述如下。

第一章为近代史料笔记概述。总体上介绍近代史料笔记的发展背景、分类、价值与特点等。近代史料笔记是在中国走向半殖民地半封建社会这一大的历史环境下产生的，中国面临着数千年未有之变局，欧风美雨对中国的影响越来越广泛。同时，清政府不断应付来自于内外的各种危机，对文化的控制有所放松。嘉道时期的经世致用思潮，同光时期的洋务思潮、维新思潮等也影响着人们的观念进而影响了史料笔记的写作。史料笔记大体可分为杂记、汇编两类。极为丰富的历史材料，原始的素材与客观的记载，细致而生动的描述，这些是史料笔记的价值所在。

第二章为近代史料笔记的史料价值。这是本著的重点内容，将从人物传记资料、政治军事史资料、经济史资料、社会史资料等方面结合晚清历史评述近代史料笔记的史料价值。

第三章为近代史料笔记史料价值的判定。史料笔记的史料价值固然重要，但其同样存有许多不可忽视的缺陷，因此本部分将重点讨论近代史料笔记史料价值的判定依据。在价值判定中，要关注史料笔记的记载来源，注意记载中是否受到作者主观意识的干扰，还需要考虑笔记的体例，如记载内容是否相对集中，有无明确的分类等。

第四章为近代史料笔记的刊行。近代史料笔记的刊行在晚清时期主要以私刻、坊刻为主，间或收录于期刊。到民国时期，近代史料笔记刊行进入大发展时期，除了传统的私刻、坊刻外，近代出版社刊行的类书、丛书中大量收录了笔记作品，期刊也成为笔记作品刊行的重要载体。中华人民共和国成立后，笔记作品的出版呈现出大繁荣的局面，特别是各种收录了笔记作品的丛书的出版层出不穷。但是因种种因素，出版还有各种不足，主要体现在整理工作不足、点校工作不够谨慎细致及资料汇编不足等方面。

第五章为近代史料笔记专题研究。为了进一步深入对史料笔记的了解，本著选择了《异辞录》《天咫偶闻》《宦游偶记》《十叶野闻》四部笔记作品进行专题研究，以此来说明史料笔记的价值及缺陷。

第一章　近代史料笔记概述

第一节　近代史料笔记产生的背景

笔记的产生和发展与中华文化的产生、发展、传承密切相关。而史料笔记更是与时代发展的脉搏紧密相关、丝丝相扣。研究史料笔记，首先必须研究其发展背景。总的来说，近代史料笔记的发展背景主要包括时代背景和学术背景，以下对此略加说明。

一、时代背景

清朝是中国封建社会的最后一个王朝，鸦片战争后，中国开始沦为半殖民地半封建社会，时代造就的“数千年未有之变局”，是晚清时期的一个突出特点。这一特点极大地丰富了笔记的记载内容和思想内涵。

从记载内容来看，近代史料笔记中记载了大量与时局紧密关联的重要人物。如第一次鸦片战争中的林则徐、琦善、陈化成，太平天国起义军将领洪秀全、杨秀清、石达开，号称“中兴名臣”之曾国藩、左宗棠、李鸿章、胡林翼、刘坤一，洋务首领奕䜣、张之洞，中法战争时期之奕譞、张佩纶、何璟、冯子材、刘铭传、刘永福，甲午中日战争时期之聂士成、丁汝昌，戊戌维新运动时期之梁启超、康有为、谭嗣同、林旭、袁世凯、荣禄，清末新政时期之奕劻、岑春煊、瞿鸿禨、端方、载沣、载振、载泽、盛宣怀等无不是笔记中记载的重点。这一点将在第二章中有较为详细的论述。同时，近代史料笔记的作者还密切关注时事，留下了大量有关时局的政治、军事资料。晚清七十年中所发生的重大历史事件，如鸦片战争、太平天国农民起义、辛酉政变、边疆危机、中法战争、甲申易枢、中日战争、庚子之变、清末新政、丁未政潮等是笔记作者关注的重点，也是笔记作者记载的重要内容。

从思想内涵来看，这一时期，史料笔记中除了包含着忠君、爱民等儒家传统思想及封建伦理道德思想外，还蕴含着丰富的在时代潮流影响下的新思想。因为笔记作品并不像郑观应的《盛世危言》、薛福成的《适可斋纪言纪行》一样系统地阐述个人见解，且笔记在内容上又多以记事记人为主，所以，作者的思想一般体现得都较为隐晦，但通过作者对人对事的评价，字里行间的褒贬及对写作内容的选择，我们还是能从中寻找出作者作品中所蕴含新思想的线索。这些思想包括：介绍西方事物，主张向西方学习的思想；主张政府改革、维新的思想；抵御外来入侵，谋求民族独立的思想。笔记作品中所反映出来的这些新思想脱胎于欧风美雨侵蚀下的近代中国而又随着时代的发展逐步演变。

二、学术背景

晚清时期，学术背景主要体现在两个方面：一是随着社会变动的加剧，嘉道年间的经世致用思想进一步发展并逐渐演变，以洋务思潮、维新思潮为代表的各种社会思潮你方唱罢我登场，深刻地影响着学术环境；二是随着清政府面临的严重的内忧外患及政治衰败，晚清时期文网渐疏，清政府对思想文化方面的控制有了一定程度上的放松。

一方面，嘉道时期，封建末世的深刻危机刺激了地主阶级中的有识之士，他们纷纷要求清政府澄清吏治、改革弊政、造就有用人才，挽救清政府统治。经世致用思潮就是在这种环境中诞生的，它是封建末世向近代演化过程中最早出现的一种进步的思想潮流。这种思想潮流一直延续至19世纪五六十年代。从某种程度上来说，洋务派“师夷长技以自强”的主张即是魏源“师夷长技以制夷”思想主张的继承和演化。“师夷长技以自强”的思想随着洋务运动实践的深入及顽固派与洋务派的论争逐渐系统化、理论化而形成以“中体西用”为核心的洋务思潮。洋务运动后期，随着洋务事业弊端的逐渐显现，及对西方学习的深化，从洋务派中分化出一批早期维新思想家，如马建忠、王韬、郑观应、薛福成等人，他们要求进一步学习西方实行变法，要求实行“君民共主”的议会制度，要求保护民族企业的发展。甲午中日战争以后，在民族危机的刺激下，维新思潮兴起，维新派主张兴民权、设议院、改革科举制度、发展资本主义经济。20世纪初，又兴起了君主立宪思潮、民主革命思潮。处于晚清社会中的官宦士绅，必然受到种种社会思潮的影响，这种影响不可避免地体现在笔记作品的撰述中。

另一方面，由于不断受到内忧外患的冲击，清政府不得不放松对思想文化领域的控制，这客观上促进了思想文化的交流与发展，也使得笔记作者在写作中相对而言可以较少禁忌约束，形成内容更为自然、记载更为丰富的作品。这里需要说明的是，晚清时期，清政府对思想文化控制的松动只是相对的，加上笔记作品的作者以士大夫为主，所以，晚清时期的笔记作品在内容的选材上很难如民国时期那样自由，对人物、事件的评论也不能无所顾忌。

进入民国，因清政权的崩溃，笔记作品的作者在写作中没了顾忌，文笔更为直率，所保留的资料也更为丰富、真实。其主要表现就是对清政府及权贵予以直接的批评或抨击。如胡思敬虽是晚清遗老，对清末改革也不以为意，思想保守，但他在《国闻备乘》中对晚清时期政府腐败不堪、权贵贿赂公行的揭露非常深入，对清政府实行的政策也直言批评。吴永在《庚子西狩丛谈》中对岑春煊更是大胆抨击，对光绪、慈禧也有较为客观的记载。对晚清时期的最高统治者慈禧，不少笔记作品都有或多或少的批评。如何刚德评论慈禧：“惟平日在宫中驭下过严，且性喜游观。如重修颐和园一事，宝师谈次，亦颇有微词。且自西幸回銮后，因宫中旧物半多散失，不免喜受贡献，虽系晚景无聊，究不免盛德之累。”[1]作为晚清遗老，何刚德的坦言颇显珍贵，这与民国时期的时代环境密切相关。

总之，近代史料笔记的发展同时代脉搏息息相关，既是时代的反映，又反过来通过文字揭示了晚清时期的时代特色。

第二节　近代史料笔记的分类

笔记的分类，学术界存在着不同的看法。《四库全书总目提要》将历代笔记分在史部杂史、子部杂家（杂说、杂考等）、子部小说家（杂事、异闻、琐语）等类别之中。张智华将笔记分为“笔记文、笔记小说与史料笔记”[2]。王多闻在《笔记杂谈》一文中将笔记分为杂记、杂说、杂考。曹之将笔记分为“小说笔记、史料笔记、考辨笔记”[3]。谢国桢在《明清野史笔记概述》一文中根据野史笔记叙述的主要内容将其分为十类：农业生产类、手工业生产和商业类、政治制度朝章典故社会经济社会风俗类、农民起义类、少数民族类、地理类、中外关系和海外贸易类、明代和清代历史文献和人物传记类、科技工艺类、文史哲学家传记类[4]。更多的研究者在介绍笔记作品时大都依据刘叶秋的划分，即小说故事类的笔记、历史琐闻类的笔记、考据辨证类的笔记，小说故事类的笔记又可称为笔记小说，而考据辨证类的笔记、历史琐闻类的笔记均不宜称为笔记小说，只宜称为笔记[5]。按照《历代笔记概述·绪论》中所言，不妨把“小说故事类的笔记”（即“笔记小说”或称为“笔记体小说”）从笔记这一大的概念中剔除，将之归入现代意义上的“小说”这一文学作品形式，作为单独的

① 何刚德：《春明梦录·客座偶谈》，山西古籍出版社1997年版，第16页。

② 张智华：《笔记的类型和特点》，《江海学刊》2000年第5期，第166页。

③ 曹之：《中国古籍编撰史》，武汉大学出版社2015年版，第467页。

④ 谢国桢在其文论中一直没有严格地区分野史与笔记，往往野史笔记统称，所列举的文献既有日记又有人物传记还包括纪事本末体史书。

⑤ 刘叶秋：《历代笔记概述》，北京出版社2003年版，第4—5页。

一类[①]，这样，笔记就可以笼统的分为学术笔记与史料笔记两类。王多闻将笔记分为杂记、杂说、杂考三类，也是剔除了笔记小说这一类作品。

学术笔记，即考据辨证类笔记，也就是王多闻所谓的杂说、杂考，以研究专门问题为主题，可为学术研究提供参考。张舜徽《清人笔记条辨》便是从学术史的角度去研读清人笔记的。2004年中华书局出版了《清人考订笔记七种》，收录了《南疆札记》四卷、《旧学蓄疑》一卷、《瑟榭丛谈》二卷、《交翠轩笔记》四卷、《铜熨斗斋随笔》八卷、《柴辟亭读书记》一卷、《媿生丛录》二卷等七种学术笔记。推而广之，《廿二史札记》《十七史商榷》也都是考据辨证类的学术笔记。

史料笔记，即历史琐闻类的笔记，也就是王多闻所谓的杂记，它们以记事、记人为主，考据、议论为辅，或多或少的在一定方面具有一定的史料价值，可为历史研究提供某种参考。本节所谈的即是这一类笔记作品的分类。

为研究便利，我们依据史料笔记的编撰方式，将其分为两类：杂记随录类笔记、整理汇编类笔记。以下分述之。

一、杂记随录类笔记

杂记随录类笔记是史料笔记中范围最广、数量最多的一类。这类笔记具有如下特点：资料来源多为亲身经历或见闻；在大多数情况下，作者没有明确的写作目的，基本上为随手记录，积秩既丰，方编订成册，刊行问世；记人、记事不成系统，又无固定体例，涉及面广博却又驳杂。

近代史料笔记以此类为大宗。陈其元的《庸闲斋笔记》、姚元之的《竹叶亭杂记》、吴庆坻的《蕉廊脞录》、陆以湉的《冷庐杂识》、胡思敬的《国闻备乘》、王之春的《椒生随笔》、周寿昌的《思益堂日札》、薛福成的

① 在1998年始出版的《中国小说史丛书》中，即有一部《笔记小说史》，其中所列均为刘叶秋先生所谓的"小说故事类的笔记"。吴礼权在其著作《中国笔记小说史》中对"笔记小说"的定义也基本同于"小说故事类的笔记"。

《庸庵笔记》等均属此类。以薛福成的《庸庵笔记》为例，该著是作者根据平日见闻随笔记载，“所记渐多，始自删存”，积累资料历时27年，另有数则资料来源于报刊，作者“删其冗芜，存其简要”而成书。该著在作者生前未及刊行，直至光绪二十三年（1897年）方由其门人陈光淞校订出版。《庸庵笔记》共有六卷，其中史料二卷35则，轶闻一卷36则，述异一卷51则，幽怪二卷61则，内容既有朝章国故，又有里巷琐谈，甚或鬼神怪异无不涉及，丰富而又驳杂于此可见一斑。

二、整理汇编类笔记

整理汇编类笔记指的是具有资料汇编形式的笔记作品，即大量采用其他类型的各种文献资料，经过一定的编辑手段予以分类、汇编所形成的具有笔记特性的作品。这类笔记的特征有：资料来源并非作者的经历或见闻，而是来源于其他各类文献，如日记、文集、年谱、函札、杂录类笔记、报刊等；通过一定的编辑手法将资料进行了归类整理汇编，有类书的特点；从整体上看，其内容和形式仍旧具有笔记作品散和杂的特征。这种以类汇编资料所形成的笔记作品又被称为笔记类书。如徐珂编撰的《清稗类钞》，在王芸主编的《文学知识手册》中被称为“笔记总集”，在赵山林主编的《大学生中国古典文学词典》中被称为“小说笔记类书”，在王立言等主编的《中国文学通典：小说通典》中被称为“近代类书”，冯尔康则将之归入“笔记类书”中。此类作品还有上海古今图书局于1915年汇编的《古今笔记精华》、易宗夔的《新世说》、葛虚存辑《清代名人轶事》等。

《古今笔记精华》从汉魏至明清的五六百种笔记和其他体裁的文献中摘录资料，共2册，分为24种，分别是史谈、事原、古迹、风俗、谚语、方言、豪杰、文士、神童、美人、妓女、优伶、方技、文艺、武术、音乐、美术、趣事、歌谣、仙佛、鬼怪、草木、禽兽虫鱼、琐闻。《新世说》仿照《世说新语》一书，将人物事迹按类划分，共8卷，分别为德行、言语、政事、文学、方正、雅量、识鉴、赏誉、品藻、规箴、捷悟、夙慧、豪爽、容止、自新、企羡、伤逝、栖逸、贤媛、术解、巧艺、宠礼、任诞、简傲、排调、轻诋、假谲、黜免、俭啬、汰侈、忿狷、诡险、尤悔、纰漏、惑溺、仇隙36类。根据作者在例言中所言，参考资料一百数十种，作者对文字有所删减修订。《清代名人轶事》，是作者从众多清人笔记小说、方志、文集、书牍、奏折、诗话中采集编纂而成，全书分学行、气节、治术、将略、文艺、怜才、吏治、先德、异征、度量、清操、科名、风趣、境遇、闺阁、杂录16类，573则，记述了清代各式名人的各种轶闻趣事。

除了这类划分外，如根据笔记内容所涉及的范围来考量，又可分为专题性与综合性两大类。专题性笔记即笔记内容主要涉及某一专门内容的笔记作品，反之，笔记内容涉及面广而不限于一隅的笔记作品即为综合性笔记。当然所谓涉及面广狭与否也只是相对的。专题性笔记作品如《枢垣记略》《南屋述闻》《暝庵杂识》《新世说》《旧闻随笔》等。其中《枢垣记略》《南屋述闻》专记军机处，《暝庵杂识》《新世说》《旧闻随笔》以记人为线索和中心。笔记作品内容具有杂的特征，所以，绝大多数笔记作品涉及的内容均不止一面，因而绝大多数笔记作品也都是综合性笔记。

当然，对史料笔记的分类，仍旧只是初步地，并不精确。笔记内容涉及面极为广博，很难将某种笔记归入到某一类型而没有任何歧义。所谓的分类，正如刘叶秋所言："笔记一体，本来以'杂'见称，一书之中，往往兼有各类"，各种分类，只能是"粗举大凡"①。

第三节　近代史料笔记的价值

史料笔记的价值，前辈学者多有论述，前文已作回顾。这里将结合近代史料笔记的实例，同时和其他类型的史料作一简单比较，对史料笔记在

① 刘叶秋：《历代笔记概述》，北京出版社2003年版，第5页。

提供史料方面的价值和特点再作评析。

一、极为丰富的历史资料

史料笔记提供的历史资料非常丰富。人物、事件、政治、军事、外交、典章制度、财政经济、风俗民情、诗词歌赋、城郭、建筑、天文、地理、园林、医药偏方等在笔记中均有体现，虽然很散，但披沙拣金仍有不可忽视的有用史料。清代学者刘廷玑在《在园杂志》中就说："小说""自汉、魏、晋、唐、宋、元、明以来，不下数百家，皆文辞典雅，有纪其各代之帝略官制，朝政宫帏，上而天文，下而舆土，人物岁时，禽鱼花卉，边塞外国，释道神鬼，仙妖怪异，或合或分，或详或略，或列传，或行纪，或举大纲，或陈琐细，或短章数语，或连篇成帙，用佐正史之未备，统曰历朝小说。读之可以索幽隐，考正误，助词藻之丽华，资谈锋之锐利，更可以畅行文之奇正，而得叙事之法焉。"[①]刘氏对"小说"从内容和体例上的总结是全面的。今人对笔记记载内容的丰富性也有深刻认识，谢国桢、来新夏诸先生均有文从各方面论述笔记所提供的资料。本著将在第二章中从人物传记资料、政治军事史资料、经济史资料、社会史资料四个方面对近代史料笔记的史料价值做较为系统的评述，但即使这样，也是不全面的。

为了进一步说明史料笔记所提供历史资料的丰富性，这里将笔记与几种其他类型的史料类别做一比较。

首先，纪事本末体作品。记载晚清历史的纪事本末体著作主要有《清史纪事本末》《筹办夷务始末》《中西纪事》等。这一类作品以某一历史事件为中心，以上谕、奏折、奏报、信札及其他公私函牍为主要资料，全面系统地论述某一事件的始末，为历史事件的研究提供了大量的专门史料。但这一类作品以事（主要是政治、军事）为中心，对人物的记载相对较

① [清]刘廷玑:《在园杂志》,中华书局2005年版,第82—83页。此处的"小说"指的是丛杂的作品,实际为本著所谈的笔记。

少，至于对经济、文化、民俗等方面的记载更是很少涉及。

其次，编年体、纪传体史书。清代的编年体史书主要包括历朝起居注和历朝实录、历朝东华录，涉及晚清历史的主要有《清代起居注册·咸丰朝》《清代起居注册·同治朝》《清代起居注册·光绪朝》《宣宗实录》《文宗实录》《穆宗实录》《德宗实录》《宣统政纪》《十一朝东华录》《光绪朝东华录》等。起居注以皇帝处理政务为中心，是最为原始的资料。《清高宗实录·凡例》中列举了实录的记载内容，从中可见举凡政治、经济、文化、对外关系、自然现象等，实录无不具备。它的资料来源除了起居注外，还包括其他宫廷档案等文献资料，因此，其内容比起居注更为丰富。《十一朝东华录》以历朝实录为主要资料，辅以其他文献。《光绪朝东华录》成书于《德宗实录》之前，主要采用了邸报、报刊资料。这三类资料都属于编年体的资料长编，涉及内容广泛而丰富，为研究清史的基本资料，可以和笔记中的记载相互印证，或用于纠正笔记文字之谬。清代的纪传体史书，以《清史稿》为人所熟知。《清史稿》有536卷，其中本纪25卷，志142卷，表53卷，列传316卷，是二十六史中分量最大的一部，对清代历史做了初步的整理。它的资料来源主要是实录、会典、方略、《国史列传》、档案文献、私人著述等，内容丰富。

虽然编年体、纪传体史书的内容已经很丰富很广泛了，但史料笔记的记载仍可补其不足。如记载人物，关注朝政大事的历朝实录和历朝东华录不可能如那些记载个人经历为主的笔记详尽，何况这些笔记记载的内容甚至包括这个人的思想、观感和体验。有些小人物、一些只有区域影响力的文人学士自难以进入实录、《清史稿》的视野，但却能在笔记中留存着他们的足迹。节妇烈女自然是实录的记载内容之一，统治者希望以此砥砺风俗，“教化”百姓，但那些风尘女子、戏子、侠客呢？笔记中却恰好有他们的事迹。再以记载风俗为例，编年体、纪传体史书的记载是有限的，依靠它们去研究风俗史有很大的难度，何况风俗民情具有区域特征，又处于不断变化之中，即使是一些专门的民俗史著也很难有较为全面的记载，但笔记作者却可以着眼于一时一地去记载某一种具有特色的风俗。如陈其元在《庸闲斋笔记》中记载的婺州斗牛之俗，福格在《听雨丛谈》中记载的广东嫁女“叹成”之俗，此类记载恐怕在历朝实录、历朝东华录、《清史稿》中是很难见到的。

再次，档案史料。清史档案数量之多，包含之广，为历朝所未有。档案为研究清史提供了丰富的第一手资料，其内容包括政治、经济、文化、外交、天文气象、社会生活、自然灾害、山川河流等各方面的资料。利用这些档案，是深化清史研究的必要条件。和笔记相比较，总体而言，作为第一手资料，档案在提供史料的客观性和真实性上具有无与伦比的优势。但是，利用档案时也不应忽视笔记资料。如光绪之死，清宫档案谓之死于疾病，但其同慈禧一前一后去世，引起了朝野的疑虑，多种笔记指出光绪之死极不正常，而现代学者通过对光绪毛发、衣物中含汞量的分析得出科学的结论：光绪死于汞中毒，这是一场蓄意的谋杀[①]。同样，慈安太后之死、同治帝之死，档案、正史与笔记的记载悬殊甚大，笔记的记载虽不能全信，但也不能完全漠视。这种涉及宫廷隐秘的事件，在档案中很难找到真相，因为相关的证据绝不会留存。又如《异辞录》中记载清末“诸王公年少未学，声色狗马之外，他无所知，举动皆足以辱国”，并列举载洵、载涛等在英国、德国种种不当言行，并有“挟妓”之名[②]。这种记载同样很难在档案中寻求。

当然，这里将史料笔记与实录、起居注、档案等做了比较，并不是说笔者认为史料笔记的史料价值凌驾于其他类型的史料之上，只是想说明，笔记中有很多记载是其他类型的史料未记载或记载不多的，因此史料笔记是其他类型史料的重要补充，甚至在某些研究领域中，承担着主要作用。

---

① 钟里满等:《国家清史纂修工程重大学术问题研究专项课题成果:清光绪帝死因研究工作报告》,《清史研究》2008年第1期。

② 刘体智:《异辞录》,中华书局1988年版,第223—224页。

二、原始的素材与客观的记载

王多闻指出："笔记的价值在于它记录了许多真实的史料，不少是第一手材料。"[①]确实如此。作者在创作笔记时，其资料来源主要有四种，一是亲身经历，二是亲见亲闻，三是传闻异辞，四是其他文献。这其中，记载亲身经历的文字可属于第一手资料的范畴，记载亲见亲闻的文字有很多也是直接的材料。近代史料笔记大多以记载亲身经历或亲见亲闻为主，有的笔记的资料来源虽杂，但也包含着个人亲历亲闻的文字。这些直接的史料自然是我们研究历史的重要依据。如岑春煊《乐斋漫笔》、陈夔龙《梦蕉亭杂记》、吴永口述的《庚子西狩丛谈》、陈惟彦《宦游偶记》，金梁《光宣小记》、郭沛霖《日知堂笔记》、刘体智《异辞录》、朱德裳《三十年闻见录》、毓盈《述德笔记》、梁溪坐观老人《清代野记》、恽毓鼎《崇陵传信录》、胡思敬《国闻备乘》、丁士源《梅楞章京笔记》、吴庆坻《蕉廊脞录》、李岳瑞《春冰室野乘》、孙静庵《栖霞阁野乘》、徐宗亮《归庐谈往录》、陈恒庆《谏书稀庵笔记》等。

同时，笔记的作者能否以客观严谨的态度去记载历史，是笔记史料价值高下的重要判断标准。笔记的成书，既有抱主观创作意图而刻意去写作的，也有部分作者是在追逐名利和潜心著述之余，有闻必录，或为自娱或为怀旧而成书，并没有明确的创作意图。这两者又以后一种居多。也正因为没有明确的创作意图或刊刻行世的目的，故而下笔兴之所至，随意而为，长短不一，又较少顾忌与做作，既不必要刻意隐瞒自己的观点和态度，也不需要为了某种目的去隐藏真相。因此，笔记中就相对保留了较多的客观记载。在近代史料笔记中，有不少笔记是在民国时期刊行的，因此在涉及晚清历史时就可以直言无忌，保留较多的真实材料。为了说明这一问题，试举数例。

梁溪坐观老人的《清代野记》中有一则为《库兵肛门纳银》，作者指

① 王多闻:《笔记杂谈》,《图书馆学刊》1980年第1期。

出户部银库库兵三年一轮，在三年中可得银三四万金不等，而其方法则是纳银于肛门之中传出库外，再将银放入夹底水桶之中带出。即使为上官发现，也势难处置，唯有不闻不问了事。而银库郎中三年任满贪者可得二十余万，廉者亦能得十余万。故而作者感叹说："清之亡，亡于内政之不修，不亡于新政之不善也。"[①]这则材料的记载就是作者的亲见亲闻，其评价也极有针对性。

胡思敬在鼎革后以清朝遗老自居，对清末新政改革也是怀疑否定的，可以说是相当保守的人物，但他在其笔记《国闻备乘》中却非常客观地记载了晚清时期清廷的腐败无能，改革的敷衍塞责，亲贵的骄奢荒诞。如其对晚清权贵"媚外营私"结成"美党""日党""德党"的情形记载颇详：

> 张敌势以欺吓人主，自战国以来多用其术。然未有如今日之甚者。策士好谈形势，皆云莫强于德，莫富于美，莫狡于日本。我国媚外营私，亦卒不出此三党。美党多广东人，唐绍仪为之首。绍仪初奉命联美，事极秘，莫有知其详者。已闻袁世凯出军机，狼狈归，事遂未成。后载涛赴美考查海军，张荫棠方充使差。荫棠与绍仪为联盟兄弟，亦粤人也，阴贿西报极言联美之利，设词甚巧。载涛不知报馆机关，误以为实，归言于监国。遂援绍仪再出为尚书，主借美债六百万。然美实无意联我，经营数月，终不得要领。日党以那桐为首，李家驹、曹汝霖、杨度、汪荣宝及外务部宪政馆诸人多附之。正金银行供其贿赂，汝霖用至百万。德党以荫昌为首，陆军部附者甚多，故新军悉用德操。闻德太子来游，预筹二百万金办供账。日人恐中、德合交，乃造鼠疫以阻之。要之，内政不修而恃外援以自懈，古未有不亡者。狡兔营窟，借此为寄孥迁贿之所，奸人自为计则得之矣，安论国际哉。[②]

① 梁溪坐观老人:《清代野记》,山西古籍出版社1996年版,第35页。

② 胡思敬:《国闻备乘》,中华书局2007年版,第126—127页。

此段文字来源于作者任监察御史时对政局的观察，是研究晚清政情的绝好素材。易宗夔在编辑《新世说》时就明确表示“是书持论，务趋平允”[①]。

太平天国运动时，两江总督陆建瀛被命至湖北镇压太平军，欧阳昱《见闻琐录》描述了陆建瀛“幸生畏死”的无能之状。陆建瀛“以理学自命”，“天下皆仰重之”，就是这样一个封疆大吏，在面临太平军进攻时竟然一退再退，最后竟然“惊悸而死”[②]，清军战斗力低下、官吏腐败无能之状于此可见一斑。

同样在《见闻琐录》中，欧阳昱记载晚清时期捐职太多，州县候补者动辄二三百人，正常者非二十年不能轮一次，于是有拨委之法，有劳绩之人可先委用。候补者为了能先得实缺，就出现了“求帽子”“做帽子”之法。“求帽子”指求大官关说。帽子又有大小之分，视所求官员官职地位的大小。“做帽子”指候补者以谄媚之法获得大吏的欢心，高帽子一戴上，则升官发财，指日可待[③]。作者这则冷嘲热讽的记载既反映了晚清捐纳制度的弊端，又是一出活生生的官场生态图，晚清吏治的腐败跃然纸上。同样记载清代捐纳腐败的尚有《候补官情形》一则，其文就捐纳之滥，候补官得官之难及其对吏治所带来的严重危害有鞭辟入里的描述[④]。

当然，笔记记载的真实性也要视具体材料而定，道听途说之文也不少。但其他类型的史料往往也存在各种问题。譬如方志、家谱、墓志铭，在记载人物时往往隐恶扬善，失之客观。实录也会出现在写作修订的过程中因删改而导致的失实。档案固然是最为客观，但涉及政治军事等利益攸关的领域时，档案中的记载也难免会出现人为的错误。因此，史料笔记中所提供的原始素材，及作者相对客观的记载就成为其价值突出之处，可作为其他史料的重要补充。

---

① 易宗夔：《新世说》，山西古籍出版社1997年版，第7页。

② [清]欧阳昱：《见闻琐录》，岳麓书社1986年版，第66页。

③ [清]欧阳昱：《见闻琐录》，岳麓书社1986年版，第67—69页。

④ [清]欧阳昱：《见闻琐录》，岳麓书社1986年版，46—51页。

三、细致而生动的描述

史料笔记的另一个特点是描述细致、生动，记人、叙事娓娓道来，可读性强。史料笔记在记人叙事时往往注重过程与细节，人物的语言、动作、神态以至于心理，事情的来龙去脉、因果循环都在记载之内。笔记是私家之记载，本无体例，就无须遵循一定的章法，既无章法之限，文字之多寡、记事之详略、语言的风格往往都在于作者之兴致。这也为笔记在细致生动性方面提供了客观条件。吕叔湘就说："笔记作者不刻意为文，只是遇有可写，随笔写去，是'质胜'之文，风格较为朴质而自然。"①

创作笔记文字，使之生动细致有多种方法，大体和作者的文字功底、胸中笔墨有密切关系。其方法有如下几种：一是着重于言行、神态、心理等细节的描写；二是注重事件发展进程的记述，如史念祖在《弢园随笔》中记载的同光战事，《雉河集解围纪略》《生擒李允安徽肃清纪略》《降马永和纪略》《追降黄文诰纪略》等文均注重于详述事件的过程，以至于徐一士评价说："写来兴会淋漓，不特史迹攸资，且可作小说读，以其绚烂动人也。"②三是对趣事趣言的记载。为了说明这一特征，以下略举数例予以说明。

震钧在《天咫偶闻》中记载了咸丰年间官文推让胡林翼的细节：

> 公为总督，胡文忠为巡抚，胡心轻之，事多不商酌而径行，公亦不问。或公所用人，至登之白简，公仍不问。幕下士皆为不平，咸请劾胡所用人以报之，公力持不可。胡军于外，以军火不继，遣人持令箭至督辕坐索。幕中皆怒曰：彼无礼至此，即公不怒，我辈亦觉无颜。拟折请入奏，公晓之曰：诸君若提一军而御寇，能如胡某乎？曰：不能。即我出而剿寇，能如胡某乎？曰：亦似不能。曰：我辈之

① 吕叔湘：《吕叔湘全集》(第9卷)，辽宁教育出版社2002年版，第7页。

② 徐一士：《近代笔记过眼录》，山西古籍出版社1996年版，第191页。

才皆不及彼，而彼身历行间，独任其劳，我辈安享其逸，所愧已多矣。且湖省大吏，惟我与彼，我无彼不能御敌，彼无我不能筹饷，若以细故介怀，国事谁为任之，诸君休矣。后文忠闻之，深悔所为，躬诣请罪。公与之约为兄弟，从此楚军不可动矣。①

这则文字有对话、有神态、有心理、有情节，对史实的记述细致入微，从中可窥见官文之度量、胡林翼之才能②。

再如欧阳昱《见闻琐录》关于"戴高帽子"的记载：

某太守，天下第一谄佞者，由进士部曹放某省知府。其座主某尚书，端方严正，最恶趋媚一流。太守往谒之，尚书训之曰："为官宜上不负君，下不负民，方不愧为读书人。"太守曰："唯，唯。"尚书又问曰："此去到官，以何者为最要最先？"太守曰："门生做高帽子一百顶，此最要而先者。"尚书色变。太守曰："容门生详述：今之大吏，非善于称颂则不悦，如逆其意旨，非独不能为国治民，且立登白简矣。故古人亦有'善事上官，无失声誉'之言。若朝廷内外，皆能如老师讲究理学名臣，斥黜一切巧邪柔媚，则高帽子非惟不必用，亦且不敢用矣。"尚书色遂和，首颔之。太守出，笑语人曰："本做高帽子一百顶为到省用。今送去一顶，止九十九顶矣。"③

这则文字读来让人忍俊不禁，某太守给人戴高帽子的本领已经登峰造极，即使是最厌恶"趋媚"的某尚书，也在毫无防备之下入其彀中，戴了一顶高帽子，此亦可见当时的官场风气。

对一些生动有趣的联语的记载，笔记中也有较多的记述。《栖霞阁野乘》中记载端方用联语嘲弄他人之事。

① [清]震钧：《天咫偶闻》，北京古籍出版社1982年版，第165页。

② 官、胡交往笔记中有多种描写，此处为其一种说法。

③ [清]欧阳昱：《见闻琐录》，岳麓书社1986年版，第68—69页。

端午桥最好为联语嘲人。其官工部时，同官有赵有伦者，京师富家儿也，目不识丁，以其舅张翼之援，入资为郎，不数年，历得要差，且充会典馆纂修。常以千钱购一妓归，大妇妒甚，立驱之出。赵不得已，赁别舍居之。妇知其谋，乃靳赵自由出门，归少宴，辄诟谇不已，赵甚苦之。一日，与端相遇于署中，端呼与语曰："菊曾（赵字），吾昨日偶作一联一额，君试为吾评骘之。"联云："一味逞豪华，若非暗地弓长，未许人称富有；千金买佳器，除是明天弦断，方教我去敦伦。"额曰"大宋千古"。赵极口称赞不已，出遇人，犹为人述之，似自诩其通文者。人匿笑之，弗顾也。

灵石何润夫乃莹，庚子岁官副宪……戊戌八股之复，何所奏也。何本庚辰庶常，散馆改部，签分工曹。夫人某氏，闺威甚厉，以何失翰林，怒甚，何长跪以谢，乃得释。既入工部，贽百金往拜满尚书某为师。某嫌其菲也，怒斥之。端为撰一联曰："百两送朱提，狗尾乞怜，莫怪人嫌分润少；三年成白顶（庶吉士七品金顶改部属则六品须换白顶），蛾眉构衅，翻令我作丈夫难。"额曰"何苦乃尔"。又"妻为翠喜干姑嫂，儿是朱纶表弟兄"之联，亦端所撰也。①

这些语言读来令人解颐，颇富意趣，既反映了官场百态，文字的可读性又极强，下笔者亦是兴趣盎然。这类文字在其他类型史料中是很难见到的。

① 孙静庵，李岳瑞：《栖霞阁野乘·悔逸斋笔乘》，山西古籍出版社1997年版，第85页。

第二章　近代史料笔记的史料价值

笔记的史料价值，当代王多闻、谢国桢、来新夏、戴逸诸位先生都曾著文论述，谓其可补正史之不足。谢国桢编有《明代社会经济史料选编》，来新夏编有《清人笔记中社会经济史料辑录》，都是笔记资料的汇编，多为研究者所采用。笔记资料也被收入不同的丛书或资料汇编中并被广泛地运用于学术研究。本章将以笔者所寓目的史料笔记为主要依据从人物传记资料、政治军事史资料、经济史资料、社会史资料四个方面具体地评述近代史料笔记的史料价值。

第一节　人物传记资料

近代史料笔记中包含的大量晚清人物资料相对于其他类型史料中的人物资料，有如下特点：一是记载的人物类型多样，丰富多彩。上至帝后枢臣、封疆大吏，下至宦官胥吏、江湖术士、乞丐优伶等无所不有；二是对人物有更多的细节描述；三是提供的史料比较零散，异常丰富却流于琐屑。下面列举三种类型人物予以说明。

一、帝后枢臣、封疆大吏

近代史料笔记中保存的晚清统治阶级中上层人物的史料非常丰富。清末的许多达官贵人都不失时机地撰写笔记作品，以此展示自己的人生经历、政绩功勋，如史念祖《弢园随笔》、陈夔龙《梦蕉亭杂记》、岑春煊

《乐斋漫笔》、吴永《庚子西狩丛谈》等。同时，统治阶层中上层人物也是众多笔记作者乐意书写描绘的主角，这也为我们保存了与这些人物相关的大量资料。

史念祖（1843—1910），曾因军功擢任司道，洊跻封疆。早年参与镇压捻军起义，1871年授甘肃安肃道道员，主持关内外粮运，为左宗棠征西军所倚重。后历任甘肃按察使、云南按察使、云南布政使、广西巡抚、记名副都统等职。其笔记作品《弢园随笔》所记以军事斗争居多，如《雉河集解围纪略》以亲身参与者的身份详述了清军摆脱捻军围困的过程，《生擒李允安徽肃清纪略》则记述了史念祖出奇计说服李世忠生擒李允的历史，其他如《受降中变纪略》《降马永和纪略》《追降黄文诰纪略》等均富史料价值。除此之外，史氏笔记中对僧格林沁、左宗棠、岑毓英等人也都有记载。

陈夔龙（1857—1948），光绪丙戌年（1886）进士，授兵部主事。1900年署理顺天府尹，8月6日卸任后署理太仆寺卿。慈禧西逃后，留京充办事大臣，襄办和谈事宜，随即实授顺天府尹。1902年简任漕督，历任河南巡抚、直隶总督等职。其笔记《梦蕉亭杂记》，对戊戌变法、庚子之变、与八国联军议和、清末新政、辛亥革命等均有记载。陈氏在清末政坛上历任要津，所记大都属个人经历或亲见亲闻之事，其史料价值自不待言。

岑春煊（1861—1933），广西西林人，云贵总督岑毓英之子。1900年，岑春煊任甘肃布政使时，八国联军入侵，他率兵赶到北京“勤王”，两宫“西狩”时又护驾有功，此后深得慈禧宠信，历任陕西巡抚、山西巡抚、四川总督、两广总督、邮传部尚书等职。民国以后，岑春煊参与护国、护法战争。《乐斋漫笔》记载了其一生中参与的重大历史事件，并对其与奕劻、袁世凯等人的矛盾有颇多记述，因而此著不仅有利于我们对岑春煊本人的研究，而且为我们了解清末民初政情、统治阶层内部的矛盾斗争提供了有益资料。

吴永（1865—1936），1898年补河北怀来知县，1900年，吴永于河北怀来县迎接西逃的慈禧，供应甚备，使慈禧一行得以休整。此后，吴永为慈禧所宠信。慈禧先命其办理前路粮台，后又擢升为宣化知州，准许专折奏事。《庚子西狩丛谈》由吴永口述，刘治襄笔录、整理而成。吴永随扈慈禧的亲身经历为《庚子西狩丛谈》的主要内容，所记慈禧西逃的经历甚为详备，所谓“身在宫廷，亲述其所经历”①。翦伯赞认为它“除叙述沿途所见兼及政变要闻，宫廷记注，实为记述‘西巡’诸书中最佳之著作”②。

除了这些自述经历的高层官员所著的笔记之外，其他史料笔记中也保存了大量的有关帝后枢臣、封疆大吏的资料。

恽毓鼎在《崇陵传信录》中以光绪帝一生经历为主线，以记载清朝宫廷轶事为主要内容，尤详于义和团运动前后史实。恽毓鼎（1862—1917），字薇孙，顺天府大兴人。光绪十五年（1889）考中进士，授翰林院庶吉士，久任御史，“受知于德宗”。在牟言中，恽毓鼎曾谓：

> 缅维先帝御宇，不为不久，幼而提携，长而禁制，终阏损其天年。无母子之亲，无夫妇昆季之爱，无臣下侍从宴游暇豫之乐，平世齐民之福，且有胜于一人之尊者。……后之人稽光绪一朝事，所见者懿旨耳、上谕耳、奏疏耳，先帝一多病柔懦之主而已。庸讵知天挺英明，豁达大度，奋发欲有所为，处万难之会，遵养时晦，以求自全，有大不得已之苦衷哉！……毓鼎……乃始反袂吮毫，举十九年所见所闻，纂为此录。无恩私，无党议，可以告先帝而质鬼神……传诸子孙。他日陵谷变迁，函开心史，三十四年之朝局，庶有大明之一日乎！③

① 吴永口述，刘治襄记：《庚子西狩丛谈》，岳麓书社1985年版，第4页。

② 翦伯赞：《义和团书目题解》，载中国史学会：《义和团》（四），上海人民出版社1957年版，第561页。

③ 岑春煊，恽毓鼎：《乐斋漫笔　崇陵传信录（外二种）》，中华书局2007年版，第49—50页。

由此可见作者之史志。

毓盈著《述德笔记》以清末大臣毓朗为主人公。毓朗，字月华。历任民政部左侍郎，署民政部尚书，授镇国将军。光绪二十八年（1902）奉命赴日本考察警察制度。光绪三十年（1904）任巡警总监，继任崇文门监督、贵胄学堂总办、步军统领。光绪三十四年（1908）任军谘使，专司训练近卫军。宣统二年（1910）任军机大臣。宣统三年（1911）任军谘大臣。清帝退位后，隐居北京。毓盈为毓朗之弟。据徐一士分析，是书为毓朗所授意，具有毓朗自传的性质。因毓朗在清末最后十年间历任要职，所述之事为毓朗所亲历，有些内容转引自毓朗日记（如《记余兄往资政院事》），故其价值应为治晚清史者所注意。这里只举一例见证晚清中央枢臣之间的倾轧。

每早召见军机，四人同上，少坐即退，复召回庆邸、那相，始议朝政。余兄及徐相，固不得与闻。摄邸重违太后意，且避嫌也。日日如此，约四阅月。后于召见军机大臣毕，复召泽公伦贝子，时甚久，退而朝旨降矣。初，徐相同余兄之待庆邸、那相也，往往需一小时，至此时，庆邸、那相之待命也，或过之，几日日如此。庆邸不悦，曰："今日又不得朝食矣。"久之，二公又嘱军机处不得登召见某某之事，庆邸愈不悦矣。①

此处记载了载泽权势的增长以及奕劻等与载泽的矛盾，是关于晚清政情的重要史料。

其他如姚永朴所著《旧闻随笔》四卷。姚永朴为姚莹之孙，桐城世家，《旧闻随笔》以记载明清两代名人的嘉言懿行为中心，计约200则，涉及晚清人物的有倭仁、文祥、文庆、曾国藩、张之洞、江忠源、胡林翼、曾国荃、罗泽南、骆秉章、刘锦堂、沈葆桢、岑毓英、李鸿章等。

① 徐一士:《近代笔记过眼录》,山西古籍出版社1996年版,第2页。

孙静庵所著《栖霞阁野乘》中也有颇多重要历史人物的轶闻遗事，涉及穆彰阿、左宗棠、潘祖荫、赵舒翘、端方、曾国藩、李鸿藻、瞿鸿禨等。如记赵舒翘时着重叙述了其在凤阳府任内不畏强权，惩治卫虎之事，读来朗朗上口，虽不免小说家言，但其事确有，亦可见赵舒翘虽于庚子年间依附于载漪、刚毅，但其前期为政却颇有建树。

为了进一步说明史料笔记在历史人物研究中的价值，再以摄政王载沣执政情形与光绪死因为例。

在胡思敬所著《国闻备乘》中对载沣有一段较为充分的记述。

> 监国性极谦让，与四军机同席议事，一切不敢自专。躁进之徒，或诣王府献策，亦欣然受之。内畏隆裕，外畏福晋。福晋与老福晋争权，坐视无可如何。载涛忿甚，操刀向福晋寻仇，几酿大变。载涛归自西洋，欲借国债，大张海陆军，并主张剪辫。廷议大哗。载涛呶呶不休，监国避居三所，兼旬不敢还家。其狼狈如此。杨士骧倚袁世凯以治事，世凯既罢，惧甚，阴贿张翼求解于醇府。后数日，北洋折上，大得褒奖，张翼力也。东三省总督锡良、湖广总督瑞澂以疆事同时入见，召对时只寻常劳慰，无他语。瑞澂欲有所陈，监国曰："汝痰病尚未愈乎？"盖厌其烦聒也。出使日本大臣汪大燮屡疏密陈日本阴谋，皆不报。驰驿径归，请面对，词极警动。监国默无语，徐以时辰表示大燮曰："已十钟矣。"麾之退。其倏来倏去，听其自便，不问也。予两参粤督袁树勋，皆不省。末一折指山东、上海两赃款，引载泽为证。次日，召载泽入见，以折示之，载泽不敢隐。监国曰："既确有此事，则不必交查可矣。"载泽出，以为必有处分，越数日寂然，折仍留中。①

此段文字通过既丰富细致又生动形象的记述向我们展示了载沣在政治

① 胡思敬:《国闻备乘》,中华书局2007年版,第124—125页。

上的无能。其他史料对载沣也有同样的描述。如陶湘给盛宣怀的密报中称：1906年乃是清廷决定立宪的关键一年，载沣在回答慈禧的询问时，竟无话可说，自称“年幼无知”[①]。载沣之弟载涛在其文章中评价载沣“做一个承平时代的王爵尚可，若仰仗他来主持国政，应付事变，则决难胜任”[②]。载润则说他：“生性懦弱，在政治上并无识见”[③]。金梁在《光宣小记》中谈到“王颇自励，思图治”，但“苦不得要领，往往辞不达意”，以至于“有入觐者，常坐对无言，即请机宜，亦嗫嚅不能立断”[④]。在《四朝佚闻》中，金梁亦有类似记载：“及摄政，余自瀋入觐，以王有旧知，历陈亲贵弄权，中外失望，直言不少讳。王似有悟意，而不敢下断语，余知难矣。至余充内府大臣，王又语及前事，复称为正人君子，颇思倚余集事。乃语后辄忘，唯宵小是听，一误再误。”[⑤]在危急存亡之秋，清王朝的最高统治者政治上无能至此，清廷的改革又焉能不败呢?

光绪与慈禧先后“病逝”，给人以无限遐想的空间，历来关于光绪死因，一直有被人谋害致死和正常病逝两种观点。在史料笔记中谈到光绪非正常死亡的著作有多种。

胡思敬在《国闻备乘》中说：

> 德宗先孝钦一日崩，天下事未有如是之巧。外间纷传李莲英与孝钦有密谋。予遍询内廷人员，皆畏罪不敢言。然孝钦病痢逾年，秘不肯宣。德宗稍不适，则张皇求医，诏告天下，唯恐人之不知。陆润庠尝入内请脉，出语人曰：“皇上本无病，即有病，亦肝郁耳。意稍顺，

① 陈旭麓，顾廷龙，汪熙：《辛亥革命前后——盛宣怀档案资料选辑之一》，上海人民出版社1979年版，第29页。

② 中国人民政治协商会议全国委员会文史资料研究委员会编：《晚清宫廷生活见闻》，文史资料出版社1982年版，第79页。

③ 中国人民政治协商会议全国委员会文史资料研究委员会编：《晚清宫廷生活见闻》，文史资料出版社1982年版，第77页。

④ 金梁：《光宣小记》，上海书店出版社1998年版，第29—30页。

⑤ 金梁：《四朝佚闻》，《笔记小说大观·四十三编》，新兴书局有限公司1986年版，第1516页。

当自愈。药何力焉。”迨奕劻荐商部郎中力钧入宫，进利剂，遂泄泻不止。次日，钧再入视，上怒目视之，不敢言。钧惧，遂托疾不往。谓恐他日加以大逆之名，卖己以谢天下也。当孝钦临危定策时，德宗尚在，而大臣不以为非。既立今上，称双祧，次日又诏各省疆臣保荐名医，其矛盾可笑如此。①

恽毓鼎在《崇陵传信录》中记载：

（光绪三十四年——引者注）十月初十日，上率百僚晨贺太后万岁寿。《起居注》官应侍班，先集于来薰风门外。上步行自南海来，入德昌门。门罅未阖，侍班官窥见上正扶阉肩，以两足起落作势，舒筋骨为拜跪计。须臾忽奉懿旨：皇帝卧病在床，免率百官行礼，辍侍班。上闻之大恸。时太后病泄泻数日矣。有谮上者，谓帝闻太后病，有喜色。太后怒曰：“我不能先尔死。”②

王照在《方家园杂咏纪事》中言道：

自上崩至奉移大敛（应为殓——引者注），亲王大臣以至介弟，无一人揭视圣容者……吾闻南斋翰林谭组庵，内伶教师田际云皆言，大变之前二日，尚见皇上步游水滨，意态活泼。证以他友所闻，亦大概如是。③

这些文字记载都向我们暗示光绪乃死于非命。那么这些看似捕风捉影的猜测到底有没有可信度呢？清史研究专家对光绪的死因做了不少探索，主要依据《清实录》《东华录》及清朝宫中档案和光绪的脉案，有的专家亦结合了当时人的日记加以说明，总的结论是光绪因病而亡。冯伯群在

① 胡思敬:《国闻备乘》,中华书局2007年版,第111页。
② 恽毓鼎:《清光绪帝外传》,《清代野史》(第四辑),巴蜀书社1987年版,第24页。
③ 岑春煊,恽毓鼎:《乐斋漫笔　崇陵传信录(外二种)》,中华书局2007年版,第109页。

《清宫档案揭秘光绪之死》中说："详考清宫医案，用现代医学的语言来说，光绪是受肺结核、肝脏、心脏、风湿等慢性病长期折磨，致使身体的免疫力严重缺失，酿成了多系统的疾病，最终造成心肺功能衰竭，合并急性感染而死亡。"①这种观点在慈禧的传记及相关研究文献中非常普遍。人们均否定了上述笔记中的记载，力证光绪属于正常死亡②。

随着《清史》编撰工作的进展，解决光绪死因的议题又被提出。2003年，中央电视台清史纪录片摄制组、清西陵文物管理处、中国原子能科学院反应堆工程研究设计所和北京市公安局法医检验鉴定中心四个单位合作组成了"清光绪帝死因"专题研究课题组，运用现代技术，对光绪留存下来的头发、遗骨、衣服以及墓内外环境进行检测和分析，最后得出结论，光绪帝系砒霜中毒而亡。而据戴逸分析，最有可能成为凶手的就是慈禧③。这一点恰恰与上述所引的笔记中的记载吻合，可见有时笔记作品的"捕风捉影"之谈却成了历史的真实。

帝后枢臣、封疆大吏是笔记作者尤为热衷的话题，在近代史料笔记中有大量的相关资料。当然，史料笔记中对历史人物的记载并不限于此，分列如下。

二、宦官胥吏、文人士绅

有清一代吸取明亡教训，对宦官干政控制异常严格，终清之世，没有出现较为严重的宦官干政现象。但晚清时期还是出现了对政局颇有影响的宦官，如安德海、李莲英、小德张等。笔记作品中对他们的记载也有不少。

对安德海伏诛的记载以薛福成著《庸庵笔记》较为详细，且引用了当

① 冯伯群:《清宫档案揭秘光绪之死》,《新世纪文学选刊》2007年第3期。

② 徐彻:《慈禧大传》,辽沈书社1994年版;徐彻:《慈禧十大谜案破解》,中华书局2008年版。

③ 钟里满等:《国家清史纂修工程重大学术问题研究专项课题成果:清光绪帝死因研究工作报告》,《清史研究》2008年第4期;戴逸:《慈禧之死》,《清史研究》2008年第4期;王道成:《慈禧光绪的恩怨情仇——兼论光绪之死》,《清史研究》2009年第3期。

时惩治安德海的上谕。所记山东巡抚丁宝桢奏折被留两日未还，在军机内务府大臣及醇亲王力争之下方才下谕惩治，可见慈禧对安德海的宠信。

先是丁文诚公闻安得（德——引者注）海将过山东，密属德州知州赵新，如见其有不法情事，可一面擒捕，一面禀闻。赵新，能吏也，阅事多，计较利害亦颇熟。及安得（德——引者注）海过境，欲勿禀，则惧为丁公所怒；欲显禀，则恐不能去之，反撄其祸。因与幕客商用夹单密禀，意谓丁公如不参奏，则夹单非例行公事可比，既不存卷，安得（德——引者注）海断不知之。若竟参奏，则祸福丁公自当之，与地方官无涉也。及丁公疏既上，两宫皇太后召军机内务府大臣议之，皆力请就地正法。留中两日未下，醇亲王复诤之。同治八年七月某日，奉上谕："丁宝桢奏太监在外招摇煽惑一折，据德州知州赵新禀称，有安姓太监坐太平船二只，声势烜赫，自称奉旨差遣，织办龙衣。船旁有龙凤旗帜，带男女多人，并有女乐品竹调丝，观者如堵。又称本月二十一日，该太监生辰，中设龙衣，男女罗拜，该州正访拿问，船已扬帆南下，该抚已饬东昌、济宁各府州，跟踪追捕等语，览奏曷胜诧异。该太监私自擅出，并有种种不法情事，若不从严惩办，何以肃宫禁而儆效尤？著山东、江苏、直隶各督抚迅派干员，于所属地方，将六品蓝翎安姓太监严密查拿，令随从人等指证确实，毋庸审讯，即行就地正法，不准任其狡饰。傥有疏纵，惟该督抚是问。其随从人等……并著严拿，分别惩办。钦此。"安得（德——引者注）海既在济南伏法，籍其辎重，有骏马三十余匹，最良者日行六百里，黄金一千一百五十两，元宝十七个，极大珠五颗，真珠鼻烟壶一枚，翡翠朝珠一挂，碧霞朝珠一挂，碧霞犀数十块，最重者至七两。其余珍宝甚夥，陆续解归内务府。①

① [清]薛福成：《庸庵笔记》，江苏人民出版社1983年版，第82—83页。

此则文字多为其他文献所引，如《奴才小史》《十叶野闻》《近世中国秘史》等均援引于此，是较有代表性的记载。

安德海虽得慈禧宠信，但其稍露跋扈之迹即被诛杀，为患未久，对他的记载并不多。而李莲英继安德海之后，深明自保之术，更得慈禧宠爱，所以数十年间稳居总管之位，终清之世，得以善终。因此，笔记作品中对李莲英的记载更为丰富。

金梁在《光宣小记》中对李莲英有较为客观的记载。

> 李连（莲）英，世皆指为巨奸，而见人却颇尽礼。余在批本处，李每见必请安问好，行必让道，坐必侧席。凡遇士大夫皆然，不似众阉之傲慢也。善伺太后意旨，假喜怒以作恩威，因缘为利，故众皆趋之。①

晚清时期曾任吏部主事的何刚德有笔记作品《春明梦录》，其中关于李莲英的文字一则，与传统观点不同。现转引如下：

> 都下盛传李莲英即皮小李，为孝钦太后所信用。醇邸巡视北洋，派往伺候，人即以监军目之。然余自充掌印后，因公事出入宫门，月必数日，七八年间，未曾见其一面。大概内府满员知其为慈宫所喜，与之联络，渐起招摇，事所不免。若谓部院大臣公然与之往来通声气，则吾不能以毫无印证之事，随声附和也。②

刘体智在《异辞录》中对其亦有描写：

> 李莲英，所谓皮硝李也。在安得（德——引者注）海之后，内监权势莫逾于彼。然孝钦太后家法綦严，惟内务府中司员在其宇下，不能不常与周旋。当时大僚，幸邀慈眷而交通宫禁，或知之有素。外廷

---

① 金梁：《光宣小记》，上海书店出版社1998年版，第24页。

② 何刚德：《春明梦录·客座偶谈》，山西古籍出版社1997年版，第18页。

诸臣，莫得晤其人。莲英从不轻出，识面尤稀。①

以上材料展示的是李莲英的另一面，有利于我们全面了解这一历史人物。1886年，总理海军事务的醇亲王奕譞，奉旨巡阅北洋海防，李莲英随往，笔记中对此多有记载。文廷式在《知过轩随笔》中有言：

太监李双喜（即李莲英——引者注）随醇王视师天津，余与志伯愚商，欲得人言之。伯愚未觅人，而自作书与其姐夫谟贝子云："君何不以口舌争之，挽回体制不少。"谟贝子以伯愚原书示醇王，王云："此我自误，我自请之，今时不能争也。"余遂作书劝盛祭酒昱言之。祭酒曰："余书云所事创闻，岂谰语耶！"余后问之周荃生鸣銮妹夫，荃生云："伊殆知之，然此事太后本意，故未敢争也。"当太后命邸携行时，王不甚愿，奏谓："此李太监系三品顶戴，职分较大，大似不便。"太后曰："可令以六品顶戴随行也。"旋晤李仲约学士，亦谓此说为然。然则醇王对谟贝子之言，乃不可言而自引为过也。此事亦大可虑矣。②

李莲英随同奕譞视师，一般认为是奕譞为了避嫌而自请，文廷式的记载告诉我们这完全是慈禧授意，奕譞本不愿李莲英随同，无奈慈禧坚持。从中可见慈禧对光绪生父奕譞的防范和对李莲英的宠信。太监随同亲贵视察军队有违清代祖制，慈禧虽竭力地维护传统，但在涉及自身权力时却置祖制于不顾。

何刚德也谈到了李莲英随奕譞巡视海军情形："所派随侍，亦系尊重懿亲之意。到津后，北洋大臣照阅兵王大臣例办差。阅兵时，李莲英只在后伺候王爷，亦未为总管设坐。"③王照在《方家园杂咏记事》中有类似记

① 刘体智：《异辞录》，中华书局1988年版，第217—218页。

② [清]祁寯藻等：《〈青鹤〉笔记九种》，中华书局2007年版，第31—32页。

③ 何刚德：《春明梦录·客座偶谈》，山西古籍出版社1997年版，第24页。

载：李莲英“怵于安德海之祸，布靴布衣，每日手执王之长杆烟筒，大皮烟荷包，侍立装烟。退则入王之夹室中，不见一人。时直鲁两省卑鄙官员，欲乘机逢迎大总管者，皆大失所望。王之左右与连（莲）英皆一介不取而归”①。

王照在《方家园杂咏记事》一书中，记载慈禧与光绪回京途中，李莲英照顾光绪，光绪深为感动，以及李莲英拒绝袁世凯推荐其妹婿寿山为官之事，颇与其他记载不同，值得重视。

袁、岑夹辅而至保定。保定行宫，太后寝殿铺陈华美，供给周备。李联〔莲〕英室次之，皇上寝殿极冷落。宫监及内务府诸人趋奉太后事毕，各散去饮博，或休息。李连（莲——引者注）英伺太后已睡，潜至皇上寝宫。小阉无一在者，上一人对灯兀坐。连（莲——引者注）英跪安毕，问曰：主子为何这时还不睡。上曰：你看看这屋里，教我怎么睡。连（莲——引者注）英环视之，时正隆冬，宫中除硬胎之坐褥椅垫靠枕外，无他物。连（莲——引者注）英跪抱皇上之腿痛哭曰：奴才们罪该万死也。连（莲——引者注）英出，旋抱衾枕至。曰：今夜已深，不能再传他们，这是他们为奴才所设被褥，请主子将就用之。奴才罪上加罪，已无法也。余尝闻上驷院卿福启言，上还京后，每追念西巡之苦曰：若无李俺答，我活不到今日。俺答满语如汉语之奶妈也。自戊戌以后，太后宫中，即二总管崔玉贵独揽大权。因连（莲——引者注）英出言谨慎，不敢附和逆谋，故太后疑忌之，以资格仍居大总管之名。

袁世凯于京中事，先未明了。继合肥督直，专以杨士骧为导师。保定筹备行宫，亦杨所指挥。杨宦京久，酒食征逐，习闻市井之谈，以李连（莲——引者注）英为主人翁。故行宫中，太后褥垫皆重以黄

① 岑春煊，恽毓鼎：《乐斋漫笔　崇陵传信录（外二种）》，中华书局2007年版，第81页。

缎狐皮褥，他物称是。连（莲——引者注）英室亦然。帝后宫皆无之，以是为深媚太后也。连（莲——引者注）英鄙之。至甲辰年，世凯尚遣候补道唐小山者，入京先见连（莲——引者注）英之妹婿白寿山，后见连（莲——引者注）英。言欲奏保寿山为保定所练旗军之帮办大臣。原来寿山不过一内务府郎中耳，貌堂堂，不甚识字，人却谨朴。力辞之。唐向连（莲——引者注）英求其劝白寿山同意。连（莲——引者注）英曰：归告宫保，寿山不敢遵命，乃我教之也。万勿再啰嗦。至是世凯始恍然于连（莲——引者注）英之无他志，遂改途专媚崔玉贵，卒成大事。①

这则材料，民国时期著名掌故学大家徐一士全文引用，并感慨说："众口共弃公认为光绪帝之大敌之李莲英乃能如是，斯亦奇矣！"②

以上关于李莲英的这些材料，是人物研究的重要参考，其中虽不免传闻，只是一家之言，但从时人笔下流出，自有其价值所在。

寇连材是晚清时期另一著名宦官。1896年3月，寇连材因上书慈禧，犯宦官干政之禁，被斩于菜市口。梁启超在《戊戌政变记》第五章"殉难烈士传"后附有"烈宦寇连材传"。梁溪坐观老人《清代野记》对寇连材被杀之事，记载较为详细：

光绪二十二年二月十六日，杀奏事处太监寇连材于菜市。太监有兄在琉璃厂松竹斋纸店为伙。予询其故，寇曰：余弟违例上奏，条陈十事，请止演戏；请废颐和园；请还宫办事；请罢修铁路；请革李鸿章职；请续修战备与日本战。不伦不类者十条。奏上，慈禧疑有指使，嗣见其文理不通，且多别体字，乃信之。即亲讯之曰："尔不知祖制，内监不准言政事乎？"曰："知之，然事有缓急，不敢拘成例

① 王照：《方家园杂咏记事》，载荣孟源，章伯锋：《近代稗海》（第一辑），四川人民出版社1985年版，第17—18页。

② 徐一士，徐凌霄：《凌霄一士随笔》，山西古籍出版社1997年版，第513页。

> 也。”慈禧曰：“尔知此为死罪乎？”曰：“知之，拼死而上也。”慈禧太息曰：“既如此，不怪我太忍心矣。”即命交刑部照例办理。至菜市，脱一碧玉搬指赠刽子云：“费心从速。”又以玉佩一、金表一赠同事内监之来送者，从容就死，神色不变，年甫十八也。慈禧本甚爱此人，所以亲讯者冀其乞哀而生之也，而孰知其至死不变。强哉矫，此真所谓北方之强欤？至其所为，亦不免受小说及腐儒之激刺。其言或中肯或背谬，皆无足责，君子嘉其忠直焉而已。①

文廷式在《闻尘偶记》中对此亦有记载：

> 又闻寇连才（材——引者注）言事折跪进于太后手，阅至半，震怒。是日内务府大臣、工部尚书怀塔布以祭龙神路经颐和园，太后召见，命承旨交刑部正法。怀塔布为连才（材——引者注）跪求稍宽，不允。故此事不由军机处。恭亲王告翁尚书云，吾等为旷官矣。②

这两则材料一则闻自寇连材之兄，一则出自翰林院侍读学士，日讲起居注官的文廷式，俱有所凭。

近代史料笔记中对低层官僚、普通士绅的记载同对帝后枢臣、封疆大吏的记载一样可观。

朱克敬《儒林琐记》是集中撰写清代文人学士的笔记作品。朱克敬，字香荪，晚年失明，自号暝庵，曾捐官任湖南龙山县典史，与郭嵩焘相契。《儒林琐记》是其笔记作品之一，另有《暝庵杂识》《暝庵二识》《雨窗消夏录》等多种。《儒林琐记》共四卷，前三卷收录的主要是清朝初年至道光年间人物，附录一卷收录与朱克敬同时期的人物，共102人，包括黄文琛、杨彝珍、杨翰、刘熙载、郭嵩焘、张修府、龙汝霖、邓辅纶、陈

① 梁溪坐观老人：《清代野记》，山西古籍出版社1996年版，第35—36页。

② ［清］文廷式：《闻尘偶记》，载中国社会科学院近代史研究所《近代史资料》编辑组：《近代史资料》，中国社会科学出版社1981年版，第24页。

宝箴、邓绎、王闿运、阎正衡等。各篇文字短小精悍，介绍人物经历、主要事迹、重要作品等。例如是书记录了晚清著名文学家、文学理论家刘熙载清正廉明、洁身自好的轶事一则：

> 刘熙载，字容斋，江苏兴化人。道光甲辰进士，由编修官国子监司业，居京师授徒自给，不受亲故馈遗。咸丰时入直上书房，每徒步先至，大风雪未尝乘车，衣履垢敝，诸王子窃笑，称为“厨子翰林”。岁时内监多以酒脯馈直官求赐，至熙载宅，户无帘，床无帐，熙载方踞地爇薪，以砂铛煮粝饭。内监叹曰：“刘公贫至此，我辈忍取求乎？”即持酒脯去。文宗知熙载廉窘，特授广东学政。熙载至，尽裁上下陋规。胥吏患之，知熙载狷，故为蜚语刻洋报中，熙载见之果恚，即日乞病归。①

葛虚存著《清代名人轶事》是一部专门记载清代人物的汇编类史料笔记，选材广泛，主要来源于清人笔记、文集、书牍、诗话等，分类编撰，于1917年由上海会文堂书局刊行，共573则，分为16类，涉及清代各类人物。关于朱克敬，是书收录一则材料反映了其在长沙时的生活情境：

> 朱暝庵流寓长沙，尝岁暮贫甚，榜诗于门曰：“申椒零落菊英残，从古潇湘作客难。连日市门三尺雪，更无人记问袁安。”时威毅伯曾国荃方家居，闻之叹曰：“文人至此，我辈之责也。”急造访，赠钱十万。至除夕，复榜门曰：“羔酒笙歌饯岁时，蓬门苔瘦得春迟。苍生莫问安危局，我且无聊尔可知。”有告巡抚者，巡抚怒，将追逐之。或解之曰：“名土狂态固尔，不足责。”巡抚笑曰：“名士，名士，能辟谷乎？”暝庵闻之，又为诗曰：“名士原无辟谷方，贵人休替达人忙。冰山有我天公在，胜似人家沈部堂。”②

---

① 朱克敬：《儒林琐记·雨窗消意录》，岳麓书社1983年版，第60页。

② 葛虚存：《清代名人轶事》，山西古籍出版社1997年版，第212页。

还有记载晚清著名学士俞樾的一则轶事：

嘉、道以后，殿廷考试，尤重字体。道光庚戌，吾浙俞荫甫太史樾，成进士，素不工小楷，复试竟冠多士，人咸诧焉。后知由曾文正公，盖公方以小宗伯充阅卷官，得俞文极赏之，且因诗首句云："花落春仍在"，谓与小宋"将飞更作回风舞，已落犹存半面妆"无异，他日所至，未可量也，遂第一进呈。后俞典学河南，以人言罢职。同治四年，寓书于公，述及前事，且曰："由今思之，蓬山乍到，风引仍回，洵符落花之谶矣。然穷愁著述，已及百卷，傥有一字流传，或亦可云春在乎？"因自颜所居曰"春在堂"。①

此事在俞樾著《春在堂随笔》卷一开篇即有记载，事不诬也。

王伯恭《蜷庐随笔》也是记载人物较多的笔记作品之一。王伯恭曾为吴长庆、宋庆、张之洞幕僚，所记大都为亲见亲闻之事。所记人物既有封疆大吏，如吴长庆、袁世凯、张之洞，又有枢府重臣，如潘祖荫、翁同龢、徐世昌，还有一批较为低层的官吏、文士，如李葆恂、李瑞清、陈光宇等。如对李葆恂的记载：

李文石观察葆恂，子和督部之子也，丰才硕学，一时无两。诗文外，金石考据，靡不博综。客李文忠、李文襄、端忠愍诸公幕府，雅趣高致。不愿当官，三十年间，仅一筦湖北榷运而已。其子小石部郎，亦渊懿有父风。②

李葆恂为河南巡抚李鹤年第三子，颇富才华，但屡次就举不第。先后入许振祎、张之洞、端方幕府。陈三立为其做墓表，甚为推崇。王伯恭的记载虽短短百言，但展示了其一生的经历和才学。

① 葛虚存：《清代名人轶事》，山西古籍出版社1997年版，第321页。

② 王伯恭，江庸：《蜷庐随笔　趋庭随笔》，山西古籍出版社、山西教育出版社1999年版，第80页。

又如该著对文廷式的记载：

> 壬辰，翰林大考，未及扃试，内出手谕云：“一等第一文廷式。”上亲笔也。廷式庚寅始入翰林，甫两年，遂为侍读学士，正四品，盖珍瑾二妃为其女弟子，上久知其才也。①

文廷式以珍妃、瑾妃之力于翰林大考时得一等第一并授予侍读学士之事，笔记中屡有所载。如魏元旷《光宣佥载》记录：“廷式及第，妃欲骤贵之，上为之大考翰詹，复硃书文廷式一等交阅卷房。廷式遂第一，授侍读学士。”②《异辞录》中记载：“珍瑾二妃幼年，文芸阁学士曾授之读，学士与妃兄志伯愚侍郎为至友，密近宫闱，举动尤为众所侧目。甲午大考翰詹，学士一等第一。蒯礼卿太史为隐语云：‘玉皇大帝召试十二生肖，兔子当首选，月里嫦娥为通关节。’传为笑柄。”③在《德宗景皇帝实录》中关于文廷式此次大考得第的史料有如下两则：

> 谕内阁：考试翰詹，自光绪元年后，久未举行。著于本月二十六日，在保和殿考试。所有应行豫备事宜，著各该衙门照例办理。④
>
> 此次考试翰詹各员，经阅卷大臣等校阅进呈，朕复加披览，亲定等第。一等六员，二等七十七员，三等一百二十三员，四等二员。其考列一等之编修文廷式，著以侍读学士升用。⑤

可见，王伯恭的记载基本是符合事实的。

---

① 王伯恭，江庸：《蜷庐随笔　趋庭随笔》，山西古籍出版社、山西教育出版社1999年版，第82页。

② 魏元旷：《光宣佥载》(一)，《青鹤》第5卷第2期，第3页。

③ 刘体智：《异辞录》，中华书局1988年版，第135页。

④《德宗景皇帝实录》(五)卷三三七，《清实录》(第56册)，中华书局1987年影印版，第321页。

⑤《德宗景皇帝实录》(五)卷三三七，《清实录》(第56册)，中华书局1987年影印版，第336页。

三、江湖豪客、伶妓节妇

中国传统史学自司马迁开创纪传体史书体裁以来，就注重对重要历史人物的记载，而且不限于帝王将相，对社会各阶层的人物都予以关注，如《史记》中的游侠列传、滑稽列传、龟策列传、货殖列传等就记载了侠客、商人等。但在正史中着墨最多的仍旧是统治阶级的各种人物，而笔记作品则记录了社会各个阶层的人物轶事。近代史料笔记中对江湖豪客、伶妓节妇的记载也不少，其原因概为以下两点：一为猎奇，二为说教。猎奇是笔记作品的一种普遍现象，除了个人兴趣之外，以此增强作品可读性亦是重要因素。说教则是作者的传统伦理道德观在作品中的体现。

近代史料笔记对江湖豪客记载的一个突出事例是大刀王五。大刀王五（1844—1900），原名王正谊，河北沧州人。因排行第五，拳械俱精，尤善刀技，人称“大刀王五”。光绪二十年（1894），监察御史安维峻弹劾李鸿章，被慈禧以诽谤罪发配口外军台。大刀王五因怕安维峻途中遇害，亲自护送到口外大营。大刀王五是谭嗣同的武术老师，受变法维新思想影响。庚子之变时罹难。

在李岳瑞《春冰室野乘》中有一则为《纪大刀王五事》：

> 大刀王五者，光绪时京师大侠也，业为人保镖。河北、山东群盗，咸奉为祭酒。王五因为制法律约束之，其所劫必赃吏猾胥，非不义之财无取也。……安晓峰侍御之戍军台也，五实护之往，车驮资皆其所赠。五故与谭复生善，戊戌之变，五诣谭君所，劝之出奔，愿以身护其行，谭君固不可，乃已。谭君既死，五潜结壮士数百人，欲有所建立。……[1]

狄葆贤《平等阁笔记》对大刀王五于庚子年间被难之事记载甚详：

---

① 李孟符：《春冰室野乘》，山西古籍出版社1995年版，第159—161页。

大刀王五者镖客也。素以义侠称，谭浏阳重其人，与订交焉。庚子……乱，京官眷属借其保护出京者数百家。及事亟，五终日皇皇（惶惶——引者注），奔走于所识士大夫间，谋所以匡救大局之策。时人心忧虞，迄无应者。迨联军入京，五见西兵之无礼日甚，辄与其徒数十人，日以杀此辈为事。十一月某日，有石某之宅为西兵围困，五经其地，愤与之斗，手杀数十人，继以中弹过多，遂被执。西人以为义和团之余党也，枪杀之，弃其尸，而不知其为五也。①

汪康年《汪穰卿笔记》中记载了大刀王五教养故子不求回报的侠义之举②。

除了大刀王五外，晚清时期另一著名武士为霍元甲。霍元甲（1869—1910），字俊卿，清末爱国武术家。祖籍河北东光安乐村。霍家世代习武，祖传绝技雷氏练手拳（迷踪艺武术）尤为出名。据1923年由国技学会出版的《国技大观》记载："霍力士元甲，直隶产也。其父恩第，秉承家学，研练一生，遂以技名一世。至元甲更复益以内功，旁参各派，尽得技击之神，髓体软如棉，骨坚似铁。"③早年，霍元甲因生活所迫，先后在天津的脚行、药店谋生。在怀庆药栈时，曾力挑千斤担，被誉为"霍大力士"。霍元甲的主要事迹在裘毓麐《清代轶闻》中有记载：

霍力士元甲，直隶产也。兄弟十人，咸以拳艺名，而君为之冠。北人多知其勇，且号称黄面虎云。前载其友函某君书，谓美国大力士某，力能扛鼎，身载重百斤，问君愿与较否。君谓如是勇夫，为吾北方人惯见，乌足雄，遂慨然应之。来申，与某力士约。某惧，不果。有东海赵君，欲与君较，君不允。后以赵登报激刺，迺命其徒赛于张

① 狄葆贤：《平等阁笔记》，载中国社会科学院近代史研究所《近代史资料》编辑组：《义和团史料》（下），中国社会科学出版社1982年版，第667—668页。

② ［清］汪康年：《汪穰卿笔记》，中华书局2007年版，第46页。

③ 向恺然，陈铁生，唐豪，卢炜昌：《国技大观》（上），国技学会1923年影印版，第1页。

园，败之。未几，赵又聘其友与君约赛，先仍与其徒相斗，无胜负。然卒为君所辱。斯时君慷慨言曰："余所以来申者，欲与异族猖獗之力士战耳。至自残同类，非我之志也。凡我同胞，嗣后幸勿相扰。"复创办精武学堂，鼓砺尚武精神甚力。尝曰："欲国强，非使国中人人尚武不可。"又曰："西人精研一技术，辄数百年始奏肤功，今余之拳艺，已传自七世，亦不啻研究数百年矣。"未几，某国之著名擅柔术者，慕其盛名，思以倾之，乃十人联袂来申，与君角力，然皆惧死，要君以勿拳战，君面驳之，卒以手势决胜负，聘双方公正（证——引者注）人各一。君又使其徒先与赛，某国人相继败者凡五，大恚，急选一最有力者，与君奋斗。某知君为劲敌，出臂欲中伤之，君微以手格之，而其臂已折，怒甚，反诬君爽约，卒以众目共睹，理屈而退。然心终不甘，后宴君，贺其健勇，君曰："余已患咯血症。"某国人曰："何不治之？"君以未遇良医对。某国人迺默念有机可乘，顾而言曰："若某君者（即某国人也），诚良医也。"君信之，服其麻醉药，致病渐剧，含恨以死。①

这段文字对了解霍元甲有很大的帮助。

优伶，俗称戏子，即戏曲演员，在封建社会地位低下，正史中难见记载，但却是笔记中的常见话题。以下略举数例。梅巧玲（1842—1882），原名芳，字慧仙，号雪芬，自号梅道人，又称景和堂主人。江苏泰州人。是同光年间成名最早、声誉最隆的京剧旦角演员，通文墨，精音韵，为人正直。其流传最广的一则轶事为焚烧故友债券，在笔记中多有记载。《栖霞阁野乘》对此事记载甚详：

梅巧玲，字丽芬，貌极丰艳。演青衫花旦，皆极尽能事。工汉隶，略能诗画。咸丰末，有某太史者，故世家子，以挥霍倾其资，极

① 裘毓麐：《清代轶闻》，中华书局、上海书店1989年影印版，第9—10页。

眷巧玲。尝负巧玲债二千金，未能偿，以病卒僧寺中。其同乡某君者，为折柬召诸乡人，集殡所，谋集资送其丧。诸乡人各道贫苦，无肯先下笔者。日晡，所集不及百金，某君舌几敝矣。忽门者报巧玲至，诸人相顾愕眙曰："是殆为索逋来欤？彼若见吾辈醵资状，或即向吾辈索取，可若何？"言未竟，巧玲已素服入，哭尽哀。移时，始辍涕向诸人曰："太史生前，尝负我二千金，今既亡矣，母老子幼，吾尚忍言旧债耶？"即出券怀中，向柩前一揖，就烛焚之。徐又出一纸授某君曰："闻太史丧归尚无资，谨赙金二百，为执绋之助。恨所操业贱，未能从丰，以报知己耳。"语毕，拭泪而去。诸人者，乃相顾无人色。巧玲卒于光绪辛巳、壬午间，生平以姓梅，故酷嗜梅，葬于京东某村。墓上树梅三百株，其遗命也。巧玲少子肖芬，亦工画兰，今都下诸伶，色艺以梅兰芳为冠，即肖芬子也。①

况周颐在《眉庐丛话》中对梅巧玲有如下记载：

京师名伶梅巧玲色艺冠时，丰姿侠骨，都人士称道弗衰。今日声名藉甚之梅兰芳，其父曰竹芬，巧玲其大父也，殁于光绪壬午冬，先桑尚书文恪一日。文恪寿逾八秩，梅年仅四十耳。京曹某撰挽联云："陇首一枝先折，成都八百同凋。"殊典雅工切。相传某省孝廉某，以下第留京师，与梅昵，罄其资，长物悉付质库，几不能具饔餮。唯一仆依恋不忍去。会春闱复届，竟不能办试事，方踌躇无措间，俄梅至，仆愤懑，摽之门外，且谓之曰："为汝兔故，虽典质亦无物，即功名亦何望矣。汝兔胡为乎来，岂尚有所希冀耶。"梅婉言逊谢之，至于再三，仅乃得见。则袖出百金遗孝廉，嘱屏当赴试，并尽索其质券，及中空之行箧，郑重别去。比孝廉试毕返寓，梅则以箧至，而向之珠者还，璧者归矣。榜发，孝廉捷，壹是所需，梅独力任之，若李

① 孙静庵，李岳瑞：《栖霞阁野乘·悔逸斋笔乘》，山西古籍出版社1997年版，第92—93页。

桂官之于毕灵严也。孝廉感且愧，仆尤感激涕零，鞠跪亟谢，称之如其主，且谓之曰：“曩唐突，谬兔君，诚吾过。幸恕吾，兔吾可。”梅仍逊谢之，欿然无得色。[1]

以上一则所记事，在梁溪坐观老人《清代野记》中有更为细致生动的记载，虽不免小说家言，但其事却有所本[2]。

胡思敬在《国闻备乘》中记载了同庆班优人刘鸿升的义举：

同庆班优人刘鸿升，京师名角也，唱胡生，价重一时，获金甚巨，衣食外，无侈费，瘗而藏之。己酉，甘肃大饥，人相食。委员四出募赈，鸿升悉发所藏，遇劝捐者，辄书之，或百金或数十金，尽隐其名，人无知者。戊申，两宫升遐，虽禁止演剧，百日后，托清唱为名，仍私行开演。唯鸿升不出，同庆班主百计求之，许馈千金，终不应，必俟服除乃出。天地之正气，日流行于两间，断无止息之时。有时不钟于衣冠士族，一二乡里愚贱，分其余闰，孤行一意之所安，反足以维持世教。[3]

除优伶外，一些名妓的趣事和善行也是笔记作者所惯常记载的。如陈恒庆在《谏书稀庵笔记》中记载了京师一位善歌善谑的名妓“红玉”：

红玉者，京师歌妓，美姿容，名噪一时。善歌又善谑，工部同僚常聚饮其家。临清孙主政蓝田，同僚呼为“蓝田哥”，红玉则呼为“烂甜瓜”，因之此名大振。曹县曹郎中晓峦，红玉则呼为“曹捣乱”，名亦遂振。曹公一日下署，偕友至其家，脱官衣于其榻上。他人所佩荷包等件，皆以玉为坠，曹则用博山料货。红玉指之曰：“你们看曹

① 况周颐：《眉庐丛话》，山西古籍出版社1995年版，第189—190页。
② 梁溪坐观老人：《清代野记》，山西古籍出版社1996年版，第37—38页。
③ 胡思敬：《国闻备乘》，中华书局2007年版，第106页。

捣乱这块料。”众大笑之。盖“这块料”三字，京师谑语也。[①]

《平等阁笔记》记载了八国联军侵入北京时一妓拒绝随侍侵略者的轶事：

又某国武员招数妓侍酒，悦一姬，使译者传语，欲留侍一宵，不吝缠头资。姬曰：“吾虽为妓，决不肯失身于外人。”译者以告，武员怒曰：“不从者死。”乃拔刀置案上。妓愤然夺刀于手曰：“今日必死一人。”武员惧而遣之……[②]

此妓之气节今日读来仍旧令人震撼。

赛金花在晚清民国时期名噪一时。赛金花（？—1936），原名赵灵飞，乳名赵彩云，后改名为傅彩云。晚清名妓，其一生数次为妓，三次嫁人，曾以公使夫人的身份随同洪钧出使欧洲，后因虐人致死而被放逐离京。其一生经历数度被搬上舞台，甚至引起历史学家的浓厚兴趣。著名史家李剑农曾采访赛金花，其弟子商鸿逵将赛金花之口述资料编撰成文，是为《赛金花本事》[③]。传闻赛金花在庚子年间同八国联军统帅瓦德西有交往，帮办八国联军军需，借瓦德西之力做了不少有益国人的事，德国公使克林德碑的竖立也有其一份功劳。她的传奇经历自然极易引起他人兴趣，故而在笔记作品中有关赛金花的记载甚多。

朱德裳的《三十年闻见录》中有赛金花的记载一则：

傅彩云，洪文卿妾。文卿死，彩云逃走江苏，觅阿福不得，故又入平康里。未几仍来北京，居石头胡同，以洪妾故，往来无白丁焉。蓄马四十匹，其圈在梁家园，今北京官医院其故址也。其后以虣婢交

① 陈庆湝：《谏书稀庵笔记》，小说丛报社1922年版，第87页。

② 狄葆贤：《平等阁笔记》，载中国社会科学院近代史研究所《近代史资料》编辑组：《义和团史料》（下），中国社会科学出版社1982年版，第666页。

③ 刘半农等：《赛金花本事》，岳麓书社1985年版。

刑部起地解回籍，则嫁一站长曹姓，未几仍离婚，年五十乃嫁魏斯灵。魏斯灵者江西富人也，曾充安福系议员。携彩云来都，余数数见之，颇问《孽海花》事，或认，或不认。时望云亭在北京，亦曾与彩云有啮臂盟。……嫁魏斯灵时，年虽五十，而妖艳如二十许人。斯灵之死以微疾，江西人尚有疑义焉。老无归，依余三以终。①

陈恒庆在《谏书稀庵笔记》中记载了有关赛金花的传说及其经历。关于“瓦赛公案”，其言道：

庚子岁……洋兵入都。德国元戎瓦达西者，为八国统领，原与金花相识，一旦相逢，重续旧好。凡都人大户被洋兵骚扰者，求金花一言，可立解，以此得贿巨万。洋兵既退，其名益震，人皆称为赛二爷。②

“瓦赛公案”的真相？如何亦有史家对此予以辨析，认为赛瓦结识及庚子年义举全属子虚③。其中援引了丁士源《梅楞章京笔记》中的一段文字。丁士源在该著中记载了赛金花与丁士源前去拜见瓦德西未果之事，这对我们了解“瓦赛公案”之真相颇有助益。

德国格知府翻译，系厦门海关三等帮办葛麟德，嗜好甚多。每至赛金花南妓处吸阿芙蓉，故石头胡同各妓寮，如有被德兵侵扰者，必告赛转恳葛麟德宽恕或查办。

是时，丁士源与王文勤之子，日赴赛寓酬应。赛曰：葛大人，吾等空相识月余，前恳君携赴南海游览。君虽口诺，而终未见诸实行。葛曰：瓦德西大帅于南海紫光阁办事，军令森严。吾辈小翻译不能带妇女入内。语至此，葛遂询丁曰：闻阁下曾入内谒瓦帅数次，昨日又

① 朱德裳：《三十年闻见录》，岳麓书社1985年版，第37页。

② 陈庆湛：《谏书稀庵笔记》，小说丛报社1922年版，第4页。

③ 叶祖孚：《赛金花史料初探》，《北京史苑》（第三辑），北京出版社1985年版，第65—75页。

谒参谋长，为办理掩埋善事，阁下或能携彼入观。丁曰：可。惟赛必须男装。赛闻之大喜，遂昵丁进行。丁曰：余须先观汝男装有否漏洞，然后再定。赛遂散发编辫，头戴四块皮帽，擦去脂粉，着一灰鼠袍，金丝绒马褂。装竟，丁、王两人，觉其颇似一青年男子。乃曰：装似矣，莲步将如何。丁、王乃怂恿赛购缎子快靴一双，以饰其莲翘。赛遂命窑伙即往买靴前来，用绒布两大块分包双足。穿靴后，试行步履，颇觉自然。丁谓赛如能骑马，即可作为跟人带入。赛异常高兴，即请试乘丁、王两人带来之跟马。于是葛、赛、丁、王四人乃分乘四马游行石头胡同，觉并无破绽。遂约于翌晨十时同往，赛即留丁、王、葛三人同宿彼处。

次晨，起床，葛回打磨厂办公处。丁、王乃携马夫及赛，由丁在前，分乘四骑出石头胡同，经观音寺，越前门至景山三座门。守门美兵，询丁曰：何处去？丁对以谒瓦元帅。美兵即任四骑入门。经团城时，法国水兵守门者，又询以何处去？丁对如前。法兵亦任之入。过金鳌玉蛛桥时，赛于第三骑大呼曰：好景致，好看。丁曰：勿声。迨至南海大门告守门德兵以谒瓦帅。兵曰：今晨瓦元帅已行外出。丁曰：参谋长在否？兵谓亦与瓦元帅同出。因之不克入内。及退归赛寓，已钟鸣一下。午餐后，丁、王分别返寓。丁寓居有钱塘钟广生及浏阳沈荩，帮丁办理掩埋事宜。见丁迟归，乃谓丁昨宵未归，必有妙事。丁遂将一切经过向彼二人详细说明。钟、沈退回自室，遂各戏草一稿，一寄上海《戏报》，李伯元主笔；一寄上海《新闻报》，张主笔。谓赛金花被召入紫光阁，与瓦德西元帅如何如何。说成活现逼真。……妄人又构《孽海花》一书，蜚语伤人，以讹传讹，实不值识者一笑。①

① 陆丹林，丁士源：《革命史谭　梅楞章京笔记》，中华书局2007年版，第284—285页。

根据作者所言，赛金花当时并未见到瓦德西，丁士源亦解说了上海两报关于赛金花报道的由来，是我们了解“瓦赛公案”不得不关注的史料，仅此一则材料就使传说中的赛瓦交情及赛金花在庚子年的“义举”疑窦丛丛。当然否定“瓦赛公案”的史料不只一则，更有说服力的一篇材料为齐如山所作《关于赛金花》[①]一文，此处不再赘述。

笔记作品中对节妇烈女的记载大都蕴含着作者砥砺风俗之意，即所谓“引人入德”。而对节妇烈女的记载中又往往掺杂着封建迷信、因果报应之说。今人阅之，当有明判。

陈其元《庸闲斋笔记》中有多则涉及节妇烈女之事，如卷二记载了“扬州烈女”[②]，卷十二记载了“李方伯姬人殉节”[③]轶事。

王之春在《椒生随笔》中记载了“王烈妇”：

> 江南镇江府西门外大围坊民人赵维兴，妻眭氏，卖鸦片烟为业。其媳王氏年二十，于归甫一两载，氏夫常在外，姑屡诲淫不从。潘道士素与姑往来者，贪氏色，贿其姑。甲午八月十九日，姑引道士匿氏床侧，欲俟就枕污之，氏惊觉，拒之益坚，喊哭声闻户外，道士遁去。姑愤极，以锥刺氏下体殆遍，氏闭户更衣裳，上下缝纫，带伤服生鸦片死。次日，其母家鸣于官，道士贿之拦验，冤不得雪，节未能彰，里人为痛惜之。桂丹盟时宰丹徒，为请于上曰：“似此操励冰霜，志坚金石，经百折而不辱，拼一死以如归，玉出浊流而不变其洁，芝生溷厕而自喷其香。众口一辞，断难磨灭；寸心千古，应发幽潜。倘教东海冤沉，恐阻三年之雨；惟使南山案定，可扶一国之风。”中丞命捕道士鞫之，治于律，妇得旌于朝。[④]

① 刘半农等：《赛金花本事》，岳麓书社1985年版，第253—263页。
② [清]陈其元：《庸闲斋笔记》，中华书局1989年版，第46—47页。
③ [清]陈其元：《庸闲斋笔记》，中华书局1989年版，第300—301页。
④ [清]王之春：《椒生随笔》，岳麓书社1983年版，第98页。

《国闻备乘》中有《闾阁奇节》一则，记载了孝女“钩儿”的故事：

京师正阳门东，有陈寡妇，老而馋。无子。一女曰钩儿，绣工绝巧，誓死不嫁，借十指觅食养母，年四十余，犹处子也。其为人缝纫，随多少受之，不较。予嫁女，欲延至家作绣事数日。谢曰：“妾自庚子后，历七八年，足迹未出门限。今逐利寄食于人，人其以我为不耐苦也。”予闻而敬之。寡妇死，钩儿亦积劳大病，邻居议为敛钱营葬，遣人视之，则衣衾赗禭之物皆具，盖平时十指所自办，贮而藏之久矣。有官族闻其贤，欲聘为继室。钩儿曰：“母死，无人主婚，吾其敢自媒耶！”卒不嫁。后莫知所终。①

在《清稗类钞》中，徐珂专门设置了“贞烈类”，收录清代贞节烈女的故事百余则。

封建文人在作品中竭力宣传封建伦理纲常，对节妇烈女进行褒扬，是个人道德观念的一种体现，也是当时社会价值观的体现。例如，俞樾在《右台仙馆笔记》中记载一名为邢阿金的女子，一生四嫁，后终以死殉夫。俞樾评价：“此女四易所天下不为贞，卒殉其夫不得不谓之烈。使其初适即得良奥，必为善妇。乃所如不合，遂历四姓，卒成大节，是谓质美而未学，君子哀其遇可也，取其晚盖可也。”②俞樾对邢阿金“四嫁”这一不幸的人生经历是同情的，但其评价却以封建伦理道德为标准，充满着对女性的歧视。邢阿金所托非人，乃个人之大不幸，却被认为是“不为贞”，最终以死殉夫，更是个人悲剧，却受到作者的褒扬与赞赏。可见，封建士人所宣扬的价值观、婚姻观、道德观等已不再适应当代社会，甚至是应当批判的，但其记载仍是我们从事历史研究尤其是伦理史、社会史、社会心理史研究的重要参考资料。

① 胡思敬：《国闻备乘》，中华书局2007年版，第105—106页。

② [清]俞樾：《右台仙馆笔记》，齐鲁书社1986年版，第3页。该版中“此女四易所天下不为贞”，查阅其他版本，应为“此女四易所天，不为贞”。同时，此处之“天”，似应为“夫”。

第二节　政治军事史资料

近代史料笔记也是我们研究清代政治军事史不可或缺的重要参考资料。晚清以来，中国所面临的国际、国内环境发生了巨大变化。从政治军事史的角度而言，这种变化大致有如下三类：一是西方列强为了不断攫取和扩大在华侵略权益而接二连三地发动侵略战争，两次鸦片战争、中法战争、甲午中日战争、八国联军侵华战争等接踵而至。中国在西方列强的不断侵略之下，主权沦丧、内外交困、危机重重。二是清廷为了挽救自身统治危机而不断调整政策，进行了一系列改革，如洋务运动、戊戌变法、清末新政与预备立宪。三是清朝政权在内忧外患中逐渐走向衰亡以至于最后崩溃，与此有关的重大历史事件包括太平天国起义、捻军起义、义和团运动、革命派不断发动的武装起义等。

在追求民族独立与近代化成为当时中国社会面临的主要任务时，国内的一些有识之士敏锐地意识到这一点，并在笔记作品中予以记录。具体而言，就是出现了大量记载西方列强侵华及中国人民反侵略的文字，还有清廷为应付危机进行政治、经济、文化革新的内容以及对清廷统治格局变化的记载。下面就从以上所述的三个方面予以介绍。

一、对西方列强侵略及中国人民反侵略斗争的记载

1840年鸦片战争爆发，1842年中英签订《南京条约》，中国开始沦为半殖民地半封建社会。中国遭遇了“数千年未有之强敌”，面临着“数千年未有之变局”。而鸦片战争恰恰是将中国推入世界殖民体系的第一步。当时，统治阶级内部的一些有识之士开始记录这一历史事件，出现了《夷

氛闻记》《中西纪事》[1]等名著。同时，笔记中对这一重大历史事件也有着丰富记载。

薛福成在《庸庵笔记》卷一“裕靖节公殉难”条记录了鸦片战争时裕谦抗击英军而殉国的经过，既记录了英军陷定海的过程，又展示了定海三总兵及裕谦为国为民牺牲的英勇气概。陈康祺在《郎潜纪闻四笔》卷三中记录了陈化成壮烈抗英的事迹，这段文字来源袁翼《邃怀堂文集》（《邃怀堂文集》中的此段文字又来源吴茂才的《忠愍纪略》），作者认为有官私记载所未具者，是以删节后收录。《桑海摭闻》于1937年由上海联华出版社出版，作者蔡钺自序该书为“父老之所遗传，及身之所经历”之作。其中一篇《道光间鸦片战争失败之内幕》记载了鸦片战争的历史，开篇即说：“我国积弱，为世界列强所轻侮者，自前清道光间中英鸦片战争失败始。而鸦片战争之所以失败者，实因穆彰阿之妨贤病国及琦善、牛鉴之贪财卖国，有以致之。”[2]作者虽未能洞悉鸦片战争失败的根本原因，但其在著作中对穆彰阿、琦善、牛鉴卖国求荣、排斥异己的罪行进行了揭露，对林则徐、裕谦、陈化成英勇抗敌的事迹予以歌颂。

方濬师的《蕉轩随录》是根据自己多年积存的笔记杂钞册编而成，以谈掌故、记遗闻、录时事为主。方濬师长期任职于内阁及总理各国事务衙门，其对鸦片战争前夕到同治初年的外交及洋务活动的记载，有一定的史料价值。该书卷八有《海洋记略》一则，方濬师以“尊王攘夷”之意旨记载了鸦片战争以来至洋务运动时期的个人见闻，既有摘录于时人的奏折，又有他对一些历史问题的见解，颇能引发今人的思考。以下试举数例。

关于清廷内部对鸦片烟的弛禁、严禁论，方濬师记载：

> 太常寺少卿许公乃济奏请收鸦片烟税。道光十八年闰四月，鸿胪

① 梁廷枏《夷氛闻记》、夏燮《中西纪事》经常被认为是笔记，由邵循正先生点校的《夷氛闻记》1959年还被作为《近代史料笔记丛刊》之一出版。但实际上《夷氛闻记》是纪事本末体史书，《中西纪事》则为中外关系史专著，不可与笔记混为一谈。

② 蔡钺：《桑海摭闻》，上海联华出版社1937年版，第23页。

寺卿黄公爵滋奏请严禁，引余文仪《台湾志》云：“交留巴本轻捷善斗，红毛制造鸦片烟诱使食之，遂疲羸受制。”此禁烟之始。今鸦片烟仍弛禁而收税。黄固正论，许官粤东监司久，所议亦不为无见。事激则变，《易》之戒履霜，信然。①

道光十九年三月，林公则徐等奏：“趸船鸦片销除净尽，乃为杜绝病源。臣则徐当撰谕帖，责令各洋人将所有烟土尽行缴官。即于二月十三日据领事义律禀覆，向各洋人名下追究呈明，共有二万二百八十三箱。”此查缴鸦片烟土之始，以后复陆续令其呈缴，并严定夹带罪名。或者曰：禁内地之吸烟，即不能不杜绝外地之卖烟，禁果行矣。内地无吸食之人，外来之烟土从何售卖？今乃勒缴烟土，彼商原为谋利而来，利不获而并其本没之，激之甚而反相陵者，势也。文忠斯举，不无遗憾。②

传统史学观点对许乃济弛禁鸦片的言论颇多抨击，方濬师却认为许乃济所议“不为无见”，对林则徐收缴鸦片的行为，他认为“过激”，这既是他的一孔之见，亦表明当时具有此种思想的人为数不少，他们均未认识到鸦片战争虽因禁烟而起，却并非战争之根源，战争的根源是西方列强对外殖民扩张，是资本主义对扩张市场的极度渴望。这则材料可作为研究清廷内部对禁烟不同态度的史料。

第二次鸦片战争以后洋人开始涌入潮州，但士人拘泥于传统的夷夏之辨，试图阻止洋人入城，方濬师记录了这一历史事件并摘引了时署粤东巡抚郭嵩焘之言：

粤东陆路各口岸人烟稠密，良莠杂处，以潮州府澄海县属之汕头、潮阳县属之达濠为最。今汕头建有官署，惠潮嘉道往来于其间，

① [清]方濬师：《蕉轩随录　续录》，中华书局1995年版，第318页。

② [清]方濬师：《蕉轩随录　续录》，中华书局1995年版，第319页。

而洋人入潮城之举，迄未能阻。署粤东巡抚郭公嵩（焘）有言：“议款以后，内地府县各城听从游历，载在和约，诸君子严拒之之义，而先违谕旨。是彼之欲入城，其势顺；我之阻其入城，其势已先处于逆。洋人通商汕头，距潮州咫尺，商贾觑其余利，而与之交易，工匠夫役受其雇值，而为之奔驰，徒恃一二学者持不准入城之议，以求相胜，其言诚正，其气已孤。”数语实为颠扑不破。①

方濬师认为郭嵩焘之言“颠扑不破”，是恰当的。通过郭嵩焘之言我们也可看出，洋人入城不仅受到条约的保护，而且农工商均因此可以获利而愿意为洋人奔走驱使，士人的阻止既落后于形势，又有违背和约之嫌。这则材料从侧面反映了第二次鸦片战争之后西方对华侵略的深入，也反映了中外交流的加强以及西方势力对中国社会各阶层的影响。

对英国贸易监督，对华侵略的急先锋义律，方濬师也有介绍：

道光间英人马里逊能书汉字，义律亦英人，十余岁时前来澳门，有马里臣者教以汉洋言语文字，管理贸易、带兵等事，后为英国领事官，告示文字，悉出其手。英国兵船向泊离粤二万余里之孟甲喇、万打喇沙等处，皆听义律调遣。②

参与镇压太平天国运动的洋枪队首领华尔，方濬师对其组建洋枪队、参与镇压太平天国运动、受清廷褒奖均有较为细致的记载，不再赘述。

何刚德在《春明梦录》中记载了第二次鸦片战争中城下之盟的情形：

洋兵毁圆明园后，英使巴夏礼入京议和，在礼部设宴。宝师时为军机，躬与其役。余见其与醇邸唱和感旧，诗中有“剑戟如林免胄趋”一语，可见城下乞盟，备受屈辱。证以当日译署照会，肆意慢

① [清]方濬师:《蕉轩随录　续录》,中华书局1995年版,第318—319页。

② [清]方濬师:《蕉轩随录　续录》,中华书局1995年版,第321页。

（谩）骂，其狼狈情形，可想而知。[①]

中法战争是继第二次鸦片战争后，西方列强对华的又一次大规模侵略。就战争本身而言，中、法互有胜败，清政府以在战场上所处的有利局势为妥协条件签订了丧失一系列利权的《中法新约》。对这一历史事件，晚清笔记中也予以很大关注。如刘体智《异辞录》中记录中法战争的有《张佩纶借舰》《吴杰守镇海以终》《刘秉璋昭雪吴杰原奏》《薛福成描写捍海奇勋》《都人讥词臣任军役联语》《张之洞坐收成功》《左宗棠彭玉麟耄昏》《甲申都中对语》《讥张佩纶三联》等则。如《张佩纶借舰》一则载：

法舰至闽，丰润以浙为闽督辖境，电调浙江超武、建威两舰。舰长未奉巡抚之命，不敢驶往。丰润恶其违命，奏请逮治。先文庄怒，拟疏弹劾丰润玩寇之咎。已将驿递，幕客汪小彭曰："公勿尔。不日行见丰润败矣，公何所图而取怨于友？"事遂中止。未几，丰润书来借舰，云："浙仅两舰，无能对法。如移而之闽，闽足以御法而闽日固，闽足以卫浙而浙不孤。于以见苏季合纵之计，足破孟明鄙远之师。"邮至，马江已败，船械俱烬矣。及文庄移督四川，超武拖船送至汉口乃还。[②]

刘秉璋拒绝借舰，虽为作者所肯定，而超武、建威至闽也必至覆亡，但刘秉璋此举仍摆脱不了隔岸观火之嫌。正因清廷所练海军各自为战，没有统一部署，清政府才于1885年组建海军衙门，作为总领海军的机构。其实，洋务运动失败的一个重要因素即洋务活动的实际组织者，从个人或集团利益出发，各自为政，无论军工企业也好，民办企业也好，还是军事筹备及指挥也罢，无不显示了"分散主义"的倾向。《异辞录》的这则材料，恰为最好的注脚。

---

① 何刚德：《春明梦录·客座偶谈》，山西古籍出版社1997年版，第10页。

② 刘体智：《异辞录》，中华书局1988年版，第95—96页。

李岳瑞在《春冰室野乘》中对中法战争有数则记载，其中一则通过引述张佩纶为诸将请功的奏折记载了马尾海战中诸位爱国将领的英勇事迹：

原疏叙高事云：

该参将由粤来援，论事呐呐，如不出口。前月二十六日，法增一船，诸将来请援，高腾云独义形于色，臣心异之。夜复来见，询以方略，高腾云曰："闽防之意，本以牵制，使敌不发耳。厂非战地也，但炮注子人枕戈者已一月，昼夜相持，咫尺间恐酿成战事。知帅意急欲先发，必多牵制不可得。南洋援必不来；即来，怯将亦无用，徒害事耳。"臣诘之曰："然则奈何？"对曰："专攻孤拔，得一当以报而已。"臣欲令其统率诸将，则辞以资望在李新明后，且曰："水师船各自为战，非若陆军一将，能指挥十余万也。请不必纷更，坚守以待上命。"该参将既去，臣复嘱各船，就商筹策。该参将志定神完，誓死报国。是日手发巨炮，击其乌波船，一一命中。以一飞云小舰当敌人三大舰，中流坚拒不退。忽横来一炮，该参将腿为之折；复一炮，遂飞入水中而没，舟乃发火。

其叙陈事云：

该军功人极瘦弱，文理甚优。方敌舰日增，臣深忧之。陈英上书，请以各轮船合攻孤拔座船，而艇船等发火牵制下游，使各轮小商船水勇及捍雷船截其鱼雷舰，所论均有条理。臣采其论，下诸将布置略定。无如法暗约英、美先发也。陈英见英、美船骤下，急起碇誓众曰："此吾报国日矣。吾船与炮俱小，非深入不及敌船。"敌以三船环之，舟中机损人亡不顾，但以炮向孤拔船。孤拔船受炮略退，敌复增船来持。至一时许，陈英猝中炮于望台，学生王涟随殉，船始焚毁。英、美船观战者，均称叹不置，为之深惜。①

① 李孟符：《春冰室野乘》，山西古籍出版社1995年版，第120—121页。

这则材料通过当事人张佩纶的奏疏展示出在强敌环伺面前，爱国将领临危不惧、舍生忘死的大无畏精神及以死报国的爱国主义情怀，同清政府的腐朽无能形成了鲜明对比。李岳瑞对诸将奋勇抗争，予以充分褒扬，并和甲午之战做了对比：

甲申马江之败……诸将用命，力战死绥，其忠荩实有不可没者。且法人内犯，实仗孤拔一人，自孤拔毙于炮，法人已失所恃，遂不复能纵横海上，功过亦差足相抵。较之大东沟、刘公岛诸役，其得失必有能辨之者。①

《春冰室野乘》另有一则《甲申越南战事杂纪》，作者引用了吴光耀《华峰文集》中《宁副将战事略》一则，该则材料记录了党敏宣、陈得贵兵败被斩、宁裕明善战、郎甲之役、小南关大捷诸事，可资参考②。

孙静庵《栖霞阁野乘》中记载了李治安、彭桂森殉难台湾之役，驻守台北的抚标管带李文魁在台湾沦陷前后的轶事③。

欧阳昱《见闻琐录》中记载中法战争的有两则材料：《马江战事始末》《基隆失事纪略》。欧阳昱于1884年在闽藩沈森甫府中执教，《马江战事始末》即记载其六月二十日至七月初八这段时间有关马尾海战的见闻，而沈森甫是其记载的主要来源，可信度较高。这段文字中，欧阳昱既记战事，又夹议论。欧阳昱认为马尾之战有三大失，为纵法舰入口，不能阻塞海口，和战不定。欧阳昱对马尾之战前后何璟、张佩纶诸人不事战备、举措失当、敷衍塞责进行了深刻地揭露，点明“论误全闽之事者，首在制军，幼帅特其次耳”④。《基隆失事纪略》中欧阳昱记录了采访到的第二次基隆之战基隆失守的原因，一说是误于李某，即李彤恩，一说是受要人旨，

① 李孟符：《春冰室野乘》，山西古籍出版社1995年版，第120页。

② 李孟符：《春冰室野乘》，山西古籍出版社1995年版，第122—127页。

③ 孙静庵，李岳瑞：《栖霞阁野乘·悔逸斋笔乘》，山西古籍出版社1997年版，第123—124页。

④ [清]欧阳昱：《见闻琐录》，岳麓书社1986年版，第144页。

“让法人一步”[①]。这在当时朝野中是颇具代表性的两种观点。而当代学者则认为基隆为刘铭传主动放弃，撤守沪尾[②]，实际上放弃坚守基隆也是刘铭传避免恶战、保存实力的举措[③]。这则资料对研究这一事件是有参考价值的。

关于甲午中日战争，王伯恭在《蜷庐随笔》开篇中即记载甲午中日战争诸事，包括朝鲜壬午兵变、甲申政变、中日交涉等，并涉及吴长庆、袁世凯诸人。1882年，王伯恭受李鸿章之派前往朝鲜，应其国王之聘，历时三载。在朝鲜时，与吴长庆、袁世凯、张謇等人相交。关于袁世凯助朝鲜练兵、甲申兵变均为亲见亲闻，史料价值较高。

张一麐的《古红梅阁笔记》有《甲午战争》《马关条约与中国积弱》等数则，《甲午战争》记述了甲午中日战争的大概情形，《马关条约与中国积弱》则指出：“中国之弱久矣，而刳肠剔腹尽出底蕴与路人共见之，则自甲午之役始”[④]，而甲午中日战争之败，则在于政府腐败，张一麐论说如下：

> 其所以致败之由不一端，即以海军论之，兴未两年而颐和园之工程大起，所筹之款尽充土木之用，名则海军，实则园工，直至平壤凤凰惊报频达，乃下诏停海军衙门。吾闻醇贤亲王奕譞之逝也，文忠哭之恸，盖汉大臣必以满人为护符，虽曾、胡不能不利用官文，奕譞既薨，文忠独力难支，致户部有停止军火十年之奏，故以甲午之败蔽罪于文忠，文忠不任也。前乎此者，则曾文正奏请翰林入同文馆而倭仁沮之，刘铭传奏请全国造铁路而刘锡鸿沮之，亦吾国得失之林也。重以帝后之争，激成戊戌、庚子之两次僇辱。谓清之亡亡于那拉氏可

① [清]欧阳昱：《见闻琐录》，岳麓书社1986年版，第145页。

② 虞和平，谢放：《中国近代通史·第三卷·早期现代化的尝试(1865—1895)》，江苏人民出版社2009年版，第287页。

③ 黄振南：《刘铭传撤师基隆之我见》，《近代史研究》1992年第3期。

④ 张一麐：《古红梅阁笔记》，上海书店出版社1998年版，第27页。

也，谓中国之弱弱于爱新觉罗之家事可也。今者日本视我如无人之境，辽、沈、吉、长任便攻杀，试取《马关条约》一研究之，谁生厉阶至今为梗，后之视今亦犹今之视昔，耗矣悲哉！①

张一麐以历史结合现实展开的论说是深刻的。

刘体智《异辞录》中关于甲午中日战争的有《甲午之败李鸿章不得辞其罪》《袁世凯挑剔启衅》《英日协以谋我》《海军之败兆》《袁世凯闻变先归》《李鸿章殊难辞责》《政府孤注一掷》《张謇为主战派首领》《叶志超侈陈功绩》《平壤之败》《张佩纶阻李经方为帅》《大东沟之役》《丁汝昌见危授命》《旅大守将》《劣械案》《李鸿章手批外甥颊》《翁同龢不问田庄台战败之责》《聂士成等虚报战绩》《甲午都中联语》《中日议和》《中国自取覆败》《当时西人议论》《台湾不能自立》《慈禧欲究主战之罪》《李经方》《袁世凯憾李鸿章》等则，史料价值颇高。这里仅举《中国自取覆败》一则：

日本之胜中国，所谓彼胜于此则有之。是时日本兵法，未臻精密，尤其甚者，海军之脆弱也。外交情形，亦复茫昧，所仅知者，唯联英一国而已。大东沟之战，日本阵法，识者谓以中国舟师吨数，苟驾驭得法，足以剪此而有余。当时伊东祐亨，海军知识犹极幼稚，与其言战，毋宁谓之历练胆识，姑试之云尔。日军力竭而遁，既而余舰补充，商船改造，仍耀威于海上，乃举国一心之效。吾国舰队残不成军，伏匿不出。江浙闽粤四省督抚，作壁上观。政府设施，唯知诘问北洋，以窘淮军。上下离心离德，自取覆败。我愈钝，敌愈利，天也。②

刘体智在这里明确提出甲午中日战争之时，中日外交、军事等差异并

① 张一麐：《古红梅阁笔记》，上海书店出版社1998年版，第27页。

② 刘体智：《异辞录》，中华书局1988年版，第138页。

不大，而中国之所以战败，乃是“上下离心离德”之故。刘体智的这一看法是符合实际的。

何刚德在《春明梦录》中将甲午中日战争与中法战争做了比较，认为甲午中日战争的危害甚重，“丧师辱国，十倍甲申”，“自是而德租胶州湾，英租威海卫，俄租辽东半岛，法租广州湾，不数年间，相继而起，盖列国亦狃于均势之局，几成瓜分，虽不与此役相属，何非此役阶之厉耶!”[①]造成了列强瓜分中国之局。

文廷式在《闻尘偶记》中对甲午中日战争有一系列的记载和评论。对刘永福内渡，文廷式评论说：“刘永福弃台而遁，终身之名一朝而败，时论惜之。然较唐景崧之携巨资内渡而犹欺人以贫窭者，尚胜一筹。台境沦胥，致命之士不见一人，而仗节死义者乃平日之商贾庶民也。盖朝命予敌，固不以身殉责之官吏欤。”[②]对唐景崧弃台内渡，文廷式记载：“唐署抚未内渡时，殊有慷慨之志，二三月间往返与余电商，余能力争以犯不测，而唐则竟不顾其言，致命遂志，其难如此。或言交割之期若延两月，台地尚可支持，实不料其如是之速也。然唐既不能筹措于前，又仓黄奔遁于后，难以逃责备矣。”[③]对刘坤一统帅湘军兵败东北，文廷式言：“刘坤一驻山海关。一日讹言倭兵至，坤一惧而三徙，其怯谬如此。举国望湘军若岁，至是乃知其不足恃。魏光焘、李光久能战，而后败，则犹差胜于淮军也。”[④]对清军军队状况也有记载，“甲午之秋，神机营出兵，有遇于芦沟桥者，见其前二名皆已留髯，第三名则十一二龄之童子也，余多衣裾不

① 何刚德:《春明梦录·客座偶谈》,上海古籍书店1983年影印版,第23—24页。

② [清]文廷式:《闻尘偶记》,载中国社会科学院近代史研究所《近代史资料》编辑组:《近代史资料》,中国社会科学出版社1981年版,第28页。

③ [清]文廷式:《闻尘偶记》,载中国社会科学院近代史研究所《近代史资料》编辑组:《近代史资料》,中国社会科学出版社1981年版,第28页。

④ [清]文廷式:《闻尘偶记》,载中国社会科学院近代史研究所《近代史资料》编辑组:《近代史资料》,中国社会科学出版社1981年版,第37页。

周体，蹲踞道旁不愿前进。”[①]通过以上数则引文，清廷军队的衰败、腐朽可见一斑。

甲午中日战争时期北洋海军提督丁汝昌自杀殉国，可感可叹，但丁汝昌误国乃至叛国的声音一直延续到今。刘声木《苌楚斋随笔续笔三笔四笔五笔》中有一则材料记载了关于北洋舰队投降的情形。

> 刘公岛一役，论者皆谓军门投降，实非事实。军门当时自知不敌日军，早存必死之志，是以屡登瞭望台观战，实兵舰中至危之地。原冀以死报国，旋经日本两次炮击，未死。……当时所以投降者，实各舰管带，与军门幕府无为张鹤楼孝廉尔梅，熟商定计。孝廉本属书生，身临危地，首先畏死，与闽人同意，是以定计投降。军门原未知之也，及知之，已仰药死矣。此无为常曙东茂才师必森所告余者，茂才师即闻之于孝廉自谓，当不诬也。[②]

这则材料来源丁汝昌的安徽同乡张尔梅。张尔梅时任机器厂委员，参与投降事宜是可能的。材料既然是张尔梅“自谓”，其内容值得我们重视。据考证，丁汝昌死于投降之前，投降书是其死后他人盗用丁汝昌名义签署的[③]。

此外，《苌楚斋随笔续笔三笔四笔五笔》中对甲午中日战争时期国内政治局势多有记载。《苌楚斋三笔》卷四《周馥论中日条约》、卷十《大院君捉放原委》，《苌楚斋四笔》卷七《论光绪甲午开衅缘起》，《苌楚斋五笔》卷十《论中日战事记载各书》等记载均得于当事人，可供研究使用。

租界是近代以来西方列强对华侵略的据点。近代史料笔记中对租界的描述亦有不少。如葛元煦《沪游杂记》的开篇第二则文字即记录了上海各

---

① [清]文廷式:《闻尘偶记》,载中国社会科学院近代史研究所《近代史资料》编辑组:《近代史资料》,中国社会科学出版社1981年版,第41页。

② 刘声木:《苌楚斋随笔续笔三笔四笔五笔》(下),中华书局1998年版,第1095页。

③ 戚其章:《走进甲午》,天津古籍出版社2006年版,第322—333页。

租界情形：

租界在沪城东北，周十余里，以河为界。法国自小东门外陆家石桥河北起，至北门外三茅阁桥河南止。英国自三茅阁桥河北起，至二摆渡老闸河西南止。美国自二摆渡河东北起，至外虹口一带止。三国租界英居中，地广人繁，洋行货栈十居七八，其气象尤为蕃盛；法附城东北隅，人烟凑密，惟街道稍觉狭小，迤东为闽、广帮聚市处；美只沿江数里，皆船厂、货栈、轮舟码头、洋商住宅，粤东、宁波人在此计工度日者甚众。[①]

在黄式权的《淞南梦影录》中，作者同样介绍了上海的法、英、美租界及其繁盛的景象：

沪上法租界在洋泾浜南，英租界在洋泾浜北，人烟稠密，街市喧闹。向时法界街道俱用砖屑填成，一经天雨，泥泞异常。近亦仿照英式，易以碎石，康庄大道，无虞泥泞沾濡矣。计热闹之处，法以大马路为最，英以棋盘街、四马路、大马路为最。五、三、二诸马路，街道稍形狭窄，店铺亦不甚辉煌。六马路虽去年新建，然铺户寥寥，大半系小客寓、清烟馆之类。美界在吴淞江北，俱系粤商及日本人住宅。其气象非特远逊英界，即较之法界，亦难免相形见绌焉。[②]

张焘的《津门杂记》则记载了天津各国租界及租界内的繁华景象：

天津开设通商口岸，始于咸丰十年庚申之秋。准其西洋诸国永租地基，建屋贸易。自紫竹林前至东北沿河一带，为法国租界，房舍尚

① 葛元煕，黄式权，池志徵：《沪游杂记　淞南梦影录　沪游梦影》，上海古籍出版社1989年版，第1页。

② 葛元煕，黄式权，池志徵：《沪游杂记　淞南梦影录　沪游梦影》，上海古籍出版社1989年版，第103—104页。

未盖齐。紫竹林南，自招商局坞〔码〕头以下，地名杏花村之处，为美国租界。居中之地为英国租界，东以河为至，西以海大道为至。街道宽平，洋房齐整，路旁树木，葱郁成林。行人蚁集蜂屯，货物如山堆垒，车驴轿马，辄〔彻〕夜不休。电线联成蛛网，路灯列若繁星，制甚得法，清雅可观，亦俨如一小沪渎焉。①

西方列强在华的租界既是侵华的桥头堡，又是中外社会、经济、文化交流的桥梁，它在西方的先进事物、生活方式、文化习俗传入并影响我国的过程中起了至关重要的作用。以上三则资料对此都有清晰的展示。

晚清诸家笔记对八国联军侵华战争的记载也很丰富，将在后文“庚子之变”中叙述。

笔记中对列强侵华及国人反侵略斗争的记载尚不止前文所述。如欧阳昱《见闻琐录》中的《焚毁教堂洋行诸案》记载了晚清以来延绵不绝的反洋教斗争；王之春《椒生随笔》记载了俄人取伊犁城之事。

当然这类记载的视角都在国内，且局限于一人、一事，对于战争的全局、中外关系尤其是西方列强难以有全面的记载。这种局限性对笔记作品来说是不可避免的。

二、对清政府政治变革的记载

晚清以来，随着西方列强的入侵，国内政治的衰败，清政府面临内忧外患的严重危机，特别是第二次鸦片战争给予清廷沉重打击。在这种情况下，清廷统治阶级内部的有识之士进一步了解外情，探究外事，呼吁进行政治革新，主张向西方学习，以求达到富国强兵、挽救清朝统治的目的。洋务运动、戊戌变法、清末新政与预备立宪等政治改革运动随之兴起。这些重大事件成为笔记作者关注的重点，对它们的记载在近代史料笔记中占据重要地位。

① [清]张焘:《津门杂记》,天津古籍出版社1986年版,第121—122页。

（一）对洋务运动的记载

洋务运动是清政府在面临内外严重危机的情况下，为了维护自身统治而采取的一场自强运动。大规模的洋务事业开展了三十余年，涉及创办军事工业、训练近代海陆军、创建民用工业、发展近代教育等诸方面，虽然洋务运动始终摆脱不了“中体西用”的窠臼，未能实现富国强兵的目的，但它仍旧迈开了中国早期现代化发展的第一步。关于洋务运动的主持者奕䜣、李鸿章、左宗棠等人及他们具体创办的洋务事业，在近代史料笔记中不乏记载。如王韬的《瀛壖杂志》就记载了上海地区兴办的洋务事业如江南制造总局、上海广方言馆及派遣幼童赴美留学。关于幼童赴美留学，王韬记述：

> 近日崇尚西学，由广方言馆遴选幼童出洋肄业；而别设总局于租界，延师课以西国之语言文字，拔列前茅者得预焉。每次以三十人为额，奖以头衔，谓之官生。他日艺成而归，量材擢用。其出洋肄业，则以美国为发轫。盖以始事者为容纯甫太守，向固读书于美国学校者也。他日必当遍至英、法、普、俄，集其大成，而非徒专取一隅之学术已也。①

作者指出，“他日必当遍至英、法、普、俄，集其大成”，显示出作者独特的洞察力和对时代潮流的判断。虽然洋务运动时期留学欧美人数不多，阻扰较大，步履维艰，但在甲午之后，中国的留学事业获得了飞速发展。

陈康祺在《郎潜纪闻初笔二笔三笔》中记载了总理衙门和同文馆，对同文馆的记载如下：

> 同文馆者，聘西人为教授，凡中国搢绅至齐民家聪颖子弟，均许

① ［清］王韬：《瀛壖杂志》，上海古籍出版社1989年版，第126页。

投牒赴馆，学习天文、句股、造船、制器诸法。月有课，岁有会，其尤隽异者，优其廪饩，奖以清秩，盖宦途之终南也。当创议初，枢府诸公，拟选阁部、翰林院五六品以下官，送馆肄业。御史张盛藻疏奏，谓天文、句股，宜令钦天监、五官正、天文生研究，制造工作，宜责成工部考校，文儒近臣，不当崇尚技能，师法夷裔。奏入，枢臣坚持初议。时倭文端公方以首揆掌院，偶有违言，遂疑倭公迂阔沮大计，乃奏派公充同文馆大臣。公策蹇莅任，忽堕马，以足疾请急。而部院庶僚，亦自以下乔迁谷为耻，迄今十余年，尚无儒衣冠入馆者。呜呼！倭公诚理学名儒，狂澜砥柱，在枢廷诸老，或亦深思熟计，志在自强哉？①

这则材料既概括性地介绍了京师同文馆，又记载了洋务运动时期保守派与洋务派关于京师同文馆招收科甲正途生员的争论。争论虽以洋务派获胜，但是同文馆招收科甲正途人员的计划却受到了极大阻碍，显示出朝中反对变革的顽固势力根深蒂固，而这严重制约了洋务运动的开展及其效果。

张培仁的《静娱亭笔记》中有《论开矿之益》《华地多矿》《轮船局生意渐胜》《论励精图治之益——为洋布局而发》等数则材料。其中《轮船局生意渐胜》一则转引了轮船招商局的告白如下：

上海轮船招商局告白云：查第一年，本局只有伊敦、永靖、福星、利运、和众及承领闽省船政衙门之海镜等六船，洋人尚无戒心。第二年，添购十船，规模日见恢宏，洋商遂生忌嫉，竟将往日水脚宁波二元半减至半元，长江五两减至二两，天津八两减至五两。彼恃其本厚利轻，骤然跌价，欲以牵累我局。孰知各省大宪无不维持大局，各省商民无不欢附中国轮舟，彼船官利虽轻而货少，我船官利虽重而

① [清]陈康祺：《郎潜纪闻初笔二笔三笔》，中华书局1984年版，第7页。

货多，未见我不胜于彼也。窃计从前洋商各船，除开销外，每年获利数百万。自本局设立以来，闻其盈余有限，是漏卮已塞，银不外输矣。本局既装漕粮固其本，招徕商货培其末，断无不旺之理。即如旗昌轮船公司在上海为领袖，初立局时，佥谓难与颉颃，而本局竟以洞庭等船往来长江以分其利，以大有等船往来宁波以挫其锐，是以未及两年，旗昌已有退让之志。或谓长江宁波等处不应添设码头，徒占成本十余万。不知不设码头，则转口各货无可揽载，岂不让旗昌之独占宁波生意乎？

或又谓本局轮船只宜专走天津，以收漕运之利，不宜分赴各口与洋船竞胜。不知洋商不辞险阻，航海数万里，无非为图利而来，岂有食毛践土之人，于本国利权所在，不思扩充，一任外人久踞耶？

或又谓轮船侵夺沙船生意，若轮船全归洋商，是真侵夺矣。今本局之设，自管事以至水手，皆中国人，与搭客语意相通，雇募精壮之人不使闲废，练习海上操舟各务，日臻娴熟，以裨实用，货物之转输既速，风涛之保险可凭矣。

试再进而论之。收回利权，固是目前要着；况未雨绸缪，设有调遣不患无船，益于国者一也。洋商不能高抬水脚之价，行旅自无浪费之嗟，而船载各货莫不照应周到，不至如洋船之不相顾惜，其益于商者二也。各处设遇水旱偏灾，立可装运米谷以济之，挹彼注若，两得其利，有益于民者三也。①

据此可知轮船招商局设立后积极与洋商争利，虽然洋商采取降价等方式和轮船招商局竞争，但因轮船招商局承揽了漕粮运输，加之各地督抚支持及百姓乐意乘坐中国商船，这些竞争优势使其起到一定的堵塞漏卮的作用。至于当时对轮船招商局运营过程中的一些争论，轮船招商局也给予了

① [清]张培仁：《静娱亭笔记》，载中国史学会：《洋务运动》(一)，上海人民出版社1961年版，第475—476页。

正面回应。张培仁指出："中国未设招商局以来，利源皆归西人，自开创招商局以后，华人乃渐思自擅其利。然在开创之初，犹恐有其利者必有其害，不得不以小心行之，盖膺此任者，固非可轻易也"[①]，总的来看，轮船招商局起到了"稍分洋商之利"的作用。这是一则研究轮船招商局的重要史料。又，陈其元在《庸闲斋笔记》中也记载了轮船招商局之设及其措施：

十三年，李爵相又奏开轮船招商局，共集资一百五十万。先购买外国轮船，而以机器局所造之轮船益之，以运江浙二省漕粮。漕运既毕之后，准商人雇载，赴外洋及各海口销售货物，以分洋船之利。无事则运粮贩货，取其资为修购船只之用；有事则用为战船，以之巡防，以之攻击。盖一举两得之术也。光绪元年，于招商局内又分设保险公司，以保轮船，先由商集资十五万。本局之船可以无须向外国保险，而外国之船我转可保之，则保险之利亦分之矣。[②]

陈其元的《庸闲斋笔记》中还记载了他制造火药提供军队使用及左宗棠奏开福建船政局之事。

同治元年冬，宁波诸军进攻……于绍兴，三战三捷，将傅其城，而洋火药告罄。史士良观察令余赴上海向李爵相商借数千斤；乃爵相亦以……洋船不至，正在踌躇，无可应付。余乃遄返，谓不如自己仿照造之。于是开局制配，无机器，则以手舂当之；无洋硝，则以土硝炼净抵之；无藤炭，则以柳炭及杉炭代之；以意加樟脑等物，舂配极细，居然造成。第力较洋药少逊，且发后有渣滓留存管底，须时加刮洗耳，然足以资救急之用。爵相闻之，亦饬余在宁局制造万斤。久

① [清]张培仁：《静娱亭笔记》，载中国史学会：《洋务运动》(一)，上海人民出版社1961年版，第476页。

② [清]陈其元：《庸闲斋笔记》，中华书局1989年版，第273页。

之，洋人之药运到，遂止。然自是知药可配造，因从而推广及洋枪、洋炮等类，并仿造小火轮船二只，试之，均能合用。第以公费甚钜，无款可筹……乃置之不讲。至五年秋，左爵相……决计开轮船局。疏陈于朝，朝议允之。局将开，爵相又奉陕甘总督之命，率师西征，奏保前江西巡抚沈公葆桢为船政大臣，莅其事者九年。沈公擢两江总督，又命前江苏巡抚丁公日昌继之。从此中国之轮船与外洋争烈矣。①

陈其元为应急而制造火药之事为其亲历，此段轶事可借以研究洋务运动之起源。

洋务运动的成效如何？在洋务运动开展的过程中引起了广泛的争议。誉之者认为洋务运动足以自强，确有成效；贬之者认为自强应依靠祖制和伦理纲常、士气人心，各项洋务事业不过是其末；也有人确实看到了洋务事业兴办过程中的种种弊端而予以抨击。胡思敬《国闻备乘》中虽多处批评李鸿章，但在《李文忠办洋务成效》中仍旧客观地承认了李鸿章办理洋务的成就：

中兴以后，洋务大兴。李鸿章经营北洋，较丁日昌、张之洞诸人略有实际。始时用夷将戈登规复苏常，惊叹西洋火器之妙，乃节军需糜费，设金陵、上海二机器局，命沈葆靖主之。及移督直隶，复奏荐葆靖仿办于天津。同治十一年，委朱其昂办招商局，领各省官帑百九十万金，集商股七十三万金，置轮船十二，辟口岸二十七；又收并旗昌公司，增十八艘。英商极力倾挤，中外惑浮言，两被御史弹奏，卒不能败。光绪五年，用唐廷枢办开平煤矿。十二年，用李金镛办漠河金矿。煤矿招商股八十万金，筑路开河，规模缔造甚巨。金矿招商股二十万金，金镛亲裹粮勘道，入山露宿四十余日，经行千九百里，皆

① [清]陈其元：《庸闲斋笔记》，中华书局1989年版，第265页。

旷无人烟。旋招集流民数千，设局通商贩，遂成聚落；岁采生金以两计近二万。后……开平质于英，漠河陷于俄，天津机器局毁于联军，鸿章临死，犹引以为恨。①

此处，胡思敬记述了李鸿章创办的洋务事业如金陵机器局、江南制造总局、轮船招商局、开平矿务局、漠河金矿等。胡思敬评价李鸿章，“较丁日昌、张之洞略有实际”，肯定了李鸿章洋务活动的实际成效。

对洋务运动的弊端，文廷式有所披露：

电报既设，而兵事则利人而害己。海军既创，而将士则背国而降敌。设一厂，则贪官蠹吏窟宅其中；行一政，则奸官猾商败坏于后。积数千年之弊，非真见本源者未易言荡涤也。合数十国之长，非真知大体者未易言挹注也。补苴苟且尚不足支旦夕，又况从而剥裂毁坏之哉。②

当然，文廷式对洋务运动的批评偏激与合理并存。所谓电报利人害己，海军将士背国降敌并不是公允之论。贪官污吏蛀于厂矿、奸宦猾商败坏行政却又是客观存在的。

方濬师的《蕉轩随录》中的《海洋记略》摘引了左宗棠、李鸿章等多人的奏疏，可作为研究洋务运动及洋务思想的资料。张焘的《津门杂记》卷中、卷下分别记录了天津机器局、天津水师学堂、轮船招商局、开平矿务局等在天津地方的洋务事业，均可资参考。

（二）对戊戌变法的记载

兴起于甲午之后的戊戌变法是一场由清政府主导的自上而下的政治改

① 胡思敬：《国闻备乘》，中华书局2007年版，第29—30页。

② [清]文廷式：《闻尘偶记》，载中国社会科学院近代史研究所《近代史资料》编辑组：《近代史资料》，中国社会科学出版社1981年版，第30—31页。

革运动。这场运动在士绅阶层、清政府统治集团内部产生了重大影响，留下的史料非常丰富，其中笔记中的史料留存是重要的组成部分。如恽毓鼎《崇陵传信录》、陈夔龙《梦蕉亭杂记》、胡思敬《国闻备乘》《戊戌履霜录》、王照《方家园杂咏纪事》、梁溪坐观老人《清代野记》、刘体智《异辞录》等均有不少文字和戊戌变法有关。

这里将结合戊戌变法中若干问题说明笔记的史料价值。

首先，慈禧对变法的态度。慈禧是否反对变法？慈禧对光绪皇帝主导的百日维新持何种态度？慈禧为什么发动政变？这些问题不仅关系到对慈禧这一晚清历史上举足轻重人物的研究，而且对我们探讨戊戌变法的失败原因有重要意义。

传统观点认为，以慈禧太后为首的顽固派反对任何变革，而这又是戊戌变法失败的客观原因。其实，从晚清众多笔记的记载及其作者的观点来看，慈禧对变法并非一概反对。维新人士王照曾在戊戌变法时上奏要求光绪奉慈禧前往日本考察，他认为，“戊戌之变，外人或误会为慈禧反对变法。其实慈禧但知权利，绝无政见，纯为家务之争”[①]，他主张光绪奉慈禧出游即有调和两宫以利于变法的意图。陈夔龙也持同样观点，他认为，“光绪戊戌政变，言人人殊。实则孝钦并无仇视新法之意”，而慈禧发动政变，只因“徒以利害切身”[②]。费行简在《慈禧传信录》中亦有相同观点和表述：“后尝告德宗，变法乃素志，同治初即纳曾国藩议，派子弟出洋留学，造船制械，凡以图富强也。”光绪认为，“徒练兵制械，不足以图强，治国之道，宜重根本。”并向慈禧进呈《校邠庐抗议》，“后亦称其剀切，第戒帝毋操之过蹙而已。”当德国人占领胶州湾后，光绪向慈禧表示不愿意当亡国之君，慈禧则曰：“苟可致富强者，儿自为之，吾不内制也。”即使在翁同龢被罢斥后，她仍旧“温语慰帝，听其变法”[③]。苏继祖

① 岑春煊，恽毓鼎：《乐斋漫笔　崇陵传信录(外二种)》，中华书局2007年版，第83—84页。

② 陈夔龙：《梦蕉亭杂记》，中华书局2007年版，第19页。

③ 费行简：《慈禧传信录》，载中国史学会：《戊戌变法》(一)，上海人民出版社1957年版，第464页。

在《清廷戊戌朝变记》中也说："然推之太后之心，未必不愿皇上能励精图治也，未必不愿天下财富民强也，至法当变不当变，未必有成见在胸也。"[①]光绪帝的种种变法举措，几乎都是事先获得了慈禧的赞同而后颁行的，苏继祖即言："皇上自四月以来所有举办新政，莫不先赴太后前禀白，而后宣示，虽假事权，并未敢自专也。每有禀白之件，太后不语，未尝假以辞色；若遇事近西法，必曰：'汝但留祖宗神主不烧，辫发不剪，我便不管。'"[②]慈禧所言似有负气之处，但也表明了她此时尚顾及光绪亲政的身份，不愿过多地干预旨在自强的变法活动。

再结合变法前及变法初期光绪与慈禧的接触情形来看，亦可以得出慈禧并不是一开始就反对变法的结论。学者指出像《明定国是诏》这样的上谕，没有慈禧的首肯是根本不可能发布的，《明定国是诏》"应是清政府最高统治层的共识，并不是光绪皇帝或所谓'帝党'背开慈禧太后或所谓'后党'而发动的政治运动"[③]。

其次，戊戌变法失败的原因。慈禧既然不是一味的反对变法，那么戊戌政变的发生就不能仅仅用守旧与维新之争来说明了。系统的论述问题并不是本著的重点，这里仅从清人笔记中转引几则文字以期引起我们的深入思考。

胡思敬在《国闻备乘》中对慈禧在清廷中的地位及慈禧与光绪所拥有的势力做了比较：

> 同、光以来，内外重臣，皆孝钦所亲拔，德宗虽亲政，实未敢私用一人，其势固已孤矣。唯翁同龢以东宫旧恩，极力保护，汪鸣銮与同龢同乡相亲昵，张謇出同龢之门，志锐为珍妃亲兄，文廷式与志锐

① 苏继祖：《清廷戊戌朝变记》，载中国史学会：《戊戌变法》(一)，上海人民出版社1957年版，第329—330页。

② 苏继祖：《清廷戊戌朝变记》，载中国史学会：《戊戌变法》(一)，上海人民出版社1957年版，第342页。

③ 马勇：《近代中国通史·从戊戌维新到辛亥革命》，江苏人民出版社2006年版，第286页。

为旧交。数人相比，虽公私不同，皆以保皇自任。附之者只贝勒载澍，户部侍郎长麟而已，余皆孝钦耳目也。孝钦更变多，有事辄先为所觉。丙申逐长麟、鸣銮，丁酉逐廷式、志锐，戊戌逐同龢，幽载澍于高墙。謇大惧，弃官还江南，托商务自隐，而保皇党无一能自存者矣。有为后起，因廷式以通珍妃，因同龢以见德宗。是时，德宗羽翼已尽为孝钦所剪，有为败，孝钦手无一兵，潜至宫中，制德宗如孤雏，居之瀛台，在廷诸臣无敢为德宗进一言者。①

在《戊戌履霜录》中，胡思敬也坦言：

上由藩邸入承大统，谨事太后，不敢示异同；独用有为变法，排众议，毅然行之，不少绌，然左右大臣，皆由太后拔用，内廷奔走宦竖，服侍西宫有年，多为太后耳目。上虽骤欲自强，势孤，恒惴惴如防大敌。②

金梁对此亦有描述：

帝慑于积威，见太后辄战栗，虽亲政不敢自主。戊戌变法，亦事事请慈旨。太后方园居，厌其烦，遂谕帝但无违祖制，可自酌。帝稍稍得自行其志。左右伺隙即上愬，而变作矣。③

这三则材料实际上都表明了一个共同的事实，即光绪虽亲政近十年，但仍旧在慈禧的控制之下，而慈禧的权力是与她执政数十年的历史密切相关的。慈禧与光绪对中央统治权力的分割在光绪亲政时既已存在，并影响了晚清政局。光绪皇帝虽不想成为亡国之君，想有所作为、力图振兴清王

① 胡思敬：《国闻备乘》，中华书局2007年版，第142—143页。

② 胡思敬：《戊戌履霜录》，载中国史学会：《戊戌变法》(一)，上海人民出版社1957年版，第377页。

③ 金梁：《四朝佚闻》，载中国史学会：《戊戌变法》(四)，上海人民出版社1957年版，第221页。

朝，但他仍旧不能因为这种光明正大的意图而摆脱慈禧的制约。所以，任何变革都必须在这种权力分割的状态下开展。但是以康、谭为首的维新派没能认识到这一点，将注意力完全放在光绪身上。王照在《方家园杂咏纪事》中有这么一段记载：

……故以余个人之见，若奉之（慈禧——引者注）以主张变法之名，使得公然出头，则皇上之志可由屈而得伸，久而顽固大臣皆无能为也。……此策曾于余之第一奏折显揭之，亦屡向南海劝以此旨。而南海为张荫桓所蔽，坚执扶此抑彼之策，以那拉氏为万不可造就之物。在袁氏奉诏来京之十日前，南海论徐子静及谭复生、徐莹甫（子静名致靖。莹甫，子静次子仁镜也）分两次劝余往聂功亭处，先征同意，然后召其入觐。且许聂以总督直隶。余始终坚辞。曾有“王小航不作范雎”语。迨至召袁之诏下，霹雳一声，明是掩耳盗铃。败局已定矣。世人或议世凯负心，殊不知即召聂、召董，亦无不败。倘余往聂处，则泄漏愈速。余知之稔，故决不为也。①

这段文字表露出王照对康有为“扶此抑彼”变法策略的否定，并对康、谭等人试图拉拢袁世凯图谋慈禧的做法表示不满。变法并不一定会因有慈禧主持而成功，但一概排斥慈禧以至于向慈禧夺权则必然会导致变法的失败。

最后，对其他史实的记载。刘声木的《苌楚斋随笔续笔三笔四笔五笔》中有《劝学篇》一则，《劝学篇》为戊戌六君子之一的杨锐所作，可备一说。

南皮张文襄公之洞亦撰《劝学篇》二卷，实为沿袭秦汉旧籍名义，曾进乙览，颇盛行于时。外间传闻，为绵竹杨锐所代撰。锐于光绪戊戌八月六人之狱弃市，张文襄公为之流涕三日。声木谨案：张文

① 岑春煊，恽毓鼎：《乐斋漫笔　崇陵传信录（外二种）》，中华书局2007年版，第83—84页。

襄公《广雅碎金》诗中自注云："仁寿学生毛席丰，绵竹学生杨锐，华阳学生范溶，皆高材生，召之从行读书，亲与讲论，使研经学。"云云。据此，则外间传闻不为无因。①

翁同龢戊戌变法前被黜，一般认为是慈禧削弱光绪势力的举措，亦有说法认为是光绪为了消除变法阻力而不惜罢黜师傅。刘体智持后一种观点，他认为："常熟当国既久，以古大臣自励，颇不悦于维新异说之骤起，力诤于上前。至称康有为之才胜臣十倍，正负气之语。措词切直，更失帝眷，放归田里。慈圣重临朝，憾者摭拾前说，以辞害意，遂获谴。"②刘的观点可为研究者参考。

此外，朱德裳的《三十年闻见录》中《戊戌湖南新政》较为详细地记载了湖南省新政措施及成效。作者还详细地记述了安维峻奏请销毁《新学伪经考》之事，戊戌四章京之死及其株连等事。张一麐《古红梅阁笔记》中有《维新之潮》《保国会》《政变述闻》数则，均可补正史缺漏。

近代史料笔记中对戊戌变法及涉事诸人的记载甚是丰富，不再详述。

（三）对清末新政的记载

清末新政是继戊戌变法之后，清政府又一次大规模的革新运动，涉及政治、经济、军事、教育、司法等各个方面，并开始筹备君主立宪制改革。记载了清末新政的重要史料笔记有岑春煊《乐斋漫笔》、陈夔龙《梦蕉亭杂记》、胡思敬《国闻备乘》、刘体智《异辞录》、张一麐《古红梅阁笔记》等著。这里以官制改革及清政府的腐败为例说明史料笔记在清末新政研究中的作用。

官制改革是清末新政改革的重要内容，也是预备立宪的重要举措之一。但官制改革的结果却进一步激化了统治集团内部的满汉矛盾及满族贵

① 刘声木：《苌楚斋随笔续笔三笔四笔五笔》（上），中华书局1998年版，第412页。

② 刘体智：《异辞录》，中华书局1988年版，第166页。

族之间的矛盾，特别是“皇族内阁”的成立成为立宪派与清政府决裂的重要因素。胡思敬对官制改革深为不满，作《丙午厘定官制议》一书予以抨击。在《国闻备乘》中，胡思敬对官制改革也有深刻的剖析。其在《京官变局》一则中言道：

当丙午厘定官制诏下，汉大臣同时失职者十一人，工部尚书陆润庠、兵部尚书吕海寰、吏部左侍郎李殿林、右侍郎张英麟、户部右侍郎柯逢时、礼部左侍郎李绂藻、兵部左侍郎秦绶章、工部右侍郎刘永亨、都察院左副都御史陈兆文、大理寺卿管廷鹗，皆翰林也。唯葛宝华以部曹进。盖自詹事府、国子监次第裁撤，废科举，罢督学典试使差，各部设丞参，九卿多用异途，编检别为风气，清望顿减，极盛而衰，亦其变也。丞参不分满汉，满员同时用十一人，皆借门望以起，民政部左参议裕厚为学部尚书荣庆胞叔，礼部左丞英绵为大学士麟书子，右参议良揆为大学士荣禄子，商部左丞耆龄为江宁将军诚勋子，邮传部左参议那晋为大学士那桐弟，吏部右丞宝铭为署度支部侍郎宝熙弟，右参议毓善为大学士福润子，陆军部右参议庆蕃为礼部尚书贵恒子。其初俱由各部堂官指名请简，嗣经廷臣弹奏，乃先保荐后请旨。列名在前者恒得之，其弊视魏晋九品中正殆有甚焉。[①]

官制改革后不仅满人排挤汉人，而且大量提拔满族亲贵，用人不再遵循旧途，以至于作者感慨其弊端比九品中正制还要大。另有《新衙门争权》一则述说官制改革之后新设衙门如商部、警部、学部、度支部与六部衙门争权，导致事权不一。

自总署改外部，商部、警部、学部接踵而兴，用人行政本无轨辙之可循，移文提取动辄数十百万，指名奏调动辄数十百人。奔走小吏

① 胡思敬:《国闻备乘》,中华书局2007年版,第33—34页。

夤缘辐辏于公卿之门，投其意向所趋，高者擢丞参，次者补郎员，人不能责其徇私；朝三而暮四，此是而彼非，语言相轧，权力相倾，苞苴相唯诺，人不能责其乱法。聚无数阘茸小人于一堂，其面目可憎，其齿牙距角可畏，于是造谋生事，外扰乱郡县，内攘夺六部之权。废科举、立学堂，则礼部之权归学部矣。尽裁天下绿营，练巡警兵；设四品厅丞理京师刑名，权位视古廷尉，则兵部、刑部之权为警部所侵矣。关卡厘税居司农岁入大半，商部曰："此商务，当关白我。"是与户部争权也。庚子之变，外吏以保护教堂不力，被劾去位者凡数十员，事后稍稍开复。外部曰："此外人交涉，当照会使馆，由我定准驳。"是与吏部争权也。大理院兴，法部遂成闲曹，两衙门分争权限，咨会往来，辄相水火。天下一统而辇毂之间先成乖离破碎之象，识者已知其不祥。后警部改为民政部，直无所不统。自署置官僚如吏部，自创办铺捐、车捐如户部，自练警兵如兵部，自开学堂如学部，把持讼狱如刑部，大治街道辟马路如工部，其实皆地方有司职守，古未闻以尚书亲民事者。①

清末新政时期，胡思敬是反对改革的保守派之一，其对官制改革一概予以否定固然有其认识的局限，但其记述和评价仍旧有其价值，可以为我们更全面地评价官制改革提供帮助。

史家有言，辛亥革命之所以取得成功的重要因素是清政府的衰败。这一观点可以从胡思敬的记载中得到印证。《国闻备乘》中有多处记载清政府政治腐败的文字。如作者讲述商部被时人称为小政府，商部之官皆得高升：

商部既设，小人皆由是取径而入，不独堕坏朝纲也。盖全国之权寄于奕劻，奕劻之权又寄于载振，载振又转寄权于商部二三宵小之

① 胡思敬：《国闻备乘》，中华书局2007年版，第74页。

手。京朝议论纷纷，皆称商部为小政府。其时任丞参者，左丞徐世昌、唐绍仪、陈璧，不一年即升侍郎，先后为本部尚书。右丞杨士琦、唐文治，旋升本部侍郎。参议沈云沛旋升吏部侍郎。其余候补丞参，司员起家至大官者，不可缕数。吾乡巨富称萧周，其子弟入京求官，为小人所诱，萧敷训报效十万金，办万生园，徒得京堂虚衔。周维藩日陪载振斗马吊输至十余万，但派会计司行走而已。①

作者又讲述了清末新政时期尤其是宣统初年的清中央有八党，八党相互争权不已的局面。

孝钦训政时，权尽萃于奕劻，凡内外希图恩泽者，非賫缘奕劻之门不得入。奕劻虽贪，一人之欲壑易盈，非有援引之人亦未易掇拟身而进。至宣统初年奕劻权力稍杀，而局势稍稍变矣。其时亲贵尽出专政，收蓄猖狂少年，造谋生事，内外声气大通。于是洵贝勒总持海军，兼办陵工，与毓朗合为一党。涛贝勒统军咨府，侵夺陆军部权，收用良弼等为一党。肃亲王好结纳勾通报馆，据民政部，领天下警政为一党。溥伦为宣宗长曾孙，同治初本有青宫之望，阴结议员为一党。隆裕以母后之尊，宠任太监张德为一党。泽公于隆裕为姻亲，又曾经出洋，握财政全权，创设监理财政官盐务处为一党。监国福晋雅有才能，颇通贿赂，联络母族为一党。以上七党皆专予夺之权，茸阘无耻之徒，趋之若鹜，而庆邸别树一帜，又在七党之外。海军本肃王建议，载洵等出而攘之，故用载洵为海军大臣，派毓朗、载□专司训练禁军大臣。朗好谈洋务；□，载振弟也。载涛见载洵等已握兵权，恐遂失势，争于摄政王前，几有不顾而唾之势。王大窘，次日，复加派涛管理军咨府。唯溥伟以倔强与诸王不合，只派禁烟大臣，权力在诸王下。当时朝士议论，皆言庆党贪鄙，肃党龌龊，两贝勒党浮薄。

① 胡思敬:《国闻备乘》,中华书局2007年版,第82页。

泽公受人播弄，所识拔若熊希龄、丁乃扬、陈惟彦之徒皆极阴险。其初出任政，颇有廉谨之名，后乃扬饰美姬以进，亦欣然受之。①

可以想见，当晚清正处于改革的关键时期，清中央的党争，满洲亲贵“尽出专政”不仅于立宪政体不合，也同清朝的定制不合，其危害不可估量。《清代野记》卷上第一则就以《亲王秉政之始》为题：

清祖制，亲王皇子等毋得干预政事。与大学士相见行半跪礼；称老先生，如兼师傅者，或称老师，自称或门生或晚生，从未有称大学士之别号，如嗣醇王载沣呼李文忠曰少荃者。当文宗崩，穆宗孩提，天下又不靖，慈安柔顺不敢负重任，慈禧位卑又恐不孚人望，思得一重望之亲贵佐理之，于是廷议推奕䜣为议政王，总理军机大臣。此本为权宜之计，非永远定制也。奕䜣既议政，本有百官总己之权，于是向之以老先生、老师称大学士者，遂一变而为官称，如称李文忠为李中堂，左文襄为左中堂，犹不敢庞然自大，直呼其别号者，而大学士之对于奕䜣，则自称晚生矣。奕䜣去位，亲贵执政为定例，以迄于亡。②

从亲王皇子不得干预政事到奕䜣议政，在奕䜣议政之后，继之奕譞，奕譞之后又有奕劻当政。到了载沣担任摄政王，满洲亲贵当权揽政成为这一时期的突出现象，这种政治格局直接激化了满汉矛盾，成为清政权迅速衰弱的重要因素。

三、对清廷统治格局变化的记载

近代以来，清廷统治格局发生了显著变化，在统治格局变化的过程中，有些关键的节点至关重要，对历史进程产生了重要影响。下面将以辛

① 胡思敬：《国闻备乘》，中华书局2007年版，第131—132页。

② 梁溪坐观老人：《清代野记》，山西古籍出版社1996年版，第1页。

西政变、已亥建储、庚子之变、丁未政潮为例评述史料笔记对清廷统治格局变化所作记载的价值。

（一）辛酉政变

辛酉政变又称为“祺祥政变”或“北京政变”，是清朝统治集团内部以慈禧、奕䜣为首与以肃顺、载垣为首的两派之间的政治斗争。辛酉政变使咸丰临危任命的顾命赞襄政务大臣被清洗，慈安、慈禧垂帘听政，奕䜣被任命为恭亲王辅政，从而形成了垂帘辅政兼而有之的统治格局。辛酉政变后，清廷正式公开“借师助剿”，联合西方侵略势力镇压太平天国运动，继续重用曾国藩、李鸿章等湘、淮系官员，并开始了以“自强”“求富”为目的的洋务运动。辛酉政变是晚清时期清中央的第一次政治变动，对晚清政治具有重要影响。晚清笔记中，对“辛酉政变”的记载不多，有的记载则完全依据于官方文献，当然，亦有一些文字摆脱了官方禁忌，具有一定的参考价值。

说到辛酉政变，不得不提到肃顺，而对肃顺的评价官私文献大都以政变后的官方论调为基准，将肃顺、载垣、端华三人讥为“三奸”。但仍有笔记作者能以较为公正客观的态度看待肃顺在晚清政局中的地位和作用。

肃顺虽是咸丰时期的权臣，但爱才下士，重用汉人，识见宏远，为一般满人权贵所不及，多种笔记对此均有记载。如孙静庵在《栖霞阁野乘》中评述：

> 咸同间，某大臣以亲王受遗命辅政，爱才下士，一时如江西高心夔、湖南王闿运、江苏尹铭绶，皆归之。后以宫闱事秘，罗织成狱，某大臣竟以法死，人罕有知其冤者。[①]

薛福成在《庸庵笔记》中虽认为肃顺其人“无足论”，但对肃顺重用

① 孙静庵，李岳瑞：《栖霞阁野乘·梅逸斋笔乘》，山西古籍出版社1997年版，第117页。

曾国藩、胡林翼、左宗棠等汉人官僚称颂备至，尤其是对肃顺荐保左宗棠之事的记载，尤为详细[①]。

梁溪坐观老人在《清代野记》中记载了肃顺重用汉人而轻视满人的轶事。

> 重汉轻满者，非汉人也，满人也。以肃顺之骄横，而独重汉人文士，搜罗人材汲汲不可终日，亦不可解。其对于满员，直奴隶视之，大呼其名，恶语秽骂无所忌。一见汉吏，立即改容致敬，或称先生，或称某翁、某老爷。其索贿也亦惟满人，若汉员之一丝一粟，不敢受也。岂若后来奕劻、载洵辈无人不收哉。是以人心未去。同治初元，犹有中兴之望也。[②]

《清代野记》中还记载了一些具体的事例对肃顺重用汉人、延揽人才予以说明，指出“陈孚恩、匡源、焦佑瀛、黄宗汉等，皆肃所举也。而独不喜满人，常谓满人胡涂不通，不能为国家出力，惟知要钱耳。故其待满人，不如其待汉人之厚，满人深恶之。”[③]进而认为“肃顺有大功于国，实隐成中兴之业”[④]。梁溪坐观老人不以成败论英雄，并跳出了清廷的官方论调，其识见实有可取之处。

徐宗亮在《归庐谈往录》中对肃顺汲引汉人、留意人才亦甚为推崇。徐宗亮站在清廷统治者的角度认为肃顺“荐举曾文正公，有功社稷，不可不知。当江浙失守，东南数省，沦为鬼域，文宗皇帝日接警报，亦倦勤矣。两江总督何桂清既以逃死拿问，而代任殊未定人，肃首以曾某为请，得旨即行”[⑤]，而肃顺“权势正炽”时也能“留意人才”，以至于“京官有

① 薛福成：《庸庵笔记》，江苏人民出版社1983年版，第14—15页。

② 梁溪坐观老人：《清代野记》，山西古籍出版社1996年版，第3页。

③ 梁溪坐观老人：《清代野记》，山西古籍出版社1996年版，第151页。

④ 梁溪坐观老人：《清代野记》，山西古籍出版社1996年版，第150页。

⑤ [清]徐宗亮：《归庐谈往录》，载沈云龙：《近代中国史料丛刊》（第七十五辑），文海出版社1972年版，第43页。

文学者，多傅翼之”[①]。

关于辛酉政变，因事涉宫闱隐秘，档案文献中很难找到确切资料，加之政变后慈禧下令销毁肃顺等人当政时的上谕，使得资料更为难觅。但时人的记载，可弥补档案文献的不足。

薛福成在《庸庵笔记》中对辛酉政变的前因后果有细致深入的记述，虽评价未为公允，但史事基本可据[②]。罗惇曧在《宾退随笔》中对辛酉政变始末也有类似记载[③]。两则史料文字过长，不再引述。

吴庆坻在《蕉廊脞录》中摘录了对研究辛酉政变极有史料价值的“端肃遗事密札”五通（即“热河密札”，刊载于《近代史资料》第56期）。除此之外，《蕉廊脞录》中还有数则关于辛酉政变的记载，如《不准垂帘听政谕》一则清楚地显示了热河行宫中慈安、慈禧与赞襄政务大臣的权力争夺。《胜保奏请太后亲理大政折》记载了胜保在董元淳上奏要求太后垂帘听政遭到赞襄政务大臣批驳后顶风奏请太后垂帘听政的奏折，表明慈安、慈禧已获得手掌兵权的统兵将领的支持。《销除载垣等所拟谕旨》一则转引的谕旨显示辛酉政变发生后两宫下令销除肃顺所拟谕旨尤其是赞襄政务及驳斥董元淳的上谕。吴庆坻所引资料在《清实录》中均有记载，所引“热河密扎”的内容尤其珍贵。

关于肃顺与慈禧等积怨始末，记载殊异，李岳瑞在《悔逸斋笔乘》中指出两者怨愤起于出逃热河途中：

方咸丰末，肃顺以户部司员，不数年骤跻协揆尚书，入赞枢密，得君甚专，不时得入内廷。诸妃嫔皆谨事之，孝钦时亦在贯鱼列，不能独异也。庚申七月，英法兵犯淀园，上仓皇出狩，得宫中一车以行。后妃嫔御，悉雇市上车相从。车既敝旧，骡尤羸瘠，且急驱兼

① [清]徐宗亮:《归庐谈往录》,载沈云龙:《近代中国史料丛刊》(第七十五辑),文海出版社1972年版,第44页。

② [清]薛福成:《庸庵笔记》,江苏人民出版社1983年版,第14—15页。

③ 罗惇曧:《宾退随笔》,载车吉心:《中华野史》(第四卷),泰山出版社2000年版,第4050页。

程，乘者不胜其苦。及次月入山行，崎岖升降，痛瘏益甚，簸荡愈不可耐。孝钦方在车中啜泣，忽睹肃顺骒马，自车旁径过，急搴呼之曰："六爷，吾车敝极，盍为我易一坚好者？"肃漫应曰："中途安所得车？俟前站再议可也。"须臾至某镇市少憩。孝钦使呼肃顺，则方在上前奏事，内监俟其退，语以故。肃不顾曰："此何时，吾尚有暇办关防差使耶？"（后妃所乘车谓之关防车）有顷，复启行，适肃骑又过孝钦车旁，孝钦涕泣乞请，肃厉色曰："危难中那比承平时，且此间何处求新车，得旧者已厚幸矣，尔不观中宫亦雇街车，其羸敝亦与尔车等耳。尔何人？乃思驾中宫上耶？"孝钦尚欲有言，肃已策马去数十步外矣。孝钦虽不敢言，然由是深衔肃。①

除了以上这些笔记外，黄濬的《花随人圣庵摭忆》等笔记亦有相关文字记载。通过以上笔记资料的记载，可以看出：（一）肃顺重用汉人，尤其是重用曾、胡、左等人，对挽救清朝的统治危机具有重要意义，事实上，两宫垂帘后在对待汉族官僚尤其是湘淮系官僚方面延续了肃顺的政策；（二）辛酉政变源于私怨而非公义，是对最高统治权力的争夺；（三）肃顺个性张扬，随着权力日重而逐渐嚣张跋扈，最终导致其失去人心，从而在权力争夺中败下阵来。这些历史细节我们只能通过笔记等文献的记载方能获得。

（二）己亥建储

1898年戊戌政变，慈禧恢复"训政"，光绪被幽禁，但名义上仍是清政府的最高统治者，慈禧欲废黜光绪另立新帝，后退而求其次，于1900年1月24日下诏择立端郡王载漪之子溥儁为大阿哥，兼祧同治帝。此即晚清历史上著名的"己亥建储"事件。这一事件引起了中国政治格局的变化，一方面以康有为为领袖的保皇运动兴起，另一方面随着载漪、刚毅、徐桐

① 孙静庵，李岳瑞：《栖霞阁野乘·悔逸斋笔乘》，山西古籍出版社1997年版，第201—202页。

等顽固派包揽大权，影响了清政府对义和团运动的态度。晚清史料笔记披露了大量有关“己亥建储”的资料，从而为我们全方位了解这一事件的前因后果提供了条件。

关于废立之谋，曾受荣禄赏识同其有密切关系的陈夔龙在《梦蕉亭杂记》中回顾了荣禄就废立之事征之李鸿章并幡然变计的经过。

> 当戊戌政变后，宫闱之内，母子之间，盖有难言之隐矣。而一班薰心富贵之徒，致有非常举动之议。东朝惑之，嘱荣文忠从速办理。此己亥冬间事也。公谏阻无效，忧惧成疾。适合肥李文忠外任粤督，行有日矣，来辞公，见公容貌清癯，曰：“何忧之深也？”公谓文忠曰：“南海虽边远，实一大都会，得君往，朝廷无南顾之忧。君行将高举远引，跳出是非圈外，福诚无量。而我受恩至渥，责备亦最严。近数日来，求生不能，求死不得，将何以教我？”因密语：“非常之变，恐在目前。”文忠听未终，即大声起曰：“此何等事，讵可行之！今日试问君有几许头颅，敢于尝试！此事若果举行，危险万状。各国驻京使臣，首先抗议。各省疆臣，更有仗义声讨者。无端动天下之兵，为害曷可胜言！东朝圣明，更事最久，母子天伦岂无转圜之望？是在君造膝之际，委曲密陈，成败利钝，言尽于此。”公闻之，悚然若失。翼日，以文忠语密奏，幸回天聪。闻某相国、某上公颇拟借端建不世之勋。某上公并手拟一稿，开编公然有“废立”字样，公急诃止之。上公意颇怏怏，是诚不知是何肺肠已！余事后亲闻之公者，爰书之于简端。①

此事为陈夔龙亲闻自荣禄，是有可信度的。

结合其他史料，可见李鸿章对慈禧废立之谋，不仅不以为然，亦且明确反对。同样，反对废立之谋的还有刘坤一。何圣生在《檐醉杂记》中

① 陈夔龙：《梦蕉亭杂记》，中华书局2007年版，第13—14页。标点符号有更改。

记载：

德宗愤于甲午之败，求治颇急，戊戌变政，锐意纷更，未能尽惬人意。孝钦习于旧制，二次垂帘，立端郡王载漪之子溥浚（儁——引者注）为大阿哥，幽帝于瀛台，意在废立。密询内外臣工，以觇群情所向。时则李文忠公鸿章外任粤督，行将出京，得闻密谋，痛切力阻其事。刘忠诚公坤一方督两江，电奏有云："君臣之分已定，中外之口难防。"言外有期期不奉诏之意。老成谋国，中流一壶，实与文忠为响应。①

胡思敬在《国闻备乘》中对此有同样记载，且描述更为细致②。

慈禧放弃废立转而以立大阿哥了事，同荣禄也有密切关联。据恽毓鼎在《崇陵传信录》中记载慈禧废立之谋为荣禄谏阻，而立大阿哥的计策也由荣禄提出。

次年己亥，上春秋二十有九矣。时承恩公崇绮久废在私第，大学士徐桐觊政地綦切，尚书启秀在枢廷与徐殊洽，咸思邀定策功。而大学士荣禄居次辅，虽在亲王下，最为孝钦所亲信，言无不从，大权实归之。三公者，日夕密谋，相约造荣第，说以伊霍主事。崇、徐密具疏草，要荣署名，同奏永宁宫。十一月二十八日，启朝退，先诣荣，达二公意。荣大惊，佯依违其词，速启去，戒阍者毋纳客。二公至，阍者辞焉。次日朝罢，荣相请独对，问太后曰："传闻将有废立事，信乎？"太后曰："无有也，事果可行乎？"荣曰："太后行之，谁敢谓其不可者？顾上罪不明，外国公使将起而干涉，此不可不慎也。"太后曰："事且露，奈何？"荣曰："无妨也，上春秋已盛，无皇子，不如择宗室近支子，建为大阿哥，为上嗣，兼祧穆宗，育之宫中，徐纂

① 杨寿柟，昂孙：《云在山房丛书三种　网庐漫墨》，山西古籍出版社1996年版，第26页。
② 胡思敬：《国闻备乘》，中华书局2007年版，第92页。

大统，则此举为有名矣。”太后沉吟久之，曰：“汝言是也。”遂于二十四日召集近支王公贝勒、御前大臣、内务府大臣、南上两书房、翰林部院尚书于仪鸾殿，上下惊传将废立。内廷苏拉且昌言曰：“今日换皇上矣！”迨诏下，乃立溥儁为大阿哥也。[①]

这一段文字同王照在《方家园杂咏纪事》中记载的情形相同，可以说荣禄在己亥建储中应起到了相当的作用。

封疆大吏对废立之事的谏阻不仅见于以上笔记中，在当时的报刊中亦有记载，如香港的《士蔑报》记述：

香港《士蔑报》报道：论光绪皇帝废立之事，必有所因。盖上海各报接北京来耗，均言伪政府确已决计明年改元，另立新主。京官不预其谋者，闻之皆惊骇，深虑大局之难挽。李鸿章、徐桐、崑岗数人，各效忠诚，苦谏西后，谓倘必废立，则请先行斩彼老臣，以免干涉此悖乱取危之事。是时，张之洞、刘坤一、谭钟麟皆有亲信人在京探传消息，一闻此耗，登即飞报。故西后正在踌躇未决之际，忽接刘、张各来一电文，又刘、谭二人联名来电一纸，均切谏废立，奏请勿为此举，以免国家分裂更早于外人之瓜分。有此诸电，西后乃暂罢议。[②]

这里我们可以看出，反对废立的高层官员有李鸿章、张之洞、刘坤一、谭钟麟、崑岗诸人，这些封疆大吏、枢臣的意见直接影响了慈禧的决策，对制止慈禧废黜光绪起了重要作用。

在废立上对慈禧决策起着制约作用的还有各国公使所代表的西方列强的态度。张一麐在《古红梅阁笔记》中就曾记载外国公使反对废黜光绪帝之事。

① 岑春煊，恽毓鼎：《乐斋漫笔　崇陵传信录(外二种)》，中华书局2007年版，第58—59页。

② 清华大学历史系编：《戊戌变法文献资料系日》，上海书店出版社1998年版，第1422页。

时西后及顽固大臣议废立，各国公使不谓然，荣禄奏请遣李鸿章诇公使意旨，将以大阿哥溥儁代帝位。鸿章一日至总理衙门，各国使臣来会，各使问贵国废立之谣有之乎，李笑曰："决无此事。"又转诘之曰："如诚有之，贵使意如何？"各使均对曰"不赞成"，李乃因荣禄以达于后，故溥儁仅为大阿哥而后仇外之心实自此始。①

以上数则材料，虽然各有异同，但我们从中可以归纳出两条基本信息：一是李鸿章、刘坤一等封疆大吏均立场鲜明的反对废立，荣禄在他们的影响下对废立也较为谨慎并进而影响到慈禧的决策；二是甲午中日战争以后，西方列强对清政府的影响力逐渐增强以至于在择立皇位继承人这样传统封建王朝的家事上也不得不受到西方列强的制约，而列强干涉的加剧又引起了慈禧等人的强烈仇恨，进而影响到清政府的内政外交，对义和团的利用就是在慈禧、载漪等人强烈仇外的心理下滋长的。

（三）庚子之变

庚子之变，即发生于1900年的义和团运动与八国联军侵华战争，称之为"庚子之变"将更多地从国内政治的角度来探讨这一问题。庚子之变直接导致京师再度沦陷，慈禧与光绪西逃至西安，清政府被迫与列强签订丧权辱国的《辛丑条约》，中国彻底沦为半殖民地半封建社会。庚子之变让世纪之交的中国披上了最为沉重也最为荒诞的悲剧色彩。这段历史一直以来是国人尤其是士绅、官员记录的重点。

吴永《庚子西狩丛谈》、岑春煊《乐斋漫笔》、陈夔龙《梦蕉亭杂记》、恽毓鼎《崇陵传信录》、王照《方家园杂咏纪事》、蔡钺《桑海摭闻》、徐一士《凌霄一士随笔》等均有大量内容涉及庚子之变，为我们研究这一历史事件提供了重要资料。

根据吴永《庚子西狩丛谈》的记载，我们可以很清楚地了解慈禧及光

① 张一麐：《古红梅阁笔记》，上海书店出版社1998年版，第31页。

绪在八国联军进占北京前夕西逃至山西、陕西的历程，同时亦为我们探究义和团运动的起源、发展、组织以及清末新政的启动等提供了有益的线索。

对于义和团运动的兴起和发展，吴永在《庚子西狩丛谈》卷一就指出，百姓之所以聚而为团民，起因于民教冲突及地方官府袒教抑民；义和团之所以发展壮大，在于山东巡抚李秉衡、毓贤等人的驰纵。

自耶教传入中国，地方莠民，辄挂名教籍，倚外势横乡里。教士借口保护，以袒庇为招徕，动辄挺身干预。官吏但求省事，遇有民教讼案，往往屈民而右教。教民骄纵益甚。乡间良懦，十九受鱼肉，因之衔恨刺骨，则相率投入八卦教以与之相抗，因该教中稍有团体组织，冀以众为势，缓急可资援助也。[①]

西方宗教势力的侵入及地方政府袒教抑民是义和团运动兴起的重要原因，这一点在清廷的上谕中言之不讳。顾恩瀚在《竹素园丛谈》中也说：

直隶数十州县人民平时受教民欺侮，地方官慑于外人气焰，凡民教涉讼，平民每不得直，积怨日深……[②]

《庚子西狩丛谈》卷二则记述了吴永在怀来县令任上禁阻义和团及义和团进入怀来后与义和团的正面接触。该卷是吴永庚子年间在怀来的亲身经历，其所记述的义和团组织、活动方式等情况为我们提供了丰富的第一手资料。如吴永对义和团首领降神附体的描写，绘声绘色，可以帮助我们了解其具体情形。

闻某村有一少年，练术已成，神验大著，所在乡里，群奉之为大

---

① 吴永口述，刘治襄记：《庚子西狩丛谈》，岳麓书社1985年版，第14页。

② 顾恩瀚：《竹素园丛谈》，载中国社会科学院近代史研究所《近代史资料》编辑组：《义和团史料》（上），中国社会科学出版社1982年版，第503页。

仙。予密嘱干役张元春，设法招致来署。已而果有乡民四五人拥之前来。予令引入偏院，挚护勇数名，亲往莅视。见一黄瘦村童，问其姓为郭，问其名为双桂子，问其生年，止十六岁，殊蠢蠢如鹿豕，而神气颇傲岸，绝无畏缩态。先向予对面立，即漫然作问曰："大老爷，传我何事?"予谓："闻尔道法高妙，已得神人附体，予特欲一亲试验耳。"曰："可。"即东向垂手直立，口唇微动，不知作何语；俄而两颊作颤，面渐青如死灰，双目直视，悉改常度；忽向后直倒，瞑目挺卧无知觉。予颇皇遽，其人曰："无虑，此祖师上法时也。"良久，手足徐徐动，两手作攫拿势，渐动渐亟，突挺然起立，如植木。复大声问曰："尔请我来此何事?"予曰："闻大仙降临，法力广大，深愿一得领教。"曰："可。"声洪厉，已不似曩时。乃举手屈伸，移步腾踊，如术家技击状；见者谓步武姿势，确有少林宗法。予令次第改授刀棒，纵横舞弄，咸呼呼作声响，中间屡次向予进逼，如鸿门舞剑，意在沛公者。卫兵以枪格之，乃不得前。如是数四，予叱之曰："止！速为我锁拿!"吏役以铁链套其项，初犹甚倔强，曰："尔请我来，胡得如此无礼?"予曰："我已看尔试验，实系妖术，上令所禁，于法应惩办。"即令役牵之出，立坐堂皇。俄顷间，魔法随解，勇气骤失。予诘之曰："尔术何在?"则垂涕曰："小人初时如梦，今始醒觉，乞恩宽释，以后不敢更习此矣。"①

《庚子西狩丛谈》卷三主要记载了慈禧、光绪西逃途中路过怀来县，吴永迎驾及随侍西行的见闻。其中记载慈禧等人西逃过程中的狼狈情形，或出自吴永个人的亲见或由慈禧口述，史料价值甚高：

太后哭罢，复自诉沿途苦况，谓连日奔走，又不得饮食，既冷且饿。途中口渴，命太监取水，有井矣而无汲器，或井内浮有人头，不

① 吴永口述，刘治襄记：《庚子西狩丛谈》，岳麓书社1985年版，第28页。

得已，采秫稭秆与皇帝共嚼，略得浆汁，即以解渴。昨夜我与皇帝仅得一板凳，相与贴背共坐，仰望达旦。晓间寒气凛冽，森森入毛发，殊不可耐。尔试看我已完全成一乡姥姥，即皇帝亦甚辛苦。今至此已两日不得食……①

这种西行的困苦，对慈禧产生了相当大的震动，一方面使她亲身体会到庚子年间错误的决策所带来的严重后果，另一方面又使其亲历民间的凋敝情状，从而产生了短暂的悔悟心态，为此后清末新政的开展提供了条件。

《庚子西狩丛谈》卷四记载慈禧等从西安返京，行至开封的过程。其中多处记载了慈禧与吴永的交谈，交谈的内容以庚子之变为主。慈禧讲述了庚子年间京师混乱的局面，同八国联军宣战、西逃的情形，及其本人受到欺蒙挟制而不得实情的状况。

太后……谓当乱起时，……义民，怎样的忠勇，怎样的有纪律、有法术，描形画态，千真万确，教人不能不信。后来又说京外人心，怎样的一伙儿向着他们；又说满汉各军，都已与他们打通一气了，因此更不敢轻说剿办。后来接着攻打使馆，攻打教堂，甚至烧了正阳门，杀的、抢的，我瞧着不象（像）个事，心下早明白，他们是不中用、靠不住的。但那时他们势头也大了，人数也多了，宫内宫外，纷纷扰扰……②

（慈禧）又续言曰：依我想起来，还算是有主意的。我本来是执定不同洋人破脸的；中间一段时期，因洋人欺负得太很（狠）了，也不免有些动气。但虽是没拦阻他们，始终总没有叫他们十分尽意的胡闹。火气一过，我也就回转头来，处处都留着余地。我若是真正由他

① 吴永口述，刘治襄记：《庚子西狩丛谈》，岳麓书社1985年版，第51页。

② 吴永口述，刘治襄记：《庚子西狩丛谈》，岳麓书社1985年版，第86—87页。

们尽意的闹，难道一个使馆有打不下来的道理？不过我总是当家负责的人，现在闹到如此，总是我的错头；上对不起祖宗，下对不起人民，满腔心事，更向何处诉说呢？①

这段文字既讲述了当时义和团在京师的活动影响广泛，慈禧不得不有所顾忌，又由其亲口讲述了庚子年间“处处留着余地”，既利用义和团同八国联军作战，又不放弃对列强的妥协活动。同时这一番事后追述也有利于我们了解当时慈禧的处境及其对义和团的态度、对列强宣战的真实心态。吴永对慈禧因泄私愤而与西方列强开战作过深刻分析：

太后此番话头，虽属事后之谈，但详细体会，亦是实在情节。试想彼深居宫闱，一向与外间情势不相接触，一旦遭此巨变，前后左右，手足耳目，都是一样狂迷，如醉中闹架，欢呼盲进，意兴勃勃，他毕竟是个女流，易于迷信，平日为洋人交涉受了多少委曲，难得有此神人协助之机会，欲其凭一人判断，独排群议，尽遏众狂，此绝不易得之事。即自谓尚有主意未尝放手云云，事实具在，亦不能谓之尽诬。如实在与端、刚倾倒一向，并力不顾，攻破一使馆自在可能之列。不过总有一段时期已经中了魔毒，若谓始终明白，殆亦未必然耳。②

记载庚子之变的另一重要笔记为恽毓鼎的《崇陵传信录》。《崇陵传信录》中对1900年6月16日至19日慈禧连续召开四次御前会议讨论和战问题的记载历来是研究义和团运动的重要史料。对照恽毓鼎的《庚子日记》，四次御前会议恽毓鼎参加了第一、二、四次，《崇陵传信录》中对这三次会议的记载较为详细，对参会诸人的描述声情并茂。6月18日第三次会议

① 吴永口述，刘治襄记：《庚子西狩丛谈》，岳麓书社1985年版，第89页。

② 吴永口述，刘治襄记：《庚子西狩丛谈》，岳麓书社1985年版，第89—90页。

恽毓鼎因“城门早闭”[1]而未参加，是以《崇陵传信录》对这次会议的记载仅有“筹议和战，少顷即退”一言。恽毓鼎关于御前会议情况的记载虽有不符事实的地方，但总体而言是可靠的。而其记载的内容在官方档案中很难搜觅，也是其价值突出之处。

此外，清廷利用义和团之举源于朝中亲贵因私愤而仇洋排外，恽毓鼎有如下记载：

义和拳……顾朝廷所以信之者，意固别有所在。邵陵高贵之举，两年中未尝稍释，特忌东西邻责言，未敢仓促行。载漪又急欲其子得天位，计非藉兵力慑使臣，固难得志也。义和拳……能避火器……载漪等遂利用之，以发大难。故廷臣据理力争，谓……兵端未可开，皆隔靴搔痒之谈也。[2]

此段记载，在陈夔龙的《梦蕉亭杂记》中亦得以印证：

已革端亲王载漪，少不读书，刚愎自用。自己亥冬间，其子溥儁（儁——引者注）立为大阿哥，朝中视线均集于该邸。满大臣中竟有先递如意，希冀他日恩宠者。所管虎神营，于神机营外独树一帜。庚子……乱起，一意提倡之。维时某相国、某上公均授溥儁（儁——引者注）读，皆笃信……漪遂深信不疑，谓拳可恃。[3]

在宋玉卿的《戊壬录》中对载漪等王公、顽固派的仇洋有更生动的记载：

立嗣之诏既下，载漪谓其仆曰：“各国公使将于今日来贺溥儁（儁——引者注）为大阿哥事，汝等宜预备茶点。”至夜寂然。初二日载漪又命仆备茶点，至夜又寂然。初三日载漪复命仆备茶点，至夜复

① 北京大学历史系中国近现代史教研室编：《义和团运动史料丛编》（第一辑），中华书局1964年版，第51页。

② 岑春煊，恽毓鼎：《乐斋漫笔　崇陵传信录（外二种）》，中华书局2007年版，第60页。

③ 陈夔龙：《梦蕉亭杂记》，中华书局2007年版，第20—21页。

寂然。自是载漪之痛恨外人也，几于不共戴天之势。……于是义和团之祸，胎于此矣，大阿哥位之不能保，定于此矣。①

八国联军攻破北京城后的情形，在清人笔记中也有描述。狄葆贤在《平等阁笔记》的记载非常翔实。

哀莫大于心死，痛莫甚于亡耻。夫城郭堕，社稷墟，父老为牛马，妻孥作婢妾，此痛何如也。然迫于时势之不获已，觍颜求活，君子亦姑谅之。若联军入都之时，顺民旗帜遍悬门巷，箪食壶浆跪迎道左者，不胜指屈。（其时朝贵衣冠，鼓乐燃爆竹，具羊酒，以迎师者綦众，今悉讳其名），犹得曰："为保护资产身家计，无可奈何而出此下策，并非真心之爱戴他人也。"迨内城、外城各地为十一国分划驻守后，不数月间，凡十一国之公使馆，十一国之警察署，十一国之安民公所，其中金碧辉煌，皆吾民所贡献之万民匾、联衣伞，歌功颂德之词，洋洋盈耳。若真出于至诚者，直令人睹之，且愤且愧，不知涕泪之何从也。又顺治门外一带为德军驻守地，其界内新设各店牌号，大都士大夫为之命名。有曰"德兴"，有曰"德盛"，有曰"德昌"，有曰"德永"，有曰"德丰厚""德长胜"等。甚至不相联属之字，而亦强以德字冠其首，种种媚外之名词，指不胜屈。而英、美、日、意诸界亦莫不皆然。彼外人讵能解此华文为歌颂之义，而丧心亡耻一至于斯。②

狄葆贤于戊戌变法失败后与唐才常筹组中国独立协会，1900年自立军起义失败后，狄葆贤逃亡日本，1900年冬由日本转道朝鲜归国，跋履辽沈至北京，耳闻目睹了八国联军侵占北京后的种种情形，"凡可悲之境，可

① 宋玉卿:《戊壬录》,载《清代野史》(第一辑),巴蜀书社1987年版,第353页。

② 狄葆贤:《平等阁笔记》,载中国社会科学院近代史研究所《近代史资料》编辑组:《义和团史料》(下),中国社会科学出版社1982年版,第666—667页。

愤之事，可悯之人，接于耳目，触于心者，一一随笔记录，以备遗忘”[①]，他的记载富有史料价值。

《谏书稀庵笔记》中也记载了北京沦陷后的残败情形。

> 洋兵入京城，计有八国：曰美，曰英，曰法，曰德，曰意大利，曰俄，曰日本，曰奥，分城驻兵为八区。德将瓦达西为八国统领，以其驻京使臣克林德死事之惨，故推德为首领，以定和议。瓦达西驻节西苑之仪鸾殿，太后之寝宫也。洋兵初入之日，教堂中人庆更生，齐出杀人以泄愤，西安门迤北人家，屠戮殆尽。第二日，洋帅下令禁之，乃止，而尸积如山矣。……其时通衢左右，陈列衣服、骨董、家具无算。缘破城之日，当店、大肆、富室……都中菁华，耗矣尽矣。上等皮衣、旧磁、名画，多被外人以贱价购去。华商所得者，中下等物耳。[②]

这段文字主要描述了京师被掠夺一空的情形，与此同时，八国联军侵华前后，国人由仇外到媚外的心理状态，在文字中也有所体现，可与狄葆贤的文字对照参看。

其他史料笔记中关于庚子之变的记载尚有很多，如徐一士、徐凌霄《凌霄一士随笔》中的《义和团兴起之动机》《义和团目标之转变》《庚子之乱西后为祸首》《西后公仇可忍私忿难忘》《西后杀毓贤以自保》等，不再赘述。

（四）丁未政潮

“丁未政潮”始于1907年4月，终于同年8月，是奕劻、袁世凯与瞿鸿禨、岑春煊之间的一场政治博弈，清流党、立宪派牵扯其中，最终以袁世

① 狄葆贤：《平等阁笔记》，载中国社会科学院近代史研究所《近代史资料》编辑组：《义和团史料》（下），中国社会科学出版社1982年版，第665页。

② 陈庆湕：《谏书稀庵笔记》，小说丛报社1922年版，第21页。

凯、奕劻在政争中获胜而结束，其结局对晚清政局具有重要影响。

欲了解这一事件的真相，晚清时期的史料笔记是重要凭据之一。作为当事人的岑春煊所著笔记《乐斋漫笔》对此有较为详细的记载。岑春煊对1906年于两广总督任上劾罢受奕劻保护之周荣曜，1907年入京接受慈禧召见并数次弹劾奕劻，任邮传部尚书时劾罢邮传部侍郎朱宝奎，受奕劻、袁世凯排挤而再任职两广总督，及被中伤而开缺罢职等诸事均有记载。以岑春煊面奏罢斥左宝奎一事，岑记载："先请见太后，面劾本部侍郎朱宝奎，以市井驵侩，工于钻营，得办沪宁铁路，遂勾结外人，吞没巨款，因纳赂枢府，得任今职。若该员在部，臣实羞与为伍。太后曰：'朱某既然不肖，可即予罢斥。但据何罪状以降谕旨？'余对曰：'可言系臣面参。'太后首肯，始谢恩退下。是日特旨褫宝奎职。都人士群相惊告，诧为异事。"[①]这一事件从《光绪朝东华录》中可以获得佐证。1907年4月21日清廷以朱宝奎为邮传部左侍郎，5月3日任命岑春煊为邮传部尚书，5日清廷即下诏"据岑春煊面奏，邮传部左侍郎朱宝奎声名狼藉，操守平常，朱宝奎著革职"[②]。同样的记载亦存于《德宗景皇帝实录》。

在《国闻备乘》《异辞录》《世载堂杂忆》等笔记中保留了丁未政潮的部分记载，可使我们对这次政争有较为全面的了解。

在《国闻备乘》中有《瞿鸿禨因衽席之言失位》《袁世凯谋倾岑云阶》两则材料和丁未政潮有关。这两则材料详述了瞿鸿禨、岑春煊被罢斥的因果。如关于瞿鸿禨被罢事：

> 鹿传霖、荣庆、徐世昌、铁良既出军机，瞿鸿禨益与奕劻不合。岑春煊之入见也，或谓鸿禨实召之来。载振疏请解职，意谓必得慰留；旨下，率如所请，亦鸿禨怂恿太后为之。鸿禨人虽阴巧，然明习故事，无甚劣迹可指，孝钦亦颇信之。一日召鸿禨独对，言及奕劻贪

① 岑春煊，恽毓鼎：《乐斋漫笔　崇陵传信录（外二种）》，中华书局2007年版，第31页。

② 朱寿朋：《光绪朝东华录》（五），中华书局1958年版，第5645页。

黩事，欲有所处分，意迟疑未决也。鸿禨退朝与夫人燕语及之。汪康年之妻与瞿夫人往来甚密，闻之以告康年。康年告曾广铨。广铨方为泰晤士报馆访事，遂以庆王失宠，将出军机等情，电达香港，登入西报。英公使阅报大惊，恐王罢而两国交涉中变。适孝钦宴外客于宫中，英使夫人乘间言庆邸若退，敝邦交涉事多其经手，请仍旧贯，毋失两国和好。孝钦曰："是安从得此言?"英使夫人以《泰晤士报》示之。太后愕然，私念与鸿禨曾有是言，何遽腾播西报？心甚疑之。翼日，庆邸遣两格格入宫作叶子戏，孝钦恐奕劻不自安，寄语慰之。格格归，奕劻尽得其实，恨鸿禨甚，召杨士琦密谋。士琦拟一折，言鸿禨授意言官，勾通报馆。察廷臣中唯翰林侍读学士恽毓鼎热中而不甚得志，密召而告之曰："顷承庆邸意，拟一参折。公如愿上，某省藩司可得也。"毓鼎许诺，即奔赴颐和园上之，实不知其所参何人也。疏上，留中一日，未发。翼日，奕劻入朝，袖其折归，径从私宅拟旨，鸿禨遂罢。①

关于岑春煊被罢事：

袁世凯、岑春煊俱有宠于太后。世凯之宠，由戊戌告变。春煊之宠，由庚子护驾。皆从患难中奋翅而起，虽有外言，莫能间也。世凯恶春煊权势与己相埒，与奕劻比而谗之。及朱宝奎黜，仇恨益深，密奏春煊曾入保国会，为康梁死党，不可信。太后曾恶康党，以春煊新被宠，不应有是，待之如初。粤人蔡乃煌失志居天津，侦得其情，思媚袁以求进。因入照相馆，觅得春煊及康有为影相各一。点景合成一片，若两人聚首密有所商者，献于世凯。世凯大喜，交奕劻密呈太后，证为交通乱党，春煊之宠遂衰。未几，迁粤督，未及履任，中途

① 胡思敬:《国闻备乘》,中华书局2007年版,第95—96页。

罢归。乃煌以此擢上海道。[1]

岑春煊所记同胡思敬的记载除时间外大体相同[2]。

在刘体智《异辞录》中也有数则材料记述了丁未前后的朝局，包括袁世凯擅结权贵、振贝子杨翠喜案、岑西林获罪始末，较之胡思敬的记载更为翔实。刘体智对袁世凯结交奕劻诸大臣操控时局及袁世凯与岑春煊、瞿鸿禨的矛盾有深入地披露：

庆邸宗支稍远，恃其孀女四格格者供奉内廷，以固其宠。岁费巨亿，竭其禄俸所入，兼广纳货贿，犹乏于用。项城乘间与之交结，月有贡品至京，珍宝奇巧盈于慈宁，宫门内外咸受导行钱，誉声日起。朝廷大政咨而后行，任用之专，比于往日勋旧。项城大练六军，取朝旨使各省助饷。攘招商、电报两局于武进盛侍郎之手，以利交通。收永平七属盐利于官设天津银号，试行公债，以通有无。挟势敛财，因财助势，名震中外。时枢府六人：自庆邸而下，定兴、善化皆先进，蒙古荣尚书入枢廷得项城力，长白铁尚书以练兵处旧属而跻显贵，虑变常有同异，东海徐尚书旧为项城掾，因汲引以升。诸公畏人言，亦稍自别。时北洋威力日逼，枢臣无能与抗。疆吏中，惟西林在粤有重望，与项城埒。粤中多盗，治以重典，弹劾不职，动辄数十人之多，人人畏惧。粤海关书吏周某赂庆邸得使节，立捕治置法，同时拜疏，请重枢臣之禄以愧之。时庆、袁相比，惟忧西林为梗。政府诸公，处覆巢之下，转危为安，亦惟西林是冀。临桂于晦若侍郎入都议宪政，见善化，以意私焉。善化欣然从之，西林以密电书本为赠，二人之交自此始。会议宪政，舆情不协，南城言路弹章，相继不绝，项城稍绌。官制改革之后，枢廷惟留庆邸、善化二人，项城见之，益有协以

① 胡思敬：《国闻备乘》，中华书局2007年版，第102页。

② 岑春煊，恽毓鼎：《乐斋漫笔　崇陵传信录（外二种）》，中华书局2007年版，第34页。

谋我之惧，自请开去八项差使。居恒不乐，经冬足不下楼，亦不见客。时东三省事益迫，杨杏城侍郎说之往东，项城心颇动。适庆邸疾，求医于北洋。项城使段香岩统制偕医往，日伺于邸侧，于是庆、袁交益加密，项城意变，西林虽至，无能为矣。①

关于载振纳杨翠喜案，刘体智亦将其前因后果、孙家鼐查案及结果娓娓道来，颇能揭发隐秘。关于孙家鼐查案以"查无实据"上奏以至于赵启麟被遣，舆论颇为不耻，但据刘体智记载，孙家鼐实有不得已之苦衷。

袁、岑争权，群矢集于庆、振父子，至揭其狎亵之罪。慈圣命上母弟及师傅往察其情，悔祸之意益显。然闻孙相曰："政局视吾一举足为重轻，此外人无知之言也。吾一言一动影响皇上安危甚巨，每念及，战战兢兢之不暇，岂敢稍涉疏忽。今日之事，惩治庆邸，圈禁其子，博舆论之欢欣鼓舞，固自易易。然庆邸，亲臣也，非常熟比，无辞可令出京。遇年节吉日，递如意，蒙召见，与在位者同，甚或仍准内廷行走。而四格格朝夕在太后侧如故，项城在北洋如故，时时能为庆邸作卷土重来之计，且乘间媒孽吾辈，以去其毒，何以御之？吾老何足惜，但不能为己市直而为上树怨。且今之与项城为敌者，未必能制其死命，惧无以持其后。即使得志，亦将顺焉矣耳，安见其矢忠于上，劝母以慈，劝子以孝，如古人之所为乎。"当时朝中党派情势，孙相之言，洞若观火焉。嗣派内阁侍读润泰往津，调取王竹贤、杨翠喜口供，覆奏查无实据，其事乃毕。②

刘体智还指出，岑春煊被罢斥与李莲英暗中诋毁有关。马叙伦在《石屋余沈》中也记载瞿鸿禨失势与李莲英有关。另外，刘成禺的《世载堂杂忆》中有《瞿子玖开缺始末》一则，亦关丁未政潮之史料。

① 刘体智：《异辞录》，中华书局1988年版，第199—200页。

② 刘体智：《异辞录》，中华书局1988年版，第202页。

这些笔记中的文字，记载虽有参差，但总体而言是可信的，其对清政府激烈的政争、枢臣的腐败都有揭露，而这种揭露在清朝的官方档案中是很难看到的，由此可见笔记的史料价值。

第三节　经济史资料

相对而言，近代史料笔记中有关经济史的资料并不如人物传记资料、政治军事史资料那么丰富，但是也有不少资料可供我们参考。下面主要从两个方面予以说明。

一、传统经济体制下的经济史资料

盐务、漕务与河工是清代经济领域内的三大政，对国民经济、民众生活乃至政治稳定都有重要影响。清代中后期以来，吏治腐败，在盐务、漕务、河工三大政上多有体现。晚清史料笔记对此有诸多记载。

《水窗春呓》中保留有一些关于盐务、河工的文字。《水窗春呓》上卷由湖南湘潭人欧阳兆熊撰写，下卷由浙江嘉善人金安清撰写。金安清，字眉生，号傥斋，历任湖北督粮道、盐运使、提奏按察使等职。因作者职务关系，《水窗春呓》中关于江淮河工、盐务及漕运的记载甚多，有《改盐法》《河厅奢侈》《溃河事类志》《河防巨款》《河工最重》《陋规一洗》《盐务五则》等。《改盐法》记载了陶澍改两淮盐法裁根窝而致谤之情；《河厅奢侈》记载了清中叶之后河厅、盐商的奢侈作风，可见当时官场腐败、社会风气败坏之情形；《溃河事类志》记载了道光甲申十一月（1824年12月）洪泽湖堤岸崩溃，淮、扬二郡受灾之后清廷对相应官员的处置情形；《河防巨款》记载了清乾隆中期以后河工用度之巨；《陋规一洗》记载了漕务之浮收勒折；《盐务五则》记载了关乎盐务之事五则。此处转引《河厅奢侈》一文如下：

河厅当日之奢侈，乾隆末年，首厅必蓄梨园，有所谓院班、道班者，嘉庆一朝尤甚，有积资至百万者。绍兴人张松庵尤善会计，垄断通工之财贿，凡买燕窝皆以箱计，一箱则数千金，建兰、牡丹亦盈千。霜降后，则以数万金至苏召名优，为安澜演剧之用。九、十、十一三阅月，即席间之柳木牙签，一钱可购十余枝者，亦开报至数百千，海参鱼翅之费则更及万矣。其肴馔则客至自辰至夜半不罢不止，小碗可至百数十者。厨中煤炉数十具，一人专司一肴，目不旁及，其所司之肴进，则飘然出而狎游矣。河厅之裘，率不求之市，皆于夏秋间各辇数万金出关购全狐皮归，令毛毛匠就其皮之大小，各从其类，分大毛、中毛、小毛，故毛片颜色皆匀净无疵，虽京师大皮货店无其完美也。苏杭绸缎，每年必自定花样颜色，使机坊另织，一样五件，盖大衿、缺衿、一果元、外褂、马褂也。其尤侈者，宅门以内，上房之中，无油灯，无布缕，盖上下皆秉烛，即缠足之帛亦不用布也。珠翠金玉则更不可胜计，朝珠、带板、攀指动辄千金。若琪瑜珠，加以披霞挂件则必三千金，悬之胸间，香闻半里外，如入芝兰之室也。衙参之期，群坐官厅，则各贾云集，书画玩好无不具备。昔琦侯为两江，赏一手卷，乃元人王野云龙舟图，中绘数千人面目无一同者，已还价一千五百金，次日询之，则中河厅万君以二千金购之去矣。琦遂劾万，终身以此废弃焉。

同时奢靡者为广东之洋商，汉口、扬州之盐商，苏州之铜商，江苏之州县，其挥霍大半与河厅相上下。广东、汉口予所未至，但耳闻而已。道光中陶文毅改票法，扬商已穷困。然总商黄潆泰尚有梨园全部，殆二三百人，其戏箱已值二三十万，四季裘葛递易，如吴主采莲、蔡状元赏荷则满场皆纱谷也。黄之子小园与予交好，予至其家，晨起则小碗十余，各色点心皆备，粥亦有十余种，听客所嗜。予讶其暴殄，其仆则曰："此乃常例耳，若必以客礼相视，非方丈不为敝矣。”①

关于河厅之奢侈，河工之积弊，孙静庵《栖霞阁野乘》中亦有文字记载：

南河岁修银四百五十万，而决口漫溢不与焉。浙人王权斋熟于外工，谓采买竹木、薪石、麻铁之属，与夫在工人役一切公用，费帑金十之三二，可以保安澜；十用四三，足以书上考矣。其余三百万，除各厅浮销之外，则供给院道，应酬戚友，馈送京员过客，降至丞簿、千把总、胥吏兵丁，凡是职事于河工者，皆取给焉。岁修积弊，各有传授：筑堤则削浜（坝?）增顶，挑河则垫崖贴腮，买料则虚堆假垛。即大吏临工查验，奉行故事，势不能亲发其藏。当局者张皇补苴，沿为积习，上下欺蔽，瘠公肥私，而河工不败不止矣。故清江上下数十里，街市之繁，食货之富，五方辐辏，肩摩毂击，曲廊高厦，食客盈门，细谷丰毛，山腴海馔，扬扬然意气自得。青楼绮阁之中，鬓云朝气，眉月夜郎，悲管清瑟，华烛通宵，不知其几十百家也。梨园丽质，贡媚于后堂；琳宫缁流，抗颜为上客。长袖利屣，飒沓如云，不自觉其错杂而不伦也。②

河工之腐败，令人吃惊。此外，薛福成在《庸庵笔记》中列举多例对此予以揭露，读之令人咋舌，不再引述。《春冰室野乘》叹息曰：“骄奢淫逸，一至于此。此真有史以来所未闻者，酿成大劫，不亦宜乎！”③晚清的衰败首先起于吏治，这是中国两千年封建王朝历史兴衰更迭的普遍特征。

关于漕政之弊端，清代中叶之后也非常突出。《栖霞阁野乘》记载：

漕政首禁浮收，而浮收之原，由于旗丁之索加帮费，又于沿途公

① 欧阳兆熊，金安清：《水窗春呓》，中华书局1984年版，第41—42页。

② 孙静庵，李岳瑞：《栖霞阁野乘·悔逸斋笔乘》，山西古籍出版社1997年版，第78—79页。

③ 李孟符：《春冰室野乘》，山西古籍出版社1995年版，第61页。

用，及通仓胥役，催趱员弁，索费于旗丁。故历届兑漕，州县有协济之款，积久视为应得，更思逐渐加增，以倡率停兑，为挟制之端；以掯勒通关，为刁难之具。水手出入淮境，不虎而鼠，首尾帖然。及到江南，则玩易官府，欺凌民船，霸道横行，莫敢正视，旗丁之牙爪也。官卫在淮，奉法惟谨，不率则漕督褫其章服而扑之。及到江南，挑米色，促兑期，互为狼狈，又旗丁之羽翼也。此辈既托词多于州县，州县亦必借口浮取于小民，加五加三，风筛雨耗，蠹书差保，朘削无艺，此在民之害也。州县一年支用在此，通省摊捐在此，又奏明弥补，津贴各款，漕米一石，协济银三四钱不等，合计已及数万，此在官之累也。在颟顸之州县，未必谅百姓之苦；在颛愚之百姓，亦无由悉州县之难。下怨上尤，互相诟病，而皆不为无因，其病民蠹官，大为漕害者，则相沿之陋规是已。或田无一亩，包至数十百石；或米无升合，索费至数十百金。人数多者三四百名，陋规竟至二三万两。沿习已久。殊骇听闻。[①]

盐务之腐败，在《栖霞阁野乘》“盐商之繁华”一则中有披露：

扬州繁华以盐盛，两淮额引一千六百九万有奇，归商人十数家承办。中盐有期，销引有地，谓之纲盐。以每引三百七十斤计之，场价斤止十文，加课银三厘有奇，不过七文。而转运至汉口以上，需价五六十不等，愈远愈贵，盐色愈杂。霜雪之质，化为缁尘，乡曲贫民，有积日累旬，坚忍淡食者矣。此非正课致之，而商人积弊累之也。诸商所领部帖，谓之根窝。有根窝者，每引抽银一两，先国课而坐收其利，一也；运脚公用，额定七十万，近年十增其五，而用不及半，二也；汉口岸价，每引又派一两有奇，三也。即此三项，已倍正课而过之。加以盐院供亿，各大宪缉捕犒赏，又豢养乏商子孙，月支万计。

① 孙静庵，李岳瑞：《栖霞阁野乘·悔逸斋笔乘》，山西古籍出版社1997年版，第138—139页。

最奇者，春台、德音两戏班，仅供商人家宴，而岁需三万金。总商谒见盐院，一手版数十文耳，而册载一千两。率由总商妄立名目，取诸众商。委员王凤生查请裁革。其浮冒无忌类如此。由是侈靡奢华，视金钱如粪土，服用之僭，池台之精，不可胜纪。而张氏容园为最著，一园之中，号为厅事者三十八所，规模各异，夏则冰绡竹簟，冬则锦幕貂帷。书画尊彝，随时更易，饰以宝玉，藏以名香。笔墨无低昂，以名人鉴赏者为贵；古玩无真赝，以价高而缺损者为佳。花史修花，石人叠石，水木清湛，四时皆春。每日午前，纵人游观，过此则主人兜舆而出，金钗十二，环侍一堂，赏花钓鱼，弹琴度曲，惟老翁所命。左右执事，类皆绮岁俊童，眉目清扬，语言便捷，衣以色别，食以钟来。其服役堂前，而主人终世茫然者，不知凡几。梨园数部，承应园中，堂上一呼，歌声响应。岁时佳节，华灯星灿，用蜡至万数千斤，四壁玻璃射之，冠钗莫辨，只见金碧照耀，五色光明，与人影花枝，迷离凌乱而已。其埒于容园者，若黄、若程、若包，莫不斗靡争研，如骖之靳。不数年而资本日绌，亏及公款，朝廷借帑助之。定法两年三运，后则一运两年。积习既深，外腴中瘠，愈斫愈深，而敝坏不可为矣。①

作者“敝坏不可为”的沉痛判断道出了清中后期社会风气的极度奢靡和清政府的腐朽、社会秩序的崩坏。胡思敬在《国闻备乘》中指出“大抵国愈穷则愈奢，愈奢则官常愈败”②，并列举了袁世凯、端方、唐炯、唐绍仪生活之奢侈，可为注脚③。

陈康祺的《郎潜纪闻初笔二笔三笔》中有一则关于经济史的重要资料“度支考”。作者不解于“咸、同已来，何以与康、乾之世，赢绌若是其悬

① 孙静庵，李岳瑞：《栖霞阁野乘·悔逸斋笔乘》，山西古籍出版社1997年版，第68—70页。

② 胡思敬：《国闻备乘》，中华书局2007年版，第55页。

③ 具体见胡思敬：《国闻备乘》，中华书局2007年版，第55—56页。

殊”[①]，搜集资料、旁征博引，探求原因。作者在考察了康熙之后的地丁银、漕粮、盐科、常关税、洋税、厘金收入之后，认为：

> 然苟统筹全局，保洋税，核厘金，开荒田，撤分局，兴修西北水利，省并冗员，裁绿营疲弱兵丁，缺额不补，酌量地势中边、弁兵强弱，以裁汰十之三四为止。而又铸银钱，织洋布，培护丝茶，以收利权；开银铁、煤矿，以取地宝。生之者众，食之者寡，计以中国之大利，供中国之支应而有余。疆域四五万里，岁入五六千万，而司农以下，攒眉束手，相聚而忧贫，无是理也。然而圣君贤辅，直省各大吏，焦心劳思，讫无成效，岂筹策犹未至欤？则总揽其成者，不得而辞咎矣。[②]

《郎潜纪闻初笔二笔三笔》刊于光绪庚辰年（1880），是时清政府的财政状况虽然堪忧，但又好于甲午战后。所以作者经过核查，认为“计以中国之大利，供中国之支应而有余”，但政府仍“相聚而忧贫”，只能是政府理财不到位而致。

其他笔记中有关经济史资料的记载也很丰富，如《庸闲斋笔记》卷十一，记载了古今海菜价之贵贱。《谏书稀庵笔记》中一则《老婆市》，记载了潍市每逢市期，老妇携衣服、器皿、字画、书籍陈于市出售，而物各有主，代售以分其利，在常规物品之中，又杂以女鞋女袜、中衣腿带等物，花样纤巧，错金为缘，刺绣成纹，五光十色[③]。这则材料即关民俗，又是经济生活，颇富意趣。《清代野记》中一则《蠢仆食黄瓜》记载了正月主仆二人进京，奴仆为给主人省钱，只敢吃几盘黄瓜，而这几盘黄瓜却贵于荤腥，每盘需制钱一千，只因冬季黄瓜乃是反季蔬菜[④]。《苌楚斋随笔续笔

① [清]陈康祺:《郎潜纪闻初笔二笔三笔》,中华书局1984年版,第309页。

② [清]陈康祺:《郎潜纪闻初笔二笔三笔》,中华书局1984年版,第315—316页。原文中夹注未引用。

③ 陈庆溎:《谏书稀庵笔记》,小说丛报社1922年版,第127—128页。

④ 梁溪坐观老人:《清代野记》,山西古籍出版社1996年版,第39页。

三笔四笔五笔》中有一则材料为《光绪末年国家每年收支》，是关于财政经济史的资料①。总之，只要勤于阅读、善于发现，笔记中可挖掘的相关经济史资料是很丰富的。

二、对社会变迁环境下经济演变的记载

在中国沦为半殖民地半封建社会的过程中，晚清经济的演变主要体现在两个方面：一是在西方经济势力的侵袭下我国开始逐步沦为国际资本主义市场的原料产地和商品倾销地，二是清政府或被动或主动的进行了一系列的经济改革与政策创新。近代史料笔记中或多或少的对这两方面的内容都有所涉及。以下举一些实例对此予以说明。

厘金是太平天国运动时清政府为筹措军费而在地方上实行的一个临时性税种，后来推行至全国，并一直延续至民国时期。厘金的征收始于江苏副都御使雷以俭，而他是听取了其幕客浙人钱江的意见。关于钱江及其倡行厘金之事，陈其元在《庸闲斋笔记》中有详细记载：

> 当是时，江北屯兵数万，储胥甚急。公以转饷为职，而各省协饷不至，空手不名一钱，庚癸频呼，行有脱巾之变，焦愁仰屋，莫展半筹。江为之画策，疏请空白部照千余纸，以劝捐军饷，随时随地即行填给，与从前缴银累载奏奖不闻者，迥然不同。富人朝输货财，夕膺章服，欢声载道，踊跃输将，不旬日遂得饷十余万。又创立"抽厘法"：于行商坐贾中视其买卖之数，每百文捐取一文，而小本经纪者免。居者设局，行者设卡，月会其数，以济军需。所取甚廉，故商贾不病；所入甚钜，故军饷有资。源源而来，取不尽而用不竭，不期月又得饷数十万。资用既裕，兵气遂扬。②

厘金这一临时性税种之所以难以裁撤，是因为随着清政府财政的日益

① 刘声木：《苌楚斋随笔续笔三笔四笔五笔》(下)，中华书局1998年版，第1078—1080页。

② [清]陈其元：《庸闲斋笔记》，中华书局1989年版，第294—295页。

拮据，厘金收入在清政府总收入中占据的比重越来越大。吴庆坻《蕉廊脞录》中有一则文字记载了光绪十九年（1893）岁入的总体情况。

光绪十九年奉懿旨，饬户部将常年入款核计若干。计各省关每岁征洋税银一千五百余万两，各省地丁每岁银一千余万两，各省盐课等计银一千二百余万两，各省常关税课银三百余万两，各省厘金计银一千三百余万两，各省茶税、当税、盐商捐输计银三百五十余万两，各省杂税银一千五百余万两，裁撤长夫等项计银五十三万余两，加以洋药厘税并征每岁约银七百余万两，共八千数百万两，已缮具清单，由司农入告矣。①

可见，光绪十九年（1893）清政府总收入为八千数百万两，其中厘金收入为一千三百余万两，关税收入为一千五百余万两，均超过了地丁银和盐课收入。厘金和关税收入成为支撑清政府财政的重要支柱。

虽然厘金在清政府税收体系中的地位越来越重要，但清政府一直未能对厘金的征收形成有力的监管，加之厘金征收掺杂着过多的地方利益，因而厘金成为晚清最为混乱的一个税种。厘金征收之弊，晚清时期朝野就多有讨论。如高照煦《闲谈笔记》中的一则记载：

同州府属例食河东潞村盐，韩郃澄朝各县设有盐局。……新来委员鲍典史号子康者，湖北人也。昨云："韩城西二十里芝川镇，久设厘金局，委员某甚怠事，该镇附近黄河，过渡者，必请厘局查清，始准开船，乃每日必向暮时始来清查。查讫又不准逗留，即促过渡，以故行客每于夜间达彼岸。前月阴雨河涨，一船载五十三人，抵中流，水又暴涨，船随浪逝，舵工无能为力。船中人自分必死，放声齐哭。黑夜云阴，对面不见。有二人在船边，因电光见去岸不远，尽力一

① [清]吴庆坻：《蕉廊脞录》，中华书局1990年版，第8页。

跃，幸俱履岸，试前行，乃陡坡也。泥滑不可上，踵后即黄河，不敢移寸步，又久立不住，乃各手拘湿草根，俯身伏坡，直至天明，始遇救登坡。对众详言其故，当即沿岸下行，冀觅其船，行抵距芝川几近百里之夹马口，其船乃搁于河中之沙洲，呼救甚急。河水浩瀚，概无行船，岸上二人乃于附近恳乞小舟将船中人尽渡上岸，已三日矣。三日内船中一人带挂面若干，一人带半角烧饼若干，此外再无食物。每人每日各分食少许，五十一人幸无饥毙者，遂复偕行至芝川，公同杀猪酬神焉。未知彼厘局委员闻之亦颇动其心否？此光绪二十四年六月语也。”①

可见，厘局不仅病商亦且害民，其弊端已到了不忍闻的地步。此外，安徽石埭人（今池州石台县）陈惟彦所著笔记《宦游偶记》中有多则材料涉及厘金。陈惟彦长期从事经济领域内的工作，尤其熟悉晚清厘金、盐务情况，详见第五章第三节。

何圣生《檐醉杂记》中记载了光绪各年岁入，“光绪甲午年，国家岁入银约七千万两，甲午以后增至九千万两，皆见于户部册报。至光绪三十四年，度支部奏岁入总数，遂至二万万二千四百万两，政府日以搜括聚敛为事，竭各省之脂膏，尽耗于无谓之新政新军，而危亡已悬于眉睫矣”②。作者将光绪二十年（1894）、光绪三十四年（1908）的岁入进行比较，指出“政府日以搜括聚敛为事，竭各省之脂膏”是岁入增收的重要原因无疑是正确的。

《国闻备乘》中有多则材料涉及经济史，有一定的参考价值。如《新增财赋》一则：

无政事则财用不足，不节流而急急开源，适便于小人行私，上下

① 徐一士:《近代笔记过眼录》，山西古籍出版社1996年版，第237—238页。

② 杨寿枏，昂孙，《云在山房丛书三种　网庐漫墨》，山西古籍出版社1996年版，第26页。

皆受其害。予观近时筹款之法，灼然共见者，盖有数端：一曰百货统捐，创自江西；一曰烟酒增税；一曰酌提州县盈余；一曰八省膏捐，皆创自北洋；一曰铜元余利，创自广东；一曰漕粮折价；一曰推广捐例，皆创自部臣；一曰房捐；一曰米捐；一曰亩捐；一曰报效；一曰彩票；一曰盐斤加价；一曰整顿契牙各税，皆东南各督抚私自筹画。取民之法愈巧，侵蚀之术愈工。①

这则材料列举了清中央和地方为“开源”而巧立名目设立的各种税费共14种，显示了清末税费的复杂混乱局面及对民众的残酷剥削。胡思敬作为统治阶层的一员，也认识到当时政府“取民之法愈巧，侵蚀之术愈工”，实为取乱之道。清末最后十年间民变勃兴，几乎“无时无之，无地无之”，盖有由来矣！

《捐例》一则提供了有清一代从顺治至光绪朝政府开捐纳的历史。

顺治六年，户部以军饷不济，请开监生吏典承差等捐纳，从之。此我朝开捐之始。其后康熙十六年征三藩，三十年征噶尔丹，雍正二年征青海，皆开捐例。(三藩捐例阅三载停止，收二百余万。北征捐例只贡监、纪级、封典免保举各项。银数无可考。)乾隆时，有豫工例、川运例（二例所收银皆过千万）、嘉庆时捐例最杂，见之奏报可考者，三年有川楚善后例（收三千余万），六年有工赈例（收七百余万），九年有衡工例（收千百二十万），十一年有捐输例（收二百余万），十二年有土方例（收三百余万），十五年有续增土方例（收三百六十万），十九年有豫东例（收七百五十万）。今考吏部铨政别有筹备、武涉二班，列土方、豫东例前，亦必嘉庆时奏开无疑。然则十余年间，九开捐例，亦猥杂甚矣。道光时，英夷扰海疆，浙江受祸尤酷。事平，乃开善后例，银数悉归外销。(光绪十三年御史周天御奏

① 胡思敬:《国闻备乘》,中华书局2007年版,第70—71页。

言，道光年间曾因河工广开捐例，今查吏户二部成案，道光无河工新例，或是嘉庆之讹。）……咸丰元年奏开筹饷新例，乃悉停湘粤外捐。光绪捐例与嘉庆同一猥杂。其始法越用兵，有海防例（事在十年），河决郑州，有郑工例（事在十三年），后又有新海防例。庚子之变，同时开三例：一、秦晋赈捐例，岑春煊主之；一、顺直善后捐例，李鸿章主之；一、各省筹办边防捐例，疆吏分任其事，各不相谋。分发既多，外省内部皆不能容。辛丑七月乃下诏停捐实官，局吏倒填月日，收捐如故。后一年，各督抚筹款困绌，复以实官请。户部以诏墨未干，难于转圜。乃议典簿以上故有官职者准其加捐。既又推广其例，令举贡廪生皆得报捐实官①。

这则材料文字虽不长，但对各个时期政府开捐纳的原因及类型有清晰的表述。它记载了清末新政时期政府虽下诏停止捐纳实官但并无实效，后又变相准许捐纳的情形。捐纳成为清政府非常规收入的重要组成部分，清中后期政府财政竭蹶，虽加紧对民众的剥削但仍不能满足清政府的各种开支，因此，清政府虽意识到捐纳实官败坏官场风气，是官府腐败的重要原因而要停止捐纳实官，但在现实的压迫下又不得不对部分存在的捐纳实官行为予以默认。从这段文字我们可以看出，晚清的改革尤其是清末新政是在怎样的一种环境下开展的。

清末铁路的建设历经艰难，从1876年英人在上海建筑铁路开始到19世纪末西方列强在中国争夺铁路修筑权，再到20世纪初收回利权运动及保路运动爆发，铁路在晚清风云变幻的时代中占有一席之地。《国闻备乘》中《铁路》一则为我们提供了这方面的历史资料。

光绪二年，英人就上海租界辟铁路，通吴淞。江督沈葆桢大惧，以二亿八万五千金（实际为白银28.5万两——引者注）购归中国。此

① 胡思敬:《国闻备乘》,中华书局2007年版,第49—51页。

为内地开通铁路之始。六年，俄人以伊犁故与我不协，沿海戒严。新疆（应为台湾——引者注）巡抚刘铭传请筹办铁路，李鸿章赞之。参议刘锡鸿使德意志归，力陈不可者八，朝廷亦勿诘也。自是以来，强邻眈眈，边事大坏。其北则俄之铁道已及珲春、恰克图，又西北至七河。其西则英之铁道已抵独吉岭，又转而西南以及蛮暮。其南则谅山牧马铁道与法为邻。一呼吸间，三国之师已践我户庭。于是湖广总督张之洞始有芦汉铁路之议。迟之又久，至二十一年定约借比债，始克兴工，阅十年而工竣。是时，西人习知铁道利益，倾赀极力包揽，凡京津、津榆、淞沪、津镇、沪宁数大支路悉归掌握。东南各省恐其蚕食不已，谋先发拒之。出使大臣梁诚首倡议赎粤汉自办，内则张之洞为主。遂废美约，举郑观应为广东督办，黄景棠佐之；袁树勋为湖南督办，王先谦、余肇康佐之。各省同时并兴，江西举李有棻、福建举陈宝琛、浙江举汤寿潜、安徽举李经芳、四川举胡峻、潮汕举张煜南，然皆徒手号召，不名一钱，不得已乃议捐派。闽、蜀亩捐最苛，皖、蜀彩票捐最琐。经芳议抽米捐，芜湖商惊徙远避，几酿大变，江西试办盐捐，不一年短销官引十余万，乃改办九江米捐。百物腾贵，穷民轻弃乡里，游食四方，盗乃盛于此时矣。①

这则文字五百多言，将中国兴筑铁路之始，1880年清廷内关于修筑铁路的争论，1895年开始修筑芦汉铁路，列强争夺中国铁路修筑权，收回铁路利权运动，民办铁路公司集资筑路等我国铁路发展史上具有重要地位的事件娓娓道来。作者指出各地为了积款筑路，通过亩捐、彩票捐、米捐、盐捐等形式，增加了民众的负担，激化了社会矛盾，使社会动荡不安。

关于收回铁路利权运动，汪康年笔记中的一则纪事《苏杭甬路始末略记》对20世纪初收回苏杭甬铁路之事记载颇为详细。汪康年为局中之人，

① 胡思敬:《国闻备乘》,中华书局2007年版,第65—66页。

对此事的记载以及他对收回铁路自办的态度值得我们参考。如其对收回浙路主持者汤寿潜的评价“蛰仙之识见、才能、经验，实不能办此事，且相去甚远。观彼于对内对外绝无可法，惟知说蛮话为种种挟制之计，亦足知其无能矣”①。对于收回路权自办之事，汪康年认为：

> 全国自办铁路，非独中国无此财力，即各国亦不能如此。而勉强为之，耽延时日，转致靡费，且有各种影响。
>
> 我国实无办此事之人才，蛰仙固未足副其任，而已远胜于各省。各省则惟知攫金钱者甚多，故无一成绩可言。
>
> 分省之误。不特此宜以路分，不宜以省分，而因此益深分省界之习，且将来必致因分省界而各据其利益，事愈不可为。
>
> 冒称商办之不正。按此事应由国家划定若干路，若国家不自办而招商为之，则必以大商家数人主其事，而招股以足之，始可云商办。若凭空以一二绅士主办，名曰公举，实数人主之，其后则渐落于全省有势力人之手，或为刁绅劣监分头把持，则为祸更烈。今各省或未至是，然观此据彼攻之象，则距此亦不远矣。②

对于国人竭力宣传的“路亡国亡”的口号，汪康年评价“而最误人者，彼将以招股为主，其辞或过激，谓借款办路即路亡，路亡即国亡。其实，善为之何至此，京汉、京榆固未亡于外人手也”③。

应当承认，虽然汪康年对收回路权运动持保守消极的态度，但是他的思考仍值得我们重视。

《汪穰卿笔记》中另有数则文字如《记赔款镑亏之争执》《记道胜银行之存款》《记股票投机之害》《记银行倒账事》等均可成为我们研究20世纪初中国社会经济的资料。

① [清]汪康年:《汪穰卿笔记》，中华书局2007年版，第17页。

② [清]汪康年:《汪穰卿笔记》，中华书局2007年版，第18页。

③ [清]汪康年:《汪穰卿笔记》，中华书局2007年版，第18页。

第四节　社会史资料

社会史的研究对象甚为广泛，涉及宗族、家庭、社会结构、人口、衣食住用行、婚丧、社交、时令风俗、生态环境等方面，这对史料的挖掘提出了新的要求。史料笔记的记载是社会史资料的重要来源之一。冯尔康在《中国社会史概论》一书中介绍了笔记的社会史史料价值，为我们了解并重视笔记史料对社会史研究的作用提供了帮助①。本节即以笔者所寓目的近代史料笔记为例，从民俗史研究资料和城市史研究资料两个方面介绍史料笔记中所包含的社会史资料，并稍加评说。

一、民俗史研究资料

民俗是历代相沿积久、约定俗成的风尚、礼仪、习惯的综合，也是人类在衣食住行、婚丧嫁娶、生老病死、岁时节庆、文化娱乐、宗教信仰等方面广泛的行为规范②。近代史料笔记中留存的民俗文化资料很丰富，如《中国民俗史籍举要》③中的清代部分所列举的关于民俗史籍的资料中就包含着多种史料笔记。纵观近代史料笔记，对民俗文化记载较多的集中在一些以记载地域性历史文化为主的笔记中，如震钧的《天咫偶闻》、张焘的《津门杂记》等。

近代以降，随着欧风美雨的侵袭，我国固有的传统民俗文化遭到前所未有的冲击，显示出中西杂糅、新旧并存的复杂局面，且具有地域性特征，变迁程度也极不平衡。这种状态在史料笔记中有着较为充分的体现。下面主要从传统民俗文化与近代社会风俗变迁两个方面进行论述。

① 冯尔康:《中国社会史概论》,高等教育出版社2004年版,第172—174页。作者以庄绰《鸡肋篇》和沈德符《万历野获编》等为例说明。

② 秦永洲:《中国社会风俗史》,山东人民出版社2000年版,第1页。

③ 刘德仁,盛义编:《中国民俗史籍举要》,四川民族出版社1992年版。

（一）史料笔记中对传统民俗文化的记载

传统民俗文化中，丧葬、婚庆礼俗占据重要地位，下面以此为例介绍史料笔记中对礼俗的记载。

《虫鸣漫录》二卷，系采蘅子见闻随录，所记大都是晚清市井杂谈，兼或有考证评论。书中有关民俗的内容涉及服饰、丧葬、婚姻、祭祀、演戏等。比如，是书记载的山东葬俗奢靡之风：

> 山东诸事朴素，不事华饰，惟送丧极为奢靡，非特素封之家，必求其精，即贫窭者，亦竭力经营，必臻华美而后快，稍不汰侈，群笑其啬，责以不孝……①

丧葬奢靡之风不仅存在于山东，而是普遍存在于全国大部分地区。

李光庭在《乡言解颐》中专列《丧祭》一则，对晚清京师及附近的丧祭风俗有所记载，特别是对林亭的繁芜奢靡的丧葬习俗进行了批评。

> 京师事近繁华，毕竟识见眼界较乡间为阔达。有丧事家，先来唁问，开吊之日，奠分赙仪无论多寡，从未有扰酒食者，主人亦不预备，此最合乎情理。吾邑城内亦然。林亭离城仅四十里，而有迥异者。如城内知客，客来不接至门外，自入门至内，以至送出门外，俱是此一人照管，故有长解之诮。……林亭知客，客来若不接出大门，则客立而不入，自外至内，俱有人迎候，故有短解之诮。来吊客吊后走去，临食时，多人分头去请，来则鼓乐迎之，上席奏曲侑之，散仍吹打送之。昔有人作《西江月》云："盼得一声告奠，快把地方先占。三百铜钱小分资，落得长吞大咽。吹吹打打笙歌，整整齐齐席面。孝子一遍谢不周，还说将他怠慢。"夫以素服哀吊之日，而乐酒醴笙簧，

① [清]采蘅子:《虫鸣漫录》，载《笔记小说大观》（第22册），江苏广陵古籍刻印社1983年版，第358页。

非礼也。以衰麻可矜之人，而责其跪拜礼数，非情也。当初必有作俑之人，其后遂成为风俗，不如是则群起而攻之，乡俗亦何可尽从。……余以林亭丧事有数端必不可从者。如亲死之日，即倩僧道念倒头经，逢七念经，送三、送殡用僧道鼓吹，必不可从一也。送三之夕，妇女步行送灵牌至五道庙，必不可从二也。入殓择时，不与化命相冲便是，必请阴阳定时，虽暑月亦不敢违，及出殃、回煞等说，必不可从三也。有可从减免者：送三之夕，不必街上设位行礼。逢七只可家祭，不受外礼。择葬日，以与山向、化命、主祭之命不冲便是，断不可细讲，以致稽迟。开吊一日，除远亲外，本镇远近朋情，俱不送讣，不受礼，不备席。辞灵家祭三献礼，似可并行。侑食时不必彻烛合门，幡、伞等类不必多设，影亭亦不必用，恐致损坏。涂车、刍灵，自古有之，有便是了，多亦何益。昔贤有棺无椁，总斟酌乎年纪时势而为之。死者入土为安，非定以有椁为孝也。清明、除夕之祭，酌可五簋、八簋，其余时节及忌辰，酌可三簋、五簋。荐时食则勿忘。大约如此。若徒悦他人之耳目，转无以安地下之亲心，非为人子者所当出也。①

丧葬习俗之一，即"哭"与"助哭"，福格在《听雨丛谈》中记载了满族、直隶省、广东省丧礼中的"哭"俗。

哀哭之事，中外礼仪不同。至尊亲临大臣之丧，或望衡即哭，或见灵而哭，各视其臣之眷也。哭毕，祭酒三盏，既灌复哭。每哭必有中官助声，虽列圣大事，亦有助哭之宦寺等辈。一人出于哀切，众人出于扬声，闻之自有别也。八旗丧礼，属纩、成殓、举殡，则男妇擗踊咸哭。朝晡夕三祭，亦男女咸哭。男客至，客哭则孝子亦哭，不哭则否。女客至，妇人如之。直省丧礼，受吊日，主宾皆不举哀，祭堂

① [清]李光庭，王有光：《乡言解颐　吴下谚联》，中华书局1982年版，第34—36页。

寂然。殡日亦俯首，前导惟鼓乐之声而已。广东丧礼，客一登堂，丧家男女同声举哀，且以妪婢助哭于内，其声不绝，客则弗哭也。

…………

今京师吊丧者，直以哭为吊礼，并不计涕之有无，人多笑之。①

丧葬时的“哭”俗既有普遍性，又有民族、地域性差异，“哭”也逐渐演变成一种礼节而非真实情感的流露，从福格的记载中，对此可以有一概括性了解。

婚俗同样是民俗的重要内容。《虫鸣漫录》记载了北方结婚闹房之俗：

凡新婚者，却扇之夕，亲朋杂沓、呼笑諠阗，谓之闹房，各处皆然，而北方为尤盛。蒋绥珊言：中州某姓娶妇闹房时，有脱新人履以为笑谑者，婿家但付一笑。越半月，女归宁，告其母家，兄若弟大恚，邀集多人，立至脱履者之家，直入内室，凡妇女之履，无论老少，悉脱而掷诸街。②

结婚闹房的风俗，当然也不仅限于北方，甘熙在《白下琐言》中也有记载：

世俗戏新妇，《抱朴子·疾谬篇》痛诋其失；《杨升庵外集》谓以庙见之妇，同于倚门之娼，诚敝俗也。里有再婚者，甫就寝，其戚先以线系其帷，壁罅通之，隐隐曳动，帷忽自开，夫妇罔觉，以为前妇阴魂，皆惊悸而死。噫！戏谑之虐至此，抑何为哉？又有昏（婚—引者注）之次日，宴饮新妇，诸亲在堂，其中表搜（嫂——引者注）得睡鞋，持以示众。夫大恚，怪其妇不秘藏，遂终身反目，抑其罪之尤

① [清]福格：《听雨丛谈》，中华书局1984年版，第161—162页。

② [清]采蘅子：《虫鸣漫录》，载《笔记小说大观》（第22册），江苏广陵古籍刻印社1983年版，第364页。

者矣。[①]

闹新房是延续至今的婚姻风俗，相传始于汉代，它有驱邪避灾的寓意，但很早即被人视为陋俗恶习。汉末仲长统的《昌言》中就说："今嫁娶之会，捶杖以督之戏谑，酒醴以趣之情欲，宣淫佚于广众之中，显阴私于族亲之间，污风诡俗，生淫长奸，莫此之甚，不可不断之也。"[②]以上所引两则材料，是对这一陋俗的间接批判。

郭沛霖在《日知堂笔记》中记载了温州地区独特的婚庆风俗，即"坐筵之俗"。所谓坐筵，即"新娶之家宠异其新妇，招亲戚本家邻里妇女之年少美好妆饰华丽者，至于大厅中列筵东西面坐，惟新妇一筵则南面坐。其东西面，每筵坐少艾二人，富贵之家多至数十筵，翠羽明珰，花团锦簇。厅事前设一木档，档外纵人聚观，口艳指称，一切不禁。拥挤喧笑，有若观剧。"[③]在坐筵中，男可向女献酒表示钦羡，女亦回敬酒一杯。以至于在坐筵中能得到他人敬酒，"不啻如登第得官之荣"，甚至"女家相攸，男家娶妇，媒人游扬其间，莫不以坐筵几次，某某曾经送酒为言。而为女父母者，亦莫不修饰其女，惟恐或后。"[④]袁枚在《随园诗话》中记载了亲自参观坐筵的过程，与郭沛霖所记相同。

广东地区在嫁女时，有"叹成"之俗，颇有特色。据福格《听雨丛谈》记载：

今粤东嫁女，又有哭"叹成"之俗。"叹成"二字，不知是此两字否？其礼于将嫁之女，闭置帷中，亲戚来贺者，足才及堂，则帷中作女子哭声以谢之。若来者亦属女郎，则褰帷径入，亦作哭声答之。其词皆婉丽曼长，闻之如歌，与哀哭差似也。余幼时在粤，值先师萧

① [清]甘熙：《白下琐言》，南京出版社2007年版，第64页。

② [汉]仲长统：《昌言》，载[清]马国翰：《玉函山房辑佚书》卷66，长沙嫏嬛馆1883年刻本。

③ 聂士成，郭沛霖：《东游纪程　日知堂笔记》，中华书局2007年版，第192页。

④ 聂士成，郭沛霖：《东游纪程　日知堂笔记》，中华书局2007年版，第192页。

仞斋先生嫁女（先生名凤翔，江西赣州贡生。初为先大夫受业师，余姊妹叔侄咸执经焉），随先祖母姚太恭人至其家，新人于帷中向余哭曰："素知阿弟好心肠，相送殷勤最感伤。可惜明年春正好，不能亲见状元郎。"又曰："送我泥犁实可伤，好心代我奉高堂。师恩莫作寻常看，况汝书香世泽长。"其声絮絮，一句一呼。所赠之人，大率预为拟就章句，因人而施。且其哭不必皆出于嫁女之口，即姊妹仆妇婢子，均可于帷中助之。此礼不知起于何时，他省未有也。①

震钧在《天咫偶闻》中摘录了《满洲婚祭礼合仪礼考》，这段文字讲述满族婚祭礼与合仪礼，是研究满族风俗的重要资料。

史料笔记对其他民俗的记载，以下略举数例。

礼仪民俗。朱德裳在《三十年闻见录》中考证了"端茶送客"的习俗。作者认为，端茶送客之本意，"不过以举茶杯表示已言已毕，非独长官对属吏以端茶送客；其行宾主礼者，宾对主亦以端茶兴辞。盖属吏恐长官尚有后命，须待其端茶而后出。敌体官相见，宾主谈话既竣，即自行端茶示意耳"②，并非如《官场现形记》中所言"端茶逐客"。

游艺民俗。王之春的《椒生随笔》中记载了宣化地区春季游览风俗，"宣化以每岁季春出郭外踏青，男女杂坐，席地饮酒，堕珥遗簪，日昳不禁。解裙挂于树杪曰挂红，遥望之，红绿飞扬，殊有可观"，并记载了晾脚会这一颇有特点的地方民俗："于五月十四至十六日，原为总戎晾甲之期，土人讹为晾脚会，故于此三日，无论贫富妇女，群坐于大门以外，日必易著新鞋，其富厚者日凡四五易，游人指视赞其纤小，则以为荣。"③王之春评说，"此俗尤陋"。王韬的《瀛壖杂志》也记载了上海地区的一些游艺活动，如"斗鹌鹑""菊花会"④等。

---

① [清]福格：《听雨丛谈》，中华书局1984年版，第163页。

② 朱德裳：《三十年闻见录》，岳麓书社1985年版，第162—163页。

③ [清]王之春：《椒生随笔》，岳麓书社1983年版，第8—9页。

④ [清]王韬：《瀛壖杂志》，上海古籍出版社1989年版，第15页。

生活民俗。如李光庭的《乡言解颐》所记大部分有关社会生活，有《造室十事》《消寒十二事》《新年十事》《食物十事》《杂物十事》《庖厨十事》等多则。如《消寒十二事》记载了冬季人们的生活民俗如煖砚、手炉、脚婆、煤球、选炭、火锅等。《新年十事》记载了新年期间应办的十件事：送历书、敬门神、贴春联、放爆竹、打扫卫生、贴年画、蒸馒头、包水饺、辞岁、贺年。《庖厨十事》记载了煤炉、火眼、坛罐、通条、砂锅、蒸笼、面杖、水漂、笊篱、炊帚等厨房常用用具。这些民俗具有浓厚的民族特色，其中大部分仍旧为今天所继承。富察敦崇的《燕京岁时记》对京师时令民俗的记载尤为详尽，记载了元旦、破五、人日、顺星、龙抬头、春分、端午、中秋、重阳等时令民俗，并结合时令记载了京师地区的“风俗、物产、游览、技艺”等民俗，不仅是研究京师民俗的重要资料，对研究社会经济也有参考价值。

史料笔记中记载的民俗资料有的具有明显的地域性和民族性。试举几例如下。

陈其元在《庸闲斋笔记》中对婺州斗牛风俗有细致的记载，极富意趣。所谓斗牛，乃是牛之争斗。斗牛乃婺州乡间盛会，陈其元记载了举行时的盛况：“比日至之时，国中千万人往矣。斗场辟水田四五亩，沿田塍皆搭台，或置桌凳，以待客及本村老幼妇女。卖饼饵者，卖瓜果者，装水烟者，薨薨缉缉然，猱杂于前后左右。”[①]养牛之人对牛给予非一般的待遇：“其畜牛也，卧以青丝帐，食以白米饭，酿最好之酒以饮之，亲朋相访，主人款之，呼酒必嘱曰：‘慎毋以饮牛之酒来。’乍闻者以为敬客之意，殊不知饮牛之酒乃是上上品，客不得而饮之也。牛所买来之家，呼之曰‘牛亲家’，豢牛之牧童，名之曰‘牛大舅’，其真正儿女亲家，亲之不若与牛亲家亲。”[②]这一乡间娱乐风俗颇有特色。

梁溪坐观老人在《清代野记》中记载了满人吃肉大典的风俗，是研究

① [清]陈其元:《庸闲斋笔记》,中华书局1989年版,第103页。

② [清]陈其元:《庸闲斋笔记》,中华书局1989年版,第104页。

满族生活风俗的重要资料。是文记载：“……大祭祀或喜庆，则设食肉之会，无论识与不识，若明其礼节者即可往，初不发简延请也。”[①]肉约十斤置于铜盘，客人自带解手刀，随吃随割，肉皆白煮，不加盐酱，吃得越多，主人越喜，吃毕亦不道谢，不准拭口。在何刚德的笔记《春明梦录》中对此也有记载，与此大同小异[②]。通过何刚德记载，我们知道，在吃肉大典中，主人将客人视为神明的代表，因此客人坐食而主人却要站着，吃得越多主人越高兴，吃过也不能道谢。

梁溪坐观老人同满人炳半聋相交，耳闻许多满人风俗轶闻，记入《清代野记》，其中有数则关于满族旗主、旗奴之间礼仪的记载：“凡各项包衣并小五处旗人，或奴籍，或重台，例不得与宗室觉罗抗礼，若必不得已，必先半跪请曰，求赏一座，然后坐，方为合礼。”[③]这种严格的等级制度及礼仪在旗主、旗奴经济地位、社会地位乃至于政治地位发生逆转时仍旧存在。炳半聋说：“每有旗主贫无聊赖，执贱役以糊口，或为御者，或为丧车杠夫，或为掮肩者，若途遇其奴，高车驷马翎顶辉煌者，必喝其名使下车代其役，奴则再三请安，解腰缠以贿之求免焉。故旗奴之富贵者，甚畏见其贫主也。”[④]

《清代野记》有一则描述京师地区儿童玩具“空钟”[⑤]：

京师儿童玩具有所谓空钟者，即外省之地铃，两头以竹筒为之，中贯以柱，以绳拉之作声。惟京师之空钟，其形圆而扁，如一轴贯两车轮，其音较外省所制清越而长。有觉罗旗人号快手罗者，精此技，久于金陵以此为生，遂致小康。然犹不知（应为如——引者注）麻瑞子之出类拔萃也。麻瑞子亦旗人，而有痘瘢，其姓瑞，以善空钟得

① 梁溪坐观老人：《清代野记》，山西古籍出版社1996年版，第31页。

② 何刚德：《春明梦录·客座偶谈》，山西古籍出版社1997年版，第59—60页。

③ 梁溪坐观老人：《清代野记》，山西古籍出版社1996年版，第101页。

④ 梁溪坐观老人：《清代野记》，山西古籍出版社1996年版，第101页。

⑤ 空钟，又有空竹、空筝等名称。

名。尝奏技于东西两庙集及新年厂甸中，余曾见之。能以半段空钟用绳扯之，飞高跃低，左盘右旋，无不如志。西人极诧之，谓两轮去一，重心力已失，何以能圆转如意，不致蹉跌，百思不得其解，乃叹中国人之绝技，固匪夷所思也。①

这种玩具后逐渐演变为一种杂技，《清代野记》所记的麻瑞子就是玩“空钟”非常娴熟的民间艺人。

古代的陋俗在笔记中也多有记载。俞樾在《右台仙馆笔记》中记载了焚死女婴的残酷一幕：

有客自宁波来，言其地有焚死女婴一事：于空地积薪，置女婴其上，举火而焚之。始则呱呱啼，继则趯动，久之，皮骨俱焦，不复成人形矣！乃缒以石而投之江。观者数百人咸为叹息。问其故，则此家已生二女，皆溺死之。至是复生女，故不毙之水而毙之火，冀其魂魄知惧，不敢复来也。磋乎！溺女已为敝俗，乃更以一炬了之，赤子何辜？惨罹王莽焚如之刑！为民牧者，如何不为之厉禁也？②

张焘在《津门杂记》卷下《中外国异俗》中比较了中外各异的风俗，在比较中，其对我国“男女有别”的不满隐藏于文字之中。

中国人娶妻，一从父母之命，聘定之余，美恶不能更改；西国人娶妻，专行自己之志，听其自择，两情无不和睦。中国人当迎娶之日，新人涕泪交流；西人当迎娶之期，新人欣喜交集。中国人以男为重，养育教诲，男先乎女；西国人子女并重，养育教诲，女与男同。中国人请酒，男女分席，不交一言，视女如仆；西国人请酒，男女同席，共相笑语，待女如男。中国人生女裹足，终身艰于行步；西国人

① 梁溪坐观老人：《清代野记》，山西古籍出版社1996年版，第91页。

② [清]俞樾：《右台仙馆笔记》，齐鲁书社2004年版，第62页。

生女无此习，一生随意遨游。[1]

《右台仙馆笔记》以非常极端的事例显示了中国传统的重男轻女习俗对女性的残酷迫害，让人不忍卒读。《津门杂记》通过对比中外习俗，显示出我国传统习俗中对女性的禁锢与压迫。

（二）史料笔记中对近代社会风俗变迁的记载

近代以来，中国社会风俗发生了明显的变化。这种变化主要受到内外两种因素的冲击，一是习俗东渐，西方的风俗习惯传入国内影响着风俗的变迁；二是国内进步、新兴的社会势力进行了一系列改良风俗的呼吁与实践。当然，风俗的变化亦有自然演变发展的因素在内。下面以服饰、饮食为例简述史料笔记中对民俗变迁的记载。

服饰的变化是民俗变化的显著体现之一。服饰的变化有着多重意义，如等级制度逐渐松弛、欧风美雨的冲击日益加剧、经济发展及物质生产的丰富、社会风气的变化等。史料笔记中对此多有记载。

金安清在《水窗春呓》中有数则材料记载了晚清服饰的变迁，如《方靴渐废》《衣服尚多》《服色亦慎》等。如：

妇人妆饰皆效法苏州，苏州则又以青楼中开风气之先，仕宦者反从而效之，其故不可解。道光初年皆元宝头，而后施燕尾；中年后皆改为平三套，较为淡雅，燕尾皆无之，蝤蛴如雪，只逋发丛丛耳。甲午、乙未间，忽改为纯素衣衫，有用白线绾髻者，询之并无亲丧也，其为大乱之兆，古之所谓服妖欤。[2]

下人服色不准用天青，即商贾亦然。后来呢羽中有所谓藏青者，介二者之间，仆隶皆僭用之。近则无不天青，了无等威之辨，人无有

① [清]张焘：《津门杂记》，天津古籍出版社1986年版，第142—143页。

② [清]欧阳兆熊，金安清：《水窗春呓》，中华书局1984年版，第79页。

訾之者矣。①

服饰的变化说明，随着社会经济的发展，晚清时期原来森严的等级制度受到了猛烈冲击，士农工商的阶层划分也不再严格。

胡思敬在《国闻备乘》中亦有关于晚清服饰变化的记载：

风俗敝，人心变易无常，巧猾嗜利之徒，其始出于官商，其后执艺者窃其余智，诈取人财。孟子所谓朝不信道，工不信度，盖不独侈靡为可忧也。妇人最好妆饰，其服色簪珥无一年不变，旧者辄废弃不用，糜费不知凡几。戊戌以前，男子礼服冠檐高而仰，各行省效之，尊为京式。后渐俯又斜而外向。今前宽而后窄，如一小艇矣。高靴愈变愈低，补褂渐缩渐小，袍褂紧小，结束如武装，稍一欠伸辄破裂。予蓄一骚鼠冬帽，以其尚完好也，不忍弃，每戴以入署，同僚辄哗笑曰："鹿中堂来矣。"鹿中堂者，吏部尚书鹿传霖也。合署四百余员，唯传霖及余尚戴高仰旧冠，故同僚谑之如此。一物之成，韧者至十余年不敝，未敝而先弃之，以徇工商牟利之诡计，殆班书《五行志》所谓服妖者欤！或曰：是盖奸商贿通内监，先由宫禁服之，末乃及于四方。事或可信。②

胡思敬关于服饰变化的记载，一方面展示了社会风气逐渐奢靡，另一方面也说明晚清以来物质生产、商品经济有了很大发展，服饰种类增多，并开始形成潮流为人所趋。

王韬的《瀛壖杂志》是记载上海地区旧闻新见的笔记，王韬在记载上海地区服饰穿着时说：

近来风俗日趋华靡，衣服僭侈，上下无别，而沪为尤甚。洋泾浜负

① [清]欧阳兆熊，金安清：《水窗春呓》，中华书局1984年版，第67页。

② 胡思敬：《国闻备乘》，中华书局2007年版，第105页。

贩之子，猝有厚获，即御狐貉，炫耀过市，真所谓“彼其之子，不称其服”也。厮养走卒，稍足自赡，即作横乡曲。衙署隶役，不著黑衣，近直与缙绅交际，酒食游戏征逐，恬不为怪，此风不知何时可革。①

王韬为封建等级制度的逐渐崩溃（表现在服饰上）而忧心忡忡，但这已是大势所趋，无法更改的了。

关于饮食之风的变化。晚清时期，饮食之风的变化的原因，一是饮食习惯的自然演化，二是西方的习俗对中国饮食的影响，三是社会风气的变迁。

崇彝在《道咸以来朝野杂记》中记载：

饮馔一项，道光间风俗尚朴素，酒席无新花样。咸丰间，以各省用兵戡乱，京师士大夫家多戒繁华，且不暇讲求饮食之属。至同治中，发、捻平后，人心乃定，宴会酒席中食品多者至五十余种。盖开筵以二十品侑酒，计：四鲜果、四干果、四蜜饯果（如红果、甘棠、温朴、杏脯之属，预备沃奶点心用者）、八冷荤（或用四大拼盘，每盘二种），首荐以八宝果羹或蒸莲子（皆用大海碗），次之以燕窠，又加之以鱼翅，中加烧烤者为最上等（即烧整猪、整鸭片上）。或代以蒸鸭、整尾鲜鱼。总之，大件凡五簋，中碗炒菜亦八味（谓之小炒），中间以点心三道，皆每人一份，谓之各吃。一甜点心、二奶点心（多以厚奶皮实于小碗中，自以蜜果拌之）、三荤点心（如饺子、春卷类）。最末以四大汤菜、四炒菜为殿。冬日尚加以十锦火锅，亦云侈矣。②

崇彝不仅指出晚清饮食从道咸时期的俭朴转变成了同光时期的奢靡，而且对同光时期的奢靡之状做了详细地记录，有助于我们了解晚清饮食文

① [清]王韬：《瀛壖杂志》，上海古籍出版社1989年版，第10页。

② 崇彝：《道咸以来朝野杂记》，北京古籍出版社1982年版，第59页。

化及社会风气的变迁。

金安清在《水窗春呓》中有《零星颠倒》一则，记述了甲午战争之后饭桌上兴起的“拼盘”现象以及食品的丰富：

宴客肴数，至多者二十四碟，八大八小，燕菜烧烤而已。甲午以后有所谓拼盘者，每碟至冷荤四种，四碟即十六种矣。而八大八小亦错综叠出，不似前此之呆板不灵。①

拼盘的产生及食物品种的增多显示出社会的奢靡之风日渐增强，也反映出物质生活日益丰富。

同样，西方饮食文化也传入我国，包括食物、餐馆、用食礼仪等。如西方饮食及餐馆传入上海并逐渐得到华人的认可，对此，池志徵在《沪游梦影》中有所记载。

番菜馆为外国人之大餐房，楼房器具都仿洋式，精致洁净，无过于斯。四马路海天春、一家春、一品春、杏林春皆是也。人各一肴，肴各一色，不相谋亦不相让，或一二人，或十数人，分曹据席，计客数不计席数，饮膳则有做茶、小食、大餐诸名色，中外名酒皆备。惟肴馔俱从火上烤熟，牛羊鸡鸭非酸辣即腥膻，岂风尚不同，嗜好亦异耶？向时华人鲜过问者，近则裙屐少年、巨腹大贾，往往携姬挈眷，异味争尝，亦沾染西俗之一端也。②

黄式权在《淞南梦影录》中描述了“一家春”“一品春”等番菜馆的兴盛景象：

其装饰之华丽，伺应之周到，几欲驾苏馆、津馆而上之。饮膳则

① [清]欧阳兆熊，金安清：《水窗春呓》，中华书局1984年版，第67页。

② 葛元煦，黄式权，池志徵：《沪游杂记　淞南梦影录　沪游梦影》，上海古籍出版社1989年版，第158页。

有做茶、小食、大餐诸名色。裙屐少年，往往异味争尝，津津乐道，余则掩鼻不遑矣。①

通过以上记载可以看出，近代饮食风俗的变化，尤其是西餐的逐渐流行是社会风气变迁，东西方饮食文化的融合交汇，同时也是当时社会上层崇洋、趋时乃至于攀比等多重因素共同作用的结果。

总之，在社会风俗习惯的记载上，笔记是重要文献之一。对风俗的记载不会牵扯时忌，不涉及个人利益，无需虚构、歪曲与隐瞒，因此，笔记中对风俗的记载是客观的、可信的。

二、城市史研究资料

城市史研究是社会史研究的组成部分，亦可看作区域社会史研究。目前学界关于城市史研究的成果主要集中在一些大城市，如北京、上海、天津等。近代史料笔记中有若干以记载大城市为主体的笔记作品，可以作为城市史研究的参考资料。现介绍如下数种包含较多城市史研究资料的史料笔记。

（一）崇彝：《道咸以来朝野杂记》

崇彝（1884—1951）②，姓巴鲁特，字巽庵，别署选学斋主人，清末官户部文选司郎中，大学士柏葰之孙。该著记载道光、咸丰以来直到20世纪30年代北京的遗闻轶事，内容涉及广泛，举凡帝系宗支、政局典制、园林第宅、寺观古迹、节令风俗、市井琐闻、人物轶事等，有参考价值，颇得史家邓之诚先生推重，认为其“字字珍秘，皆亲见亲闻，当与《啸亭杂

① 葛元煦，黄式权，池志徵：《沪游杂记　淞南梦影录　沪游梦影》，上海古籍出版社1989年版，第132页。

② 崇彝的生卒年月，参见孟彦弘：《崇彝及其〈道咸以来朝野杂记〉》，《中华文史论丛》2015年第4期。

录》并传，非《天咫偶闻》等书所能望其肩背也”[①]。

该著在记载北京民俗方面提供了较多的资料，饮食起居、婚丧礼仪、节日节庆等都有记录。如记生育习俗：

凡人家生子女，必与戚家送喜果（如荔枝、龙眼、落花生之类，加以红色鸡蛋，生男以单数，生女以双数），以通知第三日洗儿，谓之洗三。女客必往贺，为之添盆，先送粥果等礼物，即食品也。男客则不往贺。至弥月之期，与小儿衣料鞋帽，富家加以金银铃锁之类，亦女往贺，男不往，虽至亲亦如此。如生子家张筵演剧，大办满月，先期柬约者，则男女可并往……[②]

记载北京著名的面点店“芙蓉斋”：

芙蓉斋者，东四马市大街糕点铺也。各种糕点并不胜于瑞芳、正明、聚庆诸斋，惟所制黄、白蜂糕，为他处所不逮。糕不以面，而以米制，加之香脂油、核桃仁诸品，食之松腻，以其宣厚内多蜂窠，故名之。[③]

记北京的茶馆优劣如数家珍：

北京饮茶最重香片，皆南茶之重加茉莉花熏制者。茶店首推西华门北拐角之景春号，宫中日用皆取之。内府虽有茶库之名，所储皆各省方物，且杂诸药材等物，不适于御用之品。景春茶色极纯洁，而香味不浓。以香味而论，当数齐化门北小街之富春茶庄，及鼓楼前之吴肇祥为上。若正阳门外鸿记，及汪氏、张氏诸茶店，皆色浓而口重，

① 崇彝：《道咸以来朝野杂记》，北京古籍出版社1982年版，第1页。
② 崇彝：《道咸以来朝野杂记》，北京古籍出版社1982年版，第84—85页。
③ 崇彝：《道咸以来朝野杂记》，北京古籍出版社1982年版，第30页。

无清腴之致也。景春、富春皆久已歇业，惟肇祥独存耳。①

本著关于典制的记载也具有一定的史料价值。作者为世家子弟，久居北京，又曾任户部文选司郎中，因此较为熟悉清代典章制度，对于清代的文官保奖、题缺格式、选缺格式、京察大典、散馆、翰林大考、引见仪注等都有具体的叙述，可补官书记载之不足。

如记载“京察大典”：

京察大典，即古之三载考绩，归吏部考功司掌之。各署一等人员，皆由该部堂官择其优良者，出考语，咨送吏部核定；间有驳回者，故各部皆有备一等者一、二人防之。列二等者照旧供职。列三等或降或休。晚近以来，无列三等之员，非故事也。②

这段文字不仅告诉我们京察大典的制度，而且从中还可以看出晚清以来清政府对官员的考核逐渐流于形式，影响了吏治政风。

本著还提供了一些较为难得的史料，如耆英在广东与英人交涉时竟委托家人张禧出面之事，为其他史料所未载：

道、咸之际，初办外洋交涉，多不得当，丧失权利，在在皆是。耆相国（英）在粤东，与英人所订条约，皆非当面折冲，派家人张禧偕首府某公出而协定。当时请旨赏张五品顶戴，以壮观瞻。此事太近儿戏，余初未之信。后有戚某公为广州知府，曾调取当年原卷阅看，果有此事。③

晚清外交的失败，由此可见一斑。

作者家原藏圆明园图二厚册，为作者先祖管理圆明园事务所时所得，

① 崇彝：《道咸以来朝野杂记》，北京古籍出版社1982年版，第85页。

② 崇彝：《道咸以来朝野杂记》，北京古籍出版社1982年版，第4页。

③ 崇彝：《道咸以来朝野杂记》，北京古籍出版社1982年版，第22—23页。

后为英人攫取。作者根据圆明园图二厚册所绘记载了圆明园四十景，对我们详细了解圆明园极有助益[①]。

除此之外，崇彝还记载了许多晚清时期的历史人物，其中既有枢臣，亦有一些普通的贵族文人。

《道咸以来朝野杂记》的手稿四卷八册，为邓之诚先生收藏。中华书局据此录副，石继昌曾抄录一份，进行标点、校正。1982年北京古籍出版社出版时即用石继昌点校抄本刊行。

（二）富察敦崇：《燕京岁时记》

《燕京岁时记》，富察敦崇撰。敦崇（1855—1926），姓富察，字礼臣，号铁狮道人，满洲镶黄旗人，著有《南行诗草》《芸窗琐记》等。

敦崇长住北京铁狮子胡同，于京城岁时风俗耳闻目见，且所记"皆从实录写"[②]，该书以时令先后为序，历述清代北京的节令、风俗、礼仪、游览、物产、技艺等事。如在正月中，历述元旦、破五（初五）、人日（初七）、顺星（初八）、打春（立春）、灯节（十五）、筵九（十九）、打鬼（十五至三十）、填仓（二十五）以及大钟寺、白云观、厂甸儿、东西庙、土地庙、花市、药王庙和耍耗子、耍猴儿、耍苟利子、跑旱船等事。本著为了解北京的民情风俗、社会生活提供了丰富了资料。

记载场地的如"厂甸儿"[③]一则：

> 厂甸在正阳门外二里许，古曰海王村，即今工部之琉璃厂也。街长二里许，廛肆林立，南北皆同。所售之物以古玩、字画、纸张、书帖为正宗，乃文人鉴赏之所也。惟至正月，自初一日起，列市半月。儿童玩好在厂甸，红货在火神庙。珠宝晶莹，鼎彝罗列，豪富之辈，

① 崇彝：《道咸以来朝野杂记》，北京古籍出版社1982年版，第65—71页。

② [清]潘荣陛，富察敦崇：《帝京岁时纪胜、燕京岁时记》，北京古籍出版社1981年版，第99页。

③ 即北京著名的古董市场琉璃厂。

日事搜求，冀得异宝。而红货之内以翡翠石为最尊，一搬指翎管，有价至万金者。翡翠之外并重料壶，然必须官窑古月轩者方为上品，新料不足道也。盖玩好之物，风尚不同，乾隆间重珊瑚，贱碧霞玺，后又重碧霞玺。近更重翡翠石及料壶。风雅之士亦间有重旧玉者。笛头剑隔，古色盎然，而真伪殊不易辨。……至于旧磁一类，甚属寥寥，已多为外洋买去矣。①

记载民间技艺的如“耍耗资、耍猴子、耍苟利子、跑旱船”一则：

京师谓鼠为耗子。耍耗子者，水箱之上，缚以横架，将小鼠调熟，有汲水钻圈之技，均以锣声为起止。耍猴儿者，木箱之内藏有羽帽乌纱，猴手自启箱，戴而坐之，俨如官之排衙。猴人口唱俚歌，抑扬可听。古称沐猴而冠，殆指此也。其余扶犁跑马，均能听人指挥。扶犁者，以犬代牛；跑马者，以羊易马也。苟利子即傀儡子，乃一人在布帷之中，头顶小台，演唱打虎跑马诸杂剧。跑旱船者，乃村童扮成女子，手驾布船，口唱俚歌，意在学游湖而采莲者，抑何不自丑也！凡诸杂技皆京南人为之，正月最多。至农忙时则舍艺而归耕矣。②

记载风俗的如七月的“荷叶灯、篙子灯、莲花灯”云：

中元黄昏以后，街巷儿童以荷叶燃灯，沿街唱曰：“荷叶灯，荷叶灯，今日点了明日扔。”又以青篙粘香而燃之，恍如万点流萤，谓之篙子灯。市人之巧者，又以各色彩纸制成莲花、莲叶、花篮、鹤鹭

① [清]潘荣陛，富察敦崇：《帝京岁时纪胜、燕京岁时记》，北京古籍出版社1981年版，第52—53页。

② [清]潘荣陛，富察敦崇：《帝京岁时纪胜、燕京岁时记》，北京古籍出版社1981年版，第56页。

之形，谓之莲花灯。①

记载食物的有“沙琪玛”等，为北京人秋后食品：

京师食品亦有关时令。十月以后，则有栗子、白薯等物。栗子来时用黑砂炒熟，甘美异常。青灯诵读之余，剥而食之，颇有味外之味。白薯贫富皆嗜，不假扶持，用火煨熟，自然甘美，较之山药、芋头尤足济世，可方为朴实有用之材。中果、南糖到处有之。萨齐玛乃满洲饽饽，以冰糖、奶油合白面为之，形如糯米，用不灰木烘炉烤熟，遂成方块，甜腻可食。芙蓉糕与萨齐玛同，但面有红糖，艳如芙蓉耳。冰糖葫芦乃用竹签，贯以葡萄、山药豆、海棠果、山里红等物，蘸以冰糖，甜脆而凉。冬夜食之，颇能去煤炭之气。温朴形如樱桃而坚实，以蜜渍之，既酸且甜，颇能下酒。皆京师应时之食品也。②

记游览胜地的有大钟寺、白云观、曹老公观儿、东西庙、土地庙、花儿市、小药王庙、北药王庙、蟠桃宫、东岳庙、潭柘寺、戒台寺、天台山、万寿寺、西顶、妙峰山、甲雪山、北顶、都城隍庙、南顶、十里河、瑶台、中顶、十刹海等。如记“大钟寺”：

大钟寺本觉生寺，以大钟得名，盖岁时求雨处也。每至正月，自初一日起，开庙十日。十日之内，游人坌集，士女如云。长安少年多驰骤车马以为乐，超尘逐电，劳瘁不辞。③

---

① [清]潘荣陛，富察敦崇：《帝京岁时纪胜、燕京岁时记》，北京古籍出版社1981年版，第75页。

② [清]潘荣陛，富察敦崇：《帝京岁时纪胜、燕京岁时记》，北京古籍出版社1981年版，第88页。

③ [清]潘荣陛，富察敦崇：《帝京岁时纪胜、燕京岁时记》，北京古籍出版社1981年版，第50页。

如记“十刹海”：

> 十刹海俗呼河沿，在地安门外迤西，荷花最盛。每至六月，士女云集，然皆在前海之北岸。他处虽有荷花，无人玩赏也。盖德胜桥以西者谓之积水潭，又谓之净业湖，南有高庙、北有汇通祠者，是也。德胜桥以东，昔成亲王府，今醇亲王府前者，谓之后海，即所谓十刹海者是也。三座桥以东、响闸迤左者，谓之前海，即所谓莲花泡子者是也。今之游者但谓之十刹海焉。凡花开时，北岸一带风景最佳：绿柳垂丝，红衣腻粉，花光人面，掩映迷离，直不知人之为人花之为花矣。①

十刹海风景之秀美，于此可见一斑。

是书成于光绪二十六年（1900），初由北京文奎堂刻于光绪三十二年（1906）。1961年北京出版社据原刻本标点排印一册，与《帝京岁时纪胜》合册。

（三）夏仁虎：《旧京琐记》

《旧京琐记》十卷，夏仁虎撰。夏仁虎（1873—1963），字蔚如，号枝巢子，江苏南京人，清丁酉科拔贡②。戊戌年（1898），夏仁虎以拔贡之身参加朝考，因成绩优异，被任命为记名御史，先后在刑部、商部、邮传部任职。辛亥革命后，他先后在北洋政府交通部、财政部为官，并为国会议员。张作霖入关后，夏仁虎先后担任国务院的政务处长、财政部次长、代理总长和国务院秘书长。1929年，夏仁虎弃官归隐，专事著述和讲学，担任北京大学讲师和北京师范大学教授。其著述有《绥远通志》、《北京市志

① [清]潘荣陛，富察敦崇：《帝京岁时纪胜、燕京岁时记》，北京古籍出版社1981年版，第73页。

② 拔贡：科举制度中贡入国子监的生员之一种。清制，初定六年一次，乾隆中改为十二年一次，每府学二名，州、县学各一名，由各省学政从生员中选，保送入京，作为拔贡。经过朝考合格，可以充任京官、知县或教职。

稿》(主修)、《枝巢四述》四卷、《旧京琐记》八卷、《玄武湖志》八卷、《清宫词》两卷、《枝巢文稿》十卷、《枝巢编年诗》四十卷、《秦淮志》一册及小说、剧本等40余种。

《旧京琐记》全文分俗尚、语言、朝流、宫闱、仪制、考试、时变、城厢、市肆、坊曲十卷，为夏仁虎“一时记忆”之作，所记为同治、光绪、宣统年间北京地区的遗闻轶事。作者久居京师，又任职于清廷，社会经历丰富，接触广泛，所以对当时京城的风俗习惯、名胜古迹、名人轶事、朝野轶闻等均有不同程度的涉猎，为研究北京的历史文化提供了珍贵的资料。

作者描述清末时的京师恶俗：

贵家子弟，驰马试箭，调鹰纵犬，不失尚武之风。至于养鱼、斗蟀、走票、纠赌，风斯下矣。别有坊曲游手，提笼架鸟，抛石掷弹，以为常课。鸟则有红殿壳、蓝殿壳、梧桐之类，调护珍惜，谥为鸟奴。玩日愒月，并成废弃，风尚之最恶者。①

关于京师语言变迁：

京师人海，各方人士杂处，其间言庞语杂，然亦各有界限。旗下话、土话、官话，久习者一闻而辨之。亦间搀入满、蒙语，如看曰“把”，靠役曰“苏拉”，官曰“章京”(读如音)，主管曰“侉兰”，大皆沿用满语，习久乃常用之。又有所谓回宗语、切口语者，市井及倡优往往用之，以避他人闻觉。庚子后则往往搀入一二欧语、日语，资为谐笑而已，士夫弗屑顾也。②

---

① [明]史玄，[清]夏仁虎，阙名：《旧京遗事、旧京琐记、燕京杂记》，北京古籍出版社1986年版，第37页。

② [明]史玄，[清]夏仁虎，阙名：《旧京遗事、旧京琐记、燕京杂记》，北京古籍出版社1986年版，第44页。

《旧京琐记》有1986年北京古籍出版社点校本，同《旧京遗事》《燕京杂记》合册。

（四）张焘：《津门杂记》

张焘（生卒年不详），字赤山。祖籍钱塘（今浙江杭州），生于北京。幼随父侨寓天津，几近三十载。“博学多才，工书善绘，知岐黄、识洋字，诵读之余，每每留心时事，凡耳目见闻，身所经历，事有可记，悉登诸简，积久成帙”①，遂成《津门杂记》三卷。《津门杂记》的资料来源据作者所言，主要有两种途径，一为作者“见闻所及”，一为“抄于志书，采诸新报”。该著分为三卷，卷与卷之间的内容并无严格界限。大体而言，主要内容有以下三方面：

第一，记载天津历史地理、名胜古迹、民情风俗。

如卷上述天津形胜、交界、城池、河渠、书院、会馆、兵营、税关、盐坨、岁时风俗、婚娶、丧礼、出大殡、义学等。卷中记与祭会、洒扫会、灯牌会、时令、灯节、天后宫、四月庙会、祭灶过年等，卷下记杂耍馆子、食品、新修官道等。

如《天后宫》一则所记的津人祭祀风俗：

> 三月二十三日，俗传为天后诞辰。天津系濒海之区，崇奉天后较他处尤虔。东门外有庙宇一所，金碧辉煌，楼台掩映，即天后宫，俗称娘娘宫。……向例此庙于十五日启门，善男、信女络绎而来。神诞之前，每日赛会，光怪陆离，百戏云集，谓之皇会。香船之赴庙烧香者，不远数百里而来……②

如津人“迎春”之礼：

---

① [清]张焘：《津门杂记》，天津古籍出版社1986年版，第2页。

② [清]张焘：《津门杂记》，天津古籍出版社1986年版，第76页。

立春前一日曰迎春。是日辰刻，地方官自府县以下，皆衣朝服，乘暖轿，全幅仪仗。鼓乐前导，恭诣东门外天后宫，致祭芒神春牛。祭毕，将春牛舁至府署。俟明日葭琯应律之时，照例行打春之礼，观者甚众。①

第二，记载洋务活动。

这类文字如卷中记载的官书局、机器局、水师学堂、电报、轮船招商局、开平矿务局，卷下记载的邮政局、北洋水师办等。值得注意的是作者对洋务活动持支持、赞赏的态度，对洋务事业有着较高的评价。此外，从他的记载当中，亦可见其对国家兴盛发达的愿景。

水雷、水师、电报各学堂，并附于东机器局肄业，考究洋学。道宪出示："有饮食、教诲，皆取给于公家。事业勋名，望后来之继起"云云。将见为国储材，自必日新月盛，当有用之不竭者矣。②

水师学堂，设在机器东局之旁，堂室宏敞整齐，不下一百余椽。楼台掩映，花木参差，藏修游息之所，无一不备。另有观星台一座，以备学习天文者登高测望，可谓别开生面矣。③

（电报——引者注）四通八达，无远弗届，传递消息，转瞬万里，所以通军报而利商民，异常捷便。此城（诚——引者注）开辟来之创举也。④

招商津局，在紫竹林南。同治十一年间创立，总局设于上海。仿西国之制，由众商集资汇办，故名招商。置备轮船多只，载客载货，南北往来，以便商民贩运，并可装粮载兵，裕国便民，两有裨益。⑤

---

① [清]张焘:《津门杂记》,天津古籍出版社1986年版,第46页。

② [清]张焘:《津门杂记》,天津古籍出版社1986年版,第66页。

③ [清]张焘:《津门杂记》,天津古籍出版社1986年版,第67页。

④ [清]张焘:《津门杂记》,天津古籍出版社1986年版,第70页。

⑤ [清]张焘:《津门杂记》,天津古籍出版社1986年版,第71页。

开平在津城东北二百余里，其地多山，近滦州永平，山产煤铁甚富。自光绪初年招股设局，本银一百余万。仿洋法以机器开掘煤矿，所出煤斤极为精美，可与洋煤并驾齐驱。价值又廉，销路又广。况章程颇善，机器甚精。现在日可出煤五百余墩（一千六百八十斤为一墩）。将来更当日新月盛，取之不尽，用之不绝，是真中国之利也。①

第三，记载洋人在天津的活动。

作者记载了各国领事馆、外国租界、工部局、天主教堂、耶稣教堂、洋行、医养病院、妇婴医院、西历、礼拜、外国节期等。通过这些文字，透露出作者对西方文明的倾羡以及在欧风美雨的侵袭下，近代中国社会发生的变迁。

如卷下所记《衣兜烟卷》一则：

紫竹林通商埠头，粤人处此者颇多。原广东通商最早，得洋气在先，类多效泰西所为。尝以纸卷烟叶，衔于口吸食之。又如衣襟下每作布兜，装置零物，取其便也。近则津人习染，衣襟无不作兜，凡成衣店估衣铺所制新衣，亦莫不然。更有洋人之侍僮马夫辈，（英语呼僮曰白宁，广语呼曰细崽。）率多短衫窄袴，头戴小草帽，口衔烟卷，（英语呼烟卷曰司个儿。）时辰表练（链——引者注），特挂胸前，顾影自怜，唯恐不肖。②

此则记载显示了在西方风俗的冲击下，我国生活习俗所发生的变化。

张焘还介绍了天津各国租界的四至所在地以及租界内整齐繁忙的景象，及租界内的“例禁”。

禁烟馆。禁娼妓。禁乞丐。禁聚赌、酗酒、斗殴。禁路上倾积灰

① [清]张焘:《津门杂记》,天津古籍出版社1986年版,第71—72页。

② [清]张焘:《津门杂记》,天津古籍出版社1986年版,第137页。

土污水。禁道旁便溺。禁攀折树枝。禁捉拿树鸟。禁驴马车辆随意停放。禁骑马在途飞跑。[①]

这段材料为我们研究租界的市政管理提供了一定的史料参考。

是书于光绪十年（1884）初刻，1986年天津古籍出版社点校出版，收入《天津风土丛书》中。

（五）王韬：《瀛壖杂志》

王韬（1828—1897），苏州人，近代著名的早期维新思想家，其著《瀛壖杂志》是一部“专记上海一邑之事”的笔记作品。作者于1849年前往上海，入墨海书馆，居于上海长达13年。1875年该著在广州正式出版，共六卷，卷一为上海疆域沿革、界至、城池、形胜、水道、物产、民情习俗等，卷二为田赋、漕运、海运、仓庾、海关、善堂、学校、祠祀、寺观、名迹等，卷三为制造局、兵事、人物等，卷四为艺人、才女、节妇、祥异、遗事等，卷五卷六为近事杂记。从内容来看，颇接近地方志的体例，但与地方志又有不同：首先，该著是私家撰述，不像地方志为官督众修；其次，该著与地方志的体例相似却有差异；再次，该著以记载个人见闻为主；最后，该著中还夹杂着个人对时事、人物、风俗的见解评议，这在地方志中不多见。因此，上海古籍出版社出版该著时在题记中就明确指出《瀛壖杂志》“属私家的笔记”。

《瀛壖杂志》中既引有前人著述，又有个人见闻，而以个人见闻为主，这也是该著最有价值的地方。下面摘引几段文字予以说明。

开埠后的上海经济发展迅速，贸易发达，但中国逐渐沦为西方列强的商品倾销地和原料产地，利权损害尤大。从以下文字中可见端倪。

沪地百货阗集，中外贸易，惟凭通事一言，半皆粤人为之，顷刻

① [清]张焘:《津门杂记》,天津古籍出版社1986年版,第122页。

间千金赤手可致。西人所购者，以丝茶为大宗，其利最薄。其售于华者，呢、布、羽毛等物，销亦不细。近年惟以货抵货，而华民无所利益。其片芥一物，累箱捆载而来者，皆毒痛中原吸膏敲髓也。民生凋敝，财力耗蠹，此其一端。

沪城内外，近来设有丝、茶专栈，所以招徕远客，使有如归之乐。货物到栈，即有通事往觅售主，货售归银，不烦客虑。①

作者对一年之内所有重要节日风俗也有记载，如作者记载了“六月六”的热闹场景：

六月六日，城隍庙东园有晒袍会，合邑之衣工为之。二十四日为雷祖诞。进香者，多于丹凤楼之小穹窿，蜡炬山堆，香烟雾喷，殿前宇下，袂云而汗雨者，不可胜计。自朔日至诞日茹素者，谓之“雷斋”，邑人几十之八九，屠门为之罢市。②

对上海人的游乐习俗，作者记载了“斗鹌鹑”：

沪人于霜降后，多尚斗鹌鹑。畜养之徒，彩缯作囊，笼于袖中，若捧珍宝。斗时角胜，贴标头，分筹马，每斗一次，谓之一圈。③

作者对上海地区著名人物记载甚多，如李善兰、蒋敦复、徐紫珊等，这里摘引作者对鸦片战争中抗英名将陈化成的记载：

按公字莲峰，同安人，少投行伍，本隶壮烈伯李忠毅公麾下，积勋至提督。公于二十年奏调江南，防御三年，营垒严整，布置精密，抚驭严而有恩。终岁居帐中，有为除馆舍及设帐者，公弗入处，曰：“卒伍皆露宿，吾何忍即安？”或饷酒食，曰：“麾下众多，弗能给，

① [清]王韬：《瀛壖杂志》，上海古籍出版社1989年版，第8页。
② [清]王韬：《瀛壖杂志》，上海古籍出版社1989年版，第13页。
③ [清]王韬：《瀛壖杂志》，上海古籍出版社1989年版，第15页。

独享非所当也。”却不受，虽古名将弗过。是故士乐为用，大小数十战，未尝挫衄。是役也，公守西炮台，方指挥纵击，而守东炮台者已先遁去。左翼既虚，敌得承间而入，公遂及于难。或云，敌由东炮台施放火箭，帷幕甲盾俱焚。日加午，公右胁被枪，左秉旗督战，曰：“尔毋畏！尔施枪炮。”遂卒。①

除陈化成外，作者还记录了殉难六忠的事迹。从中可以看出在面临危机时清朝官兵对外来侵略的顽强抵抗和英勇气概，昭显了中华民族不屈的民族精神。

《瀛壖杂志》有上海古籍出版社1989年版，收入《上海与上海人》丛书。

（六）毛祥麟：《墨余录》

毛祥麟，上海人，生卒年不详，字瑞文，号对山，监生，官浙江候补盐大使。《墨余录》是其所著笔记，主要记载了道光、咸丰、同治年间苏松地区的政治、经济、文化教育、社会风俗等各方面情况，反映了这一时期苏松地区的社会生活，对我们研究晚清时期特别是两次鸦片战争和太平天国时期的社会生活变迁及苏松沪地方史均有价值。

首先，该著向世人展示了鸦片战争后由西方传入我国的先进事物及社会生活习俗的变化。卷一介绍了显微镜，卷三“西商异物”条记载了望远镜等物，卷七记载了西医疗病，卷十六介绍了西方机器31种，如蒸汽机、轮船、自鸣钟、电报、电灯等。

卷八《西商租地》一则，反映了上海开埠以后社会生活的变化。

头坝、虹口、下海浦诸处，为其雇工杂色人所僦居。南北地广十余里，洋房联络，金碧万状。其间里港纷纭，行人如蚁，华民多设肆

① [清]王韬：《瀛壖杂志》，上海古籍出版社1989年版，第45—46页。

于中，铺户鳞比，百货山积。茶坊则楼架三层，最上者，一茗需钱五六十；若登酒楼，非费十余金不可；戏馆大小三四十处，箫鼓喧阗，夜以继日；妓院则无地无之，更有花烟间，及广东流娼，密如栉比。①

其次，该著记载了19世纪60年代以后兴起的洋务活动。卷一记载了上海广方言馆、龙门书院，卷二记载了沪城火药局灾，卷十六记载了江南制造总局。

再次，该著对当时的政局也有所涉及。如卷十三的顺天戊午科场案、开捐例，卷十四《记癸丑沪陷时事》记载了上海小刀会起义的情况，尤有价值。

最后，该著还记载了苏松地区的人物、物产、风俗、寺观、学宫、园林等。如卷一记载了土产，卷九《庙园记》，卷十二《灯市》，等。《灯市》一则描写了为庆祝天后诞辰而举办灯市的热闹情形：

自大东门外之大街，直接南门，暨小东门外之内外洋行街，及大关南北，绵亘数里，高搭彩棚，灯悬不断。店铺争奇赌胜，陈设商彝、周鼎、秦镜、汉匜，内外通明，遥望如银山火树，兰麝伽南，氤氲馥郁，金吾不禁，彻夜游行。百里外舟楫咸集，浦滩上下，泊舟万计。名班演剧，百技杂陈，笙歌之声，昼夜不歇。②

该著有同治庚午年（1870）湖州醉六堂吴氏刻本（简称庚午本），及同治甲戌年（1874）作者修正后的甲戌定本。

以上列举了一些具有代表性的城市史史料价值较高的笔记，实际上此类笔记远不止这些。如写北京的笔记尚有瞿宣颖的《同光间燕都掌故辑略》《故都闻见录》、震钧的《天咫偶闻》、杨士安的《都门纪略》、章乃

① [清]毛祥麟：《墨余录》，上海古籍出版社1985年版，第130—131页。

② [清]毛祥麟：《墨余录》，上海古籍出版社1985年版，第189页。

炜的《清宫述闻》(专记紫禁城);写天津的笔记有高凌雯的《志余随笔》、徐士銮的《敬乡笔述》;写南京的笔记有甘熙的《白下琐言》、陈作霖的《炳烛里谈》;写上海的笔记有黄式权的《淞南梦影录》、葛元煦的《沪游杂记》;写沈阳的笔记有缪润绂的《陪京杂述》,写四川的笔记有汪海如的《啸海成都笔记》、王培荀的《听雨楼随笔》;写台湾的笔记有唐赞衮的《台阳见闻录》等。这些笔记作品中包含着大量地方人物、经济、民俗文化、社会发展、城市变迁的资料,为城市史研究提供了坚实的史料基础。

第三章　近代史料笔记价值的判定

史料笔记在近代史研究各个领域内都具有一定的史料价值，但具体到某部作品，价值却有高下之别，同一部作品的不同内容，史料价值也有很大悬殊。洪迈的《容斋随笔》对沈括《梦溪笔谈》等笔记记载失实处进行了考证，他认为，“野史杂说，多有得之传闻及好事者缘饰，故类多失实，虽前辈不能免，而士大夫颇信之”①，进而提出了“野史不可信”的问题。《四库全书总目提要》也指出“小说所记，真伪相差，自古已然”②，“未可全为（以——引者注）为据，亦未可全以为诬”③，因而务必“博考而慎取之”④，“考证其得失耳”。⑤前人对笔记的史料价值的判断是符合实际的。“博考而慎取之”，应是我们利用史料笔记的原则。本章将探讨影响史料笔记价值高下的若干因素，以期有助于我们对史料笔记的考订和利用。

第一节　考察史料笔记的资料来源

不同的资料来源决定着史料笔记的价值高低。陈恭禄指出：“笔记记载亲身经历，是比较可信的参考资料；所闻次之；所传闻又次之。”⑥这

① [宋]洪迈:《容斋随笔》,上海古籍出版社1978年版,第52—53页。
② [清]纪昀:《四库全书总目提要》,河北人民出版社2000年版,第3567页。
③ [清]纪昀:《四库全书总目提要》,河北人民出版社2000年版,第3637页。
④ [清]纪昀:《四库全书总目提要》,河北人民出版社2000年版,第3567页。
⑤ [清]纪昀:《四库全书总目提要》,河北人民出版社2000年版,第3637页。
⑥ 陈恭禄:《中国近代史资料概述》,中华书局1982年版,第251页。

里，陈恭禄提出资料来源与史料价值之间的关系。在利用史料笔记时，首先要考察其资料来源，根据其资料来源初步判断所提供资料的价值。一般而言，笔记的资料来源可以粗略地分为四种：亲身经历、亲见亲闻、传闻异辞、摘录其他资料。

一、亲身经历

笔记作品中记载亲身经历的文字，可算第一手资料，在笔记作品中史料价值最高。近代史料笔记中此类记载亲身经历的作品较多，如岑春煊《乐斋漫笔》，陈夔龙《梦蕉亭杂记》，吴永《庚子西狩丛谈》，陈恒庆《谏书稀庵笔记》，陈惟彦《宦游偶记》，欧阳兆熊、金安清《水窗春呓》，金梁《光宣小记》，高照煦《闲谈笔记》，曾肇焜《瓜棚闲谈》，等等。此外，其他笔记中也掺杂有大量记载亲身经历的文字。

这类笔记以个人经历为中心，可以披露很多不易为旁人所知的重要史实，其价值与个人传记、日记等同。下面试举两例说明。

戊戌政变爆发，慈禧再出训政，"围园锢后"之谋泄露，六君子被逮。之后，六君子未经审讯被杀害于菜市口。根据陈夔龙记载，六君子被捕后慈禧本意要严行审讯，而奕劻也有六人应分别办理之言，但最后慈禧等因怕牵连太广，又怕外人出而干涉，是以直接处斩。陈夔龙的这段回忆不涉及利害关系，无须隐晦，其记载是可信的。详细经过如下：

> 维时皇上尚在勤政殿接见日相伊藤博文，宫中府中不暇传宣警跸，慈驾已回西苑。越日，允皇上之请出而训政。步军统领五城番役拿获案犯康广仁、刘光第、杨锐、谭嗣同、林旭、杨深秀六人，世所称六君子者。奉旨以案情重大，著军机大臣、内阁大学士会同刑部严行审讯。嗣复命御前大臣督同审讯。定例，御前班次在军机内阁之前，众推庆邸领衔（时任御前大臣），天尚未辨色，邸堂忽命材官来余寓所，促入府商议要件。余遵谕趋往。铁君良亦至（时为工部司

员，后官江宁将军)，邸云：康广仁等一案极为重大。吾忝领班不能不借重两君，速往刑部会讯。并谓同案六人情形亦复不同。闻杨君锐、刘君光第均系有学问之人，品行亦好，罗织一庭，殊非公道，须分别办理；君等到部可与承审诸君商之。余等趋出，时甫上午九钟。爰往译署先行片文咨照刑部，略述奉派会审缘由。讵余车甫至西交民巷口，部中番役来告，此案因今早某京堂封奏，请勿庸审讯。即由刚相传谕刑部，将六人一体绑赴市曹正法。缘外间讹言孔多，有谓各公使出而干涉，并谓一经审问，恐诸人有意牵连，至不能为尊者讳，是以办理如此之速。余不曾亲莅都堂，向诸人一一款洽，过后思之，宁非至幸。时戊戌八月十三日之事也。①

又如，吴永在《庚子西狩丛谈》中对光绪有详细的描述，有利于我们了解、研究光绪。

德宗亦萎靡无仪表，暇中每与诸监坐地作玩耍，尤好于纸上画成大头长身各式鬼形无数，仍拉杂扯碎之；有时或画成一龟，于背上填写项城姓名，粘之壁间，以小竹弓向之射击，既复取下剪碎之，令片片作蝴蝶飞，盖其蓄恨于项城至深，几以此为常课。见臣下尤不能发语，每次宴见，必与太后同坐一炕。炕多靠南窗下，太后在左，皇上在右，即向中间跪起。先相对数分钟，均不发一言。太后徐开口曰："皇帝，你可问话。"乃始问："外间安静否？年岁丰熟否？"凡历数百次，只此两语，即一日数见亦如之。二语以外，更不加一字。其声极轻细，几如蝇蚊，非久习殆不可闻。……太后如此聪强，而德宗如此巽懦，宜其帖耳受制，不能有所舒展也。或言德宗养晦为之，则非小臣之所敢知矣。②

① 陈夔龙：《梦蕉亭杂记》，中华书局2007年版，第19—20页。

② 吴永口述，刘治襄记：《庚子西狩丛谈》，岳麓书社1985年版，第74—75页。

这段文字，一面显示出光绪对袁世凯的痛恨，另一面显示出光绪懦弱无能。至于光绪是否韬光养晦而故意不露声色，很难判断。但光绪不善言辞却在众多晚清史料中有记载。如徐琪《南斋日记》中记载1899年其受慈禧、光绪召见情形甚详，在较长时间的召见中，光绪仅有三句话，二问一答，寥寥数字①。可见，吴永的回忆应是符合事实的。

当然，即使记载亲身经历，因为年久回忆的错误或由于其他主观因素，其所披露的史料并非绝对准确。回忆错误而导致的记载失实在回忆性质的笔记中屡有发生，而主观因素导致的记载错误也不可忽视。这一点将在下文详谈。

二、亲见亲闻

史料笔记除了记载亲身经历外，大多数均以记载个人亲见亲闻为主。记载亲身经历与记载亲见亲闻是有细微差别的。作者亲身经历的记载自然是作者的亲见亲闻，但亲见亲闻却未必是亲身经历。在亲身经历的记载中作者是局中人，而在亲见亲闻的记载作者却可能是局外人。虽然同是亲见亲闻，但局中人与局外人的记载在其真实性、客观性、详尽程度等方面均有差异。作为局中人的亲身经历的记载，其史料价值自然要高于作为局外人的亲见亲闻的记载。因此，本著将这二者略作区分，将亲见亲闻的记载视作局外人的记录。这样，亲身经历的记载是第一手资料，而亲见亲闻的记载却已经是第二手资料了。当然，针对某一具体记载，我们可能很难区分该记载到底是作者的亲身经历还是亲见亲闻，这是不可避免的。

近代史料笔记中以亲见亲闻为主的笔记如刘体智《异辞录》、朱德裳《三十年闻见录》、毓盈《述德笔记》、梁溪坐观老人《清代野记》、恽毓鼎《崇陵传信录》、胡思敬《国闻备乘》、吴庆坻《蕉廊脞录》、李岳瑞《春冰室野乘》、孙静庵《栖霞阁野乘》、徐宗亮《归庐谈往录》、陈恒庆《谏书稀庵笔记》等。其他以记载亲身经历为主的笔记亦间或记载亲见亲闻。这

① 徐一士:《近代笔记过眼录》,山西古籍出版社1996年版,第155—159页。

类作品数量庞大，可以为我们提供更多史料。

陈其元《庸闲斋笔记》中记载了清末福建漳、泉二府的顶凶之案。此条材料乃作者闻于其父，翔实可靠。原文如下：

> 福建漳、泉二府，顶凶之案极多，富户杀人，出多金给贫者，代之抵死，虽有廉明之官，率受其蔽，所谓"宰白鸭"也。先大夫在谳局，尝讯一斗杀案，正凶年甫十六岁，检尸格则伤有十余处，非一人所能为，且年稚弱，似亦非力所能为。提取覆讯，则供口滔滔汩汩，与详文无丝忽差。再令覆述，一字不误，盖读之熟矣。加以驳诘，矢口不移。再四开导，始垂泣称冤，即所谓"白鸭"者也。乃驳回县更讯。未几，县又顶详，仍照前议。再提犯问之，则断断不肯翻供矣。他委员嗤先大夫之迂，迳行提讯，遂如县详定案。比臬使过堂问之，仍执前供。因讯："尔年纪甚轻，安能下此毒手？"则对曰："恨极耳。"案定后发还县，先大夫遇诸门，问曰："尔何故如是执之坚？"则涕泗曰："极感公解网恩，然发回之后，县官更加酷刑，求死不得；父母又来骂曰：'卖尔之钱已用尽，尔乃翻供，以害父母乎？若出狱，必处尔死！'我思进退皆死，无宁顺父母而死耳。"先大夫亦为之泪下。遂辞谳局差。噫！福建人命案，每年不下百数十起，如此类者良亦不少，为民牧者如何忍此心也！①

这则文字说明福建地方顶凶之案的盛行，吏治腐败，法纪荡然无存，为研究清代政治与法制提供了重要资料。

亲见亲闻的资料在提供大量历史细节的同时，也有着不可忽视的局限。见闻所及，无论涉及到他人、他物、场景或事之本末，均有可能是片面乃至于虚假的，亦会有个人主观感情掺杂其中。因此如非亲身经历，则真相颇不易得。先贤们对此早有体认。明初方孝孺说："同时而仕，同堂

① [清]陈其元：《庸闲斋笔记》，中华书局1989年版，第53—54页。

而语，十人书之，则其事各异。盖闻有详略，辞有工拙，而意之所向，好恶不同。以好恶之私，持不审之论，而其词又不足以发之，能不失其真者鲜矣。”[①]清初著名史学家万斯同也说过“一室之事，言者三人，而其传各异”，“言语可曲附而成，事迹可凿空而构，其传而播之者，未必皆直道之行也，其闻而书之者，未必有裁别之识也”[②]。方孝孺、万斯同之论不仅提出见闻不可信之表象，亦分析了产生这种现象的原因：首先，所见闻之言语、事迹可能会有歪曲虚构的成分；其次，个人主观好恶不同，在传播的过程中会发生扭曲；最后，个人素养不同，表达能力不同，也会导致不同的传播结果。笔记作品中有大量文字得于见闻，即使对同一件事，因为传播途径的不同、宣讲者之异，而导致细节乃至于全局之误，这也是我们必须予以正视的。

三、传闻异辞

如果笔记作品记载的信息得于传闻，其价值又等而下之了。所谓的传闻异辞，具体到本著中指的是作者的记载由闻之他人而来，而他人又非亲身经历者（或得自于其他记载或又闻之于他人），这样就至少经过了两次传播，其记载也就变为第三手资料。记载亲见亲闻的作品，其文字尚来自作者的所见所闻，距离真情不至于太远。而传闻的信息则进一步经过他人有意或无意的加工处理与筛选，道听途说、以讹传讹、谬误歪曲的可能性更大。《吕氏春秋》中有一段话极具针对性：“夫得言不可以不察，数传而白为黑，黑为白。”[③]也就是说听到什么话一定要核实，因为在传播流布的过程中，很有可能黑白颠倒。在某种特定条件下，甚至闻之于当事人也有可能出现谬误：

---

①［明］方孝孺：《逊志斋集》，宁波出版社1996年版，第150页。

②［清］方苞：《方苞文选》，黄山书社1987年版，第140—141页。

③《吕氏春秋·卷二十二·察传》，载《诸子集成》（第9册），河北人民出版社1986年版，第620页。

宋之丁氏，家无井而出溉汲，常一人居外。及其家穿井，告人曰："吾穿井得一人。"有闻而传之者曰："丁氏穿井得一人。"国人道之，闻之于宋君，宋君令人问之于丁氏，丁氏对曰："得一人之使，非得一人于井中也。"求能之若此，不若无闻也。①

这是一传而误的典型或者说极端的例子，其原因在于对语义理解产生了歧义，颇可发人深省。

从信息的传播者而言，无意或有意的各种因素都会影响信息的可靠性。所谓无意一般指的是记忆不确定所导致的误差，即使是回忆个人经历，误差也是难免的，更何况是闻之他人，经过数次中转。奥尔波特和波斯特曼研究指出，第一个中介人把信息传给另一个人，其内容只有原内容的70%，第二个中介人只能传播原内容的55%，第三个中介人只能传播原内容的30%②。《庄谐选录》中有言："西人状传言之易错云：使十余人围坐，甲与乙耳语一事，乙又耳语告丙，丙又告丁，如是辗转。复至于甲，则其言必大谬误。此语最为切当。"③这两则材料都说明，信息传递的过程中，一般而言其真实性是递减的，产生谬误的可能性也就大大增加。所谓有意的各种因素是指传播者的主观故意。周晓红在《现代社会心理学》中就分析了三种故意，分别是削平、磨尖、同化。所谓削平指再传者会把给他的信息中的不合理成分削去，重新安排某些情节，使之"变得更短、更明确、更容易被理解和传告"。所谓磨尖指的是接受者再传播时一般总会对原有的信息断章取义，留下的往往是符合自己的口味与兴趣的，其他的都被舍弃了。所谓同化指的是再传者往往会把他的信息，根据自己的日常生活经验"添油加醋""生枝加叶"④。这些情况都会影响到信息的准

①《吕氏春秋·卷二十二·察传》，载《诸子集成》（第9册），河北人民出版社1986年版，第620页。

② 邵培仁：《政治传播学》，江苏人民出版社1991年版，第116页。

③ 醒醉生：《庄谐选录》，转载自徐一士：《一士谈荟》，山西古籍出版社1996年版，第191页。

④ 周晓红：《现代社会心理学》，上海人民出版社1997年版，第431—432页。

确性。

在各种传闻异辞中以记载鬼神精怪，宣传因果报应以及天象示警的文字最为常见。这类文字有的是针砭时弊，有的是借此惩恶扬善，有的是宣传封建伦理，从史料价值来看意义不大。

陈其元《庸闲斋笔记》卷三中有一则文字谈到曾国藩为“巨蟒转世”：

> 曾文正公硕德重望，伟烈丰功，震于一时；顾性畏鸡毛，遇有插羽之文，皆不敢手拆。辛未十月，到上海阅兵，余供张已备，从者先至，见座后有鸡毛帚，嘱去之，谓公恶见此物。不解其故。公姻家郭慕徐观察阶告余云：“公旧第中有古树，树神乃巨蟒。相传公即此神蟒再世，遍体癣文，有若鳞甲。每日卧起，床中必有癣屑一堆，若蛇蜕然。然喜食鸡肉，而乃畏其毛，为不解耳。”后阅《随园随笔》，言：“焚鸡毛，修蛇巨虺闻气即死，蛟蜃之类亦畏此气。”乃悟公是神蟒转世，故畏鸡毛也。①

曾国藩为巨蟒转世的传言流传甚广。陈其元将曾国藩有癣疥，祖屋有老藤，其祖父在其出生时又梦见巨蟒，这一切附会成了曾国藩“巨蟒转世”的传说。

又有张之洞为猴精转世的记载，见于《谏书稀庵笔记》：

> 传说张文襄公香涛系猴精转世。蜀地山上有洞，洞中蓄老猴，百余年矣。文襄父仕蜀，偕夫人游山。夫人欲观此猴，老和尚答言：“久不出洞，不必观。”夫人强之，乃舁出。猴向夫人坐化，遂生文襄。少嗜枣栗。②

左宗棠平定新疆叛乱和阿古柏匪军，立下不世功勋。徐宗亮在《归庐

① [清]陈其元:《庸闲斋笔记》,中华书局1989年版,第561页。

② 陈庆湝:《谏书稀庵笔记》,小说丛报社1922年版,第161—162页。

谈往录》中记录了平定叛变途中的灵异事件：

> 西疆之役，以老湘营为首功，故提督刘忠壮公松山旧部，其犹子今新疆巡抚锦棠所统者也。忠壮伤亡后，所部出战，辄著灵异。……左文襄公尝出巡，忽一卒攀舆大哭，舆不得前。遂言曰："吾日助若战，军士寒饿不堪，须衣粮，并西洋枪炮子药勿迟。"审其音，即忠壮也。文襄颔之。卒昏去，有顷乃苏，文襄觅匠制冥器相生焚之。①

此类记载或多或少的存在于史料笔记中。如薛福成《庸庵笔记》中的《缢鬼为祟》《淑灵呵护家人》《人鬼对谈》等，俞樾《右台仙馆笔记》中的《鬼附船而行》《捉鬼》《佣媪》《误投猪胎》《还魂》等，欧阳昱《见闻琐录》中的《黄鹤楼预兆》。

这些关于鬼神的记载，今人能一辨而知，但有些辗转相袭的记载，真实性往往很难判定。此处以晚清时发生在京师的一则冒认丈夫的趣事为例予以说明。

《清代野记》中有《冒认丈夫》一节：

> 光绪初年，吏部有两雷姓司员，一浙江人，一陕西人，一进士，一拔贡也，同姓同官又同司。浙雷住南横街，陕雷住魏染胡同，则一妾也。门榜皆书"吏部雷寓"。一日者，浙雷仆私语其僚曰："我主人置一妾矣，住魏染胡同也。"为妻所闻，穷诘之。仆言："实见魏染胡同有吏部雷宅。访之仅一妾，未知是主人外室否，不敢断也。"妻闻大怒，立命驱车往，至则命仆妇大声呼太太至。陕雷妾以为有女客来也，出迎。妻一见大骂曰："淫婢无耻，尔竟敢私居于外，不来见我耶！"陕妾始茫然，继始悟此必夫之妻也。正支吾间，陕雷归，妾哭诉曰："尔初不言有大妇在京也。"陕雷大惊，及熟视曰："非我妻

① 徐宗亮：《归庐谈往录》，载沈云龙：《近代中国史料丛刊》（第七十五辑），文海出版社1972年版，第22页。

也。”妾大骂曰：“何来泼妇，冒认我夫。”陕雷忽悟曰：“夫人是浙江雷某妻耶？”妻点首，惭沮无人状矣。陕雷曰：“是乃误会，可请归，无介怀也。”妾不允，曰：“既认为夫，则今夜必伴夫一宿始可。”妻乃大窘。陕雷再三劝其妾，始释之去，归即逐其仆云。此事予其时在京亲闻之，一时喧传。以非佳话，姑讳其名。①

《谏书稀庵笔记》载《雷甲雷乙》条：

陕西有二雷姓，皆以进士官吏部，然只同姓而不同宗，人呼谓雷甲、雷乙。乙无正妻，携一妾寓京师，门首衔条曰“吏部雷”。甲有正妻，悍甚，又无子，乃置一妾，分别而居，门首衔条亦曰“吏部雷”。甲妻闻其置妾也，密询家人，此妾寓于何处，家人但云：“门首有‘吏部雷’字样。”甲妻持棒而往，误入乙寓。见一少妇正在梳妆，发黰而美，莲足纤纤。大怒，以棒击之。旋将镜台磁皿，全行碎之。正在施威，雷乙入门，曰：“是何泼妇，敢来吾家？”细睨之，曰：“年齿稍长，姿容尚好，予久无正妻，留汝作配可耳。”命其妾出，遂阖门抱之，将与同梦。甲妇大窘曰：“吾误矣，甘受罚，勿污我。我乃雷甲之妻，闻其别置一妾，故有此误。”雷乙责之曰：“尔夫年逾四十，尚无子。尔悍名素著，人皆闻之。吾室内有佛，尔宜对佛宣誓，此后听夫置妾，不再过问。倘食言，佛必殛之。”甲妻允之。宣誓毕，乃放之归，自此阃威不作。雷甲时宿其妾寓，生二子。人皆曰：“雷甲之子，雷乙之力也。”闻者绝倒。②

《竹素园丛谈》中亦记载了这则轶事：

闻光绪年间都门出一笑柄，特记之以戒悍妇。有陕西雷某与湖北

① 梁溪坐观老人：《清代野记》，山西古籍出版社1996年版，第41页。

② 陈庆溎：《谏书稀庵笔记》，小说丛报社1922年版，第10—11页。

雷某同官吏部，同住永光寺西街门，皆榜吏部雷寓。鄂雷方续弦，妻尚少艾，陕雷别有寓邸，新纳妾，此乃藏娇之金屋也。陕雷妻悍而妒，一日闻其夫置妾别构香巢，大怒，率仆妪掩捕之，误入鄂雷之室，见少妇以为妾也，捽其发而痛抶之。鄂妇受殴，不解其故，继乃知误认桃源也。正扰攘间，鄂雷适归，陕妇见不相识之男子闯然入室，群呼老爷来矣，方知误殴，窘极欲逃。鄂妇亦甚狡，阖户曰："今日之事来得去不得。"乃戟手詈其夫曰："汝娶我时，明言前妻已死，今故剑尚存，何以处我？"又语陕妇曰："此汝夫也。我愿扫榻奉让，待汝重谐鸳侣。但停妻再娶，律有明文，我当诉诸官耳。"力迫陕妇入房，陕妇羞愤，据地大哭。陕雷闻信赶至，皇急无措，旋由僚友劝解，令备酒筵、爆竹，向鄂雷夫妇叩头赔罪，始狼狈而去。陕雷因此为社会所嗤鄙，遂请假回里。此事当日盛传都中，诚笑林中绝好材料也。①

从时间（晚清）、主人公（吏部雷姓之妻）、基本情节（悍妇误入与夫同姓之宅）来看，三者所述应为同一事。但在细节方面，三者所述多有不同。由此可见真相之难得。此例仅为清末发生在京师的一件琐事，口耳相传，细节不同，尚能保留基本事实，如涉及宫闱秘闻、朝政要事，各种传闻资料的可靠性就要大打折扣了。

《崇陵传信录》为光绪作传，涉及的宫闱秘闻资料甚多，这些记载的可信度需要详加辨析。例如，慈安之死，近代野史笔记多以慈禧为凶手，且有很多生动的演绎。当代学者研究后则多认为慈安是突发疾病而亡②。此处且分析恽毓鼎的记载：

光绪辛巳三月十一日（应为三月初十，即1881年4月8日——引

① 顾恩瀚：《竹素园丛谈》，载杨寿枏，昂孙：《云在山房丛书三种　网庐漫墨》，山西古籍出版社1996年版，第99页。

② 徐彻：《正说慈禧》，上海古籍出版社2005年版，第75—82页。

者注），孝贞皇后崩。时慈禧病甚剧，慈安固健康无恙，凶信出，百官皆以为西圣也，既而知为东后，乃大惊诧。相传两太后一日听政之暇，偶话咸丰末旧事，慈安忽语慈禧曰："我有一事，久思为妹言之，今请妹观一物。"在箧中取卷纸出，乃显庙手敕也。略谓叶赫氏祖制不得备椒房，今既生皇子，异日母以子贵，自不能不尊为太后。惟朕实不能深信其人，此后如能安分守法则已，否则汝可出此诏命廷臣传遗命除之。慈安持示慈禧，且笑曰："吾姊妹相处久，无间言，何必留此诏乎？"立取火焚之。慈禧面发赤，虽申谢，意怏怏不自得，旋辞去。十一日，慈安闲立庭中，倚缸玩金鱼，西宫太监捧盒至，跪陈曰："外舍顷进克食，西佛爷食之甚美，不肯独用，特分呈东佛爷。"慈安甚喜，启盒拈一饼，对使者尝之，以示感意。旋即传太医，谓东圣骤痰厥。医未入宫，而凤驭上升矣。①

这段文字常常被引用说明慈安之死源于慈禧之毒，其实无任何可信之处。首先，慈禧与慈安谈及咸丰旧事，外界又如何得知，且谈话内容如此详尽？其次，咸丰手敕既然已经烧毁，手敕内容他人如何得知？难道是看过手敕的慈禧转告他人露出风声？最后，太监捧盒进食，慈安食用，又能为谁所见？从逻辑上分析，即使真有手敕，两宫垂帘自辛酉政变起至慈安之死已历20年，慈安既然已经保留了20年，又何必在20年之后而告之慈禧？如真有手敕，则手敕内容的利害关系，慈安又安能不知，岂能轻易示人？从手敕的内容来看，所谓的"叶赫氏祖制不得备椒房"也非事实。因此，恽毓鼎此处言语不啻为小说家言，无事实依据。

四、摘录其他资料

以上三类，无论是记载亲身经历、亲见亲闻还是传闻异辞，大都是以笔记作者为中心对史实加以记载，总体而言均是个人见闻。另有一类笔

① 岑春煊，恽毓鼎：《乐斋漫笔　崇陵传信录（外二种）》，中华书局2007年版，第52页。

记，其资料主要转引自其他文献，也就是说作者和所记事件之间没有任何关联。此类之下又可分为两种，一种是作者利用各种资料而形成的撰述，一种是搜集各种资料而成的各类汇编。这类笔记的资料来源非常丰富，他人笔记、日记、文集、报刊、档案文书、方志、碑刻、传记、年谱等均可能为作者所利用。要想探讨其价值，只有具体考察其所引资料的来源及其价值。

史料笔记中撰述类的作品为数不多，主要有徐一士的《凌霄一士随笔》《一士类稿》《一士谈荟》、黄睿的《花随人圣庵摭忆》、柴小梵的《梵天庐丛录》、瞿兑之的《人物风俗制度丛谈》、许指严的《十叶野闻》等。

史料笔记中资料汇编类的作品如小横香室主人编《清朝野史大观》、徐珂编《清稗类钞》，葛虚存编《清代名人轶事》、韩文举辑《近世中国秘史》、裘毓麐著《清代轶闻》等。以《清代名人轶事》为例，其中"度量类"所记"曾侯甘心受欺"，"风趣类"所记"纪文达烟量""孙文靖食量"，其文字来源陈其元《庸闲斋笔记》，"风趣类"所记"睹饭"来源《栖霞阁野乘》。又如《近世中国秘史》全采自"官书及私家著述"，"无一字无来历"且"全采原文，不加改窜"①，虽有按语，但仍属资料汇编。《近世中国秘史》所引资料来源《胜朝遗事》《庸庵文集》《清议报》《字林西报》等官私著述或中西报刊，如"书汉阳叶相广州之变""书太监安德海伏法事""咸同间用兵轶闻"等数则资料来源《庸庵文集》，"记曾左交恶事"部分文字来自《庸闲斋笔记》，部分来自《庸庵文集》，"第一次中俄密约"则来自《清议报》《字林西报》《中外日报》等报刊。

以上介绍了史料笔记中资料的四种来源。从中可以看出，对史料笔记的价值判断而言，资料来源为传闻异辞的局限最大，其次为资料来源于摘录其他资料的笔记，恰恰这两种笔记的数量在史料笔记中又占有较大的比重。因此，对于这种局限，研究者是不能漠视的。

① 韩文举:《近世中国秘史》，山西古籍出版社1997年版，第1页。

第二节　探究作者主观因素的影响

一般而言，笔记大都是随笔记录的作品，这种记载方式很大程度上保证了其所记录史实的客观性。但是，笔记在写作过程中仍旧不可避免地会受到作者主观因素的影响。戴名世提道："其为局中者乎？其为局外者乎？其为得之亲见者乎？其为得之逖听者乎？其为有所为而为之者乎？其为无所为而为之者乎？"瞿兑之在为《一士谈荟》作序时指出："著者本身如果与本事有关，则其下笔或不免以下三种意义：一因恩怨而淆乱是非；一因辟谤而加以饰词；一因表襮而多加渲染。三者有一于此，即不能视为正确。"[①]显然，除了局中局外，亲见逖听的客观因素之外，作者的态度对笔记作品的客观性有很大影响。因此，我们在判定一部笔记作品的史料价值时需要综合考虑作者写作的主观因素。一般来说，作者的主观因素大致有如下几种情况，而这些情况的存在又在很大程度上影响了笔记作品的史料价值。

一、扭曲个人在历史发展进程中的作用

以个人经历或个人见闻为中心的笔记作品，在涉及个人问题时，记载的内容可能存在夸大或缩小个人作用，甚至出现由于各种因素而虚构或歪曲事实的情况。下面略举数例予以说明。

《崇陵传信录》中记载了恽毓鼎、张亨嘉、曾广汉、朱祖谋四人在6月16日受召见后留下再次进言，恽毓鼎称："山东巡抚袁世凯，忠勇有胆识，可调入京镇压乱民"[②]。实际上，根据《恽毓鼎庚子日记》，6月16日受召见后，慈禧"命枢臣暂留，群臣咸退"，显然此时恽毓鼎等四人不会留下再次进言。另其日记所载奏对之言为："宜调山东巡抚袁世凯速移兵驻扎

① 徐一士：《一士类稿》，中华书局2007年版，第8页。

② 岑春煊，恽毓鼎：《乐斋漫笔　崇陵传信录（外二种）》，中华书局2007年版，第62页。

京城，以备外人。”[1]“镇压乱民”和“以备外人”虽只四字之差，但反映出截然不同的两种对外态度，一为主战，一为主和。日记之言是原始的材料，是可信的，而恽毓鼎在写《崇陵传信录》时却有意地掩盖其曾经主战的事实。

金梁在《光宣小记》中认为自己“曾采列朝《圣训》之合于宪政者成宪政条议上之，实为中国言立宪之始”[2]。此言不免夸大了其在清末仿行宪政过程中的地位，且与事实不符。晚清立宪思潮有数十年发展演变历史，王韬、郑观应等早期维新思想家早就已经对西方资本主义国家的民主政治进行了较为全面的介绍。对立宪政体进行广泛宣传是在维新运动时期。庚子之变后，清廷内部再次讨论立宪问题。在1901年4月4日，张之洞致电刘坤一等人时就说：“其实变法有一紧要事，实为诸法之根，言之骇人耳。西法最善者，上、下议院互相维持之法也。……下议院此时断不可设，若上议院则可仿行。”[3]除了张之洞，张謇在1901年写了《变法评议》一文，梁启超则发表《立宪法议》，均鼓吹立宪。1905年清廷决定派遣大臣出使各国考察政治就是在清廷内部对宪政政体已经有了较为充分地讨论之后作出的决策。金梁是在考察政治馆设立之后才上书言宪政，已经是非常滞后了。

中国近代警察的创办起于1902年清廷设立的“内城工巡总局”，而早在1901年9月清廷发布上谕，令各省将军、督抚裁汰绿营，改练常备、续备、巡警等军，第一次明确表示创办警政。地方创办最早和最有成效的为直隶总督袁世凯。1902年4月，袁世凯首先在保定创立警务总局，下设分局5所，巡警兵50人，分布城厢内外。但何刚德在《客座偶谈》中则说了这么一段话：“庚子以前，中国无警察也。余到苏后始创办。端午桥制军告余曰：‘以中国地大，只求一里有两个警察，年已需五万万。以全国岁

① 恽毓鼎：《恽毓鼎庚子日记》，载北京大学历史系中国近现代史教研室：《义和团运动史料丛编》第1辑，中华书局1964年版，第50页。

② 金梁：《光宣小记》，上海书店出版社1998年版，第27页。

③ 张之洞：《张文襄公全集》，中国书店1990年版，第37—38页。

入，办一警察，尚不能够（当时岁入未至四万万），何论其他？'渠倡言立宪，喜办新政，所言竟与之相反，不知何意。嗣后各县勉强兴办，小县二三十人，大县亦不过五六十人。"[①]何刚德自认创办警察第一人，今日亦有人以此为据认为中国警察最早创办不会早于1903年，都是错误的。何刚德显然对庚子后清政府创办警政的历史并无了解，这就导致他片面夸大个人在创办警政过程中的作用，将一区之首办当作国家首创。

二、因个人利益、恩怨纠葛而导致记载失实

作者在记录牵涉到个人利益、与他人恩怨纠葛之事时，下笔不可避免地带有个人主观色彩。对这样的文字，亦非详加审查不可。

吴永与岑春煊在随扈慈禧途中产生矛盾，矛盾起因是慈禧命吴永为前路粮台，吴永以自己人微言轻，恐难以办事，请慈禧命岑春煊为督办，自己为会办。此举导致岑春煊不满。1905年吴永补调广东雷琼道，兼统广东巡防七营，督办抚黎局局务。岑春煊时任两广总督，以整顿吏治为名参劾吴永，要求清政府"请开缺送部引见"。后在慈禧的干预下，岑春煊的奏折留中。对这段恩怨纠葛，吴永言"岑在粤督任内，凡参罢文武大小官员至一千四百余人，因而获罪者亦数百人，非但睚眦必报，即素所受恩庇者亦皆以怨报之，狠心辣手，绝是不留余地。论者谓彼对予方先以此尝试，如得允开缺，势必尚有下文，盖彼毒予至深，必欲挤之死地而后快"[②]。这段记载牵扯到两人的恩怨纠葛，主观性很强。《庚子西狩丛谈》中记载了吴永对岑春煊的颇多怨言，以至于徐一士在谈到岑春煊时就认为吴永之怨言"不无过当处"[③]。

陈夔龙在《梦蕉亭杂记》中追忆其1910年直隶总督任内逮捕天津"全国学界国会请愿同志会"会长温世霖并将其发配新疆之事时说："东三省

① 何刚德:《春明梦录·客座偶谈》,山西古籍出版社1997年版,第124页。

② 吴永口述,刘治襄记:《庚子西狩丛谈》,岳麓书社1985年版,第141页。

③ 徐一士:《一士谈荟》,山西古籍出版社1995年版,第171页。

新学家首先入京，乘机煽动，革党一倡百和，伏阙上书……正相持间，天津无赖某君，出身寒微。庚子后和议成，外人归还津地，某君乘时崛起，以创办学堂为名，联络当道士绅，居然自名为维新人物。……嗾使各学堂各派代表，登时聚集千余人，断指喋血，群向督署陈恳入奏，早开国会。……并通电各行省各学堂，同时罢学请愿，期宪政即日成立。言之虽亦有故，实则假公济私，意存叵测。……继思析津开学最早，学规本极严肃。自某君混入学界，持有护符，迹其平日不安本分，已非一端。……此而不惩，何以端士习而肃法纪。……饬署巡警道田君文烈密拿到案，即日电奏发往新疆安置。奉旨后，立派妥役押解起程，不准少有稽延。”[①]在陈夔龙的笔下，忧国忧民，积极参与社会变革，兴办教育事业的温世霖，竟然成为地方之“巨蠹”，“假公济私”的“不安本分”之人。政见保守的陈夔龙将拒绝天津学界速开国会请愿，逮捕温世霖的逆时代潮流的行为大为标榜，称其举措“群情极为帖服”，“大海风潮为之顿熄”，“未尝不心悦诚服”。读者在阅读陈夔龙此则记载时，对这一事件及温世霖其人能不详加考察吗？

岑春煊将辛亥革命后广东军政府首任警察厅厅长陈景华形容为“虎狼之性”，在《乐斋漫笔》中大加抨击。

又有粤人陈景华者，以进士官广西知县，历署繁缺，颇负能吏之名，而贪残嗜杀，酷逾乳虎。尝于除夕乘兴提审监犯，一时尽诛之，谓之洗监。平日所滥杀不知纪极。自养亡命数十，于四乡杀人越货，而诬以为盗。民间畏之，道路以目。虽自来屠伯之称，亦无其酷。余于东省闻其惨毒之状，密奏革职拿办，已捕得拘于平乐县，为其死党中夜篡取以去，遂入越南（应为泰国——引者注），赘于土酋。辛亥革命后，复归粤，任地方要职，不改所为，终以杀身。盖虎狼之性，

① 陈夔龙：《梦蕉亭杂记》，中华书局2007年版，第112—114页。

己既噬人，亦必为人所杀，尚恨诛之不早，使粤人久蒙其患也。[1]

陈景华（1865—1913），光绪朝举人，参加过公车上书，历任广西荣县、马平、贵县、桂平等县知县，后为岑春煊所捕，流亡海外后参加同盟会。1911年11月9日，广东宣布脱离清廷独立，军政府成立后陈景华先任民政部长（稍后改为民政司长），兼管警察，后来专任警察厅厅长。“二次革命”失败后，陈景华被龙济光杀害。陈景华较早地接受了新知识、新思想，在广西各地知县任上，整顿地方治安，勇于任事。辛亥革命时期又为广东独立做出了贡献，任职警察厅厅长时竭力维护地方治安、扫除警政积弊、杜绝徇私舞弊。可见，陈景华乃是辛亥革命有功之臣，为革命和广东地方警政做出了贡献。岑春煊与陈景华的个人恩怨导致了其记载严重背离事实。

再如王伯恭在其所著《蜷庐随笔》中对李鸿章推崇备至而对翁同龢则多有非议，只因他是李鸿章的门人，师生之谊影响到了所著文字的客观性，进而影响了其可信度。作者言道：“甲午之事，始于项城，成于通州，而主之者常熟也。”[2]将甲午战争的责任推到了翁同龢的身上。作者又言甲午战时，张汝梅建议启用宋庆旧部安徽藩司张学醇，奕䜣与孙家鼐均表示赞成，孙家鼐尤说不敢“以私憾害公义”，而这一建议却为翁同龢所断然否决：“常熟为人好蓄小怨也，汝梅因见常熟，纵论及此，常熟变色曰：‘若用张学醇者，吾必拂袖让之。’汝梅愕然而退。至此小翁遂永无出山之望，而吾国亦竟割地求和矣。”[3]作者在字里行间将甲午战败的责任归结为翁同龢不赞成启用张学醇。作者虽已认识到当时的清军军事力量虽“孙吴复生，亦不能侔胜”，但又将张学醇复出看作胜败的关键，而作为淮军最

① 岑春煊，恽毓鼎：《乐斋漫笔　崇陵传信录（外二种）》，中华书局2007年版，第26—27页。

② 王伯恭：《蜷庐随笔》，载沈云龙：《近代中国史料丛刊》（第二十四辑），文海出版社1973年版，第95页。

③ 王伯恭：《蜷庐随笔》，载沈云龙：《近代中国史料丛刊》（第二十四辑），文海出版社1973年版，第96页。

高统帅的李鸿章却从王伯恭的文字中消失了。

实际上，处于社会关系网中的任何个体均不可避免的和他周围的个人、群体产生利益冲突乃至于公开对抗，并且极易转变为语言，形成文字。率性而为的笔记作品因较少顾忌反而更易成为个人情感宣泄的途径。这是我们在利用笔记史料时所不得不关注的。

三、作者著文的态度、立场与德行

作者著文的态度、立场与德行直接影响到其记载的可信度。《孟子·万章》（下）言："以友天下之善士为未足，又尚论古之人。颂其诗，读其书，不知其人，可乎？是以论其世也。"[①]孟子说对于古人不仅要"颂其诗，读其书"，更要"知其人"；不仅要"知其人"，还要"论其世"。只有"知人论世"才能对文字有深入地解读。对于作者而言，如果既有高洁的操行又秉持客观公正的态度，则其文字就有相当高的可靠性；反之，如果不能从个人爱憎中超脱，著文态度不够严谨、下笔随意甚至于罔顾事实，则其文字必然会错谬不实。

《见闻琐录》是近代史料笔记中史料价值较高的一种，除了与作者欧阳昱的见闻、阅历密切相关外，亦和其著文态度有关。欧阳昱在《见闻琐录》的自序中说："所至必采访当世事，耳闻目见，颇有所记载。然非关风俗人心与天下大故者，不录；或名公巨卿事迹彰彰举世所共知者，亦不录。录其遗闻轶事，每下笔有所疑，辄遍询知交，如一辞确然可录而后录。"[②]他在这里说明了其文字记载的主要来源是个人耳闻目见，选材标准乃是关乎风俗人心与天下大事，在记载时追求事件的真实性和可信度。可见，欧阳昱的写作态度是严肃谨慎的，因而其记载具有较高的史料价值。如文中有《宰鸡鸭人》一则，叙述了六合县收取鸡鸭税的情况：

① [战国]孟子等：《四书五经》，中华书局2009年版，第102页。

② [清]欧阳昱：《见闻琐录》，岳麓书社1986年版，第3页。

江南六合县有鸡鸭税，城乡设有宰鸡鸭人。养鸡鸭家欲食鸡鸭，先一日至县，报明食几头，每一头，交税一百枚，领一筹归，召宰鸡鸭者至，凭一筹，宰一头，宰毕，每头给花红五十枚。民家虽贵客至，不敢私宰。有私宰者，查出罚钱一万，充公，并禁其家永不得养食鸡鸭。又有鸡鸭卵税，每卵交官钱二枚，交衙门各私费一枚。吾友某司马管六合厘局，亲对余言。①

民间欲杀一鸡鸭，需钱一百五十枚，由此可见，晚清时期的苛捐杂税之多。本著中反映清末社会政风民情的文字有多则，如《放鹰》《黑白蚂蚁》《广东闱姓》《候补官情形》《粪船》《卖猪仔》等，对晚清史研究极有助益。

反之，如果没有严肃的著文态度，下笔随意，则其文字的可信度就大为降低。如文廷式著《知过轩随笔》，杂录晚清史实、人物，作者虽标榜“此册杂录时事，字字从实。或偶有传闻之过，则不敢必。若有一毫私恩私怨于其间，则幽有鬼贵，明有三光，所断断不敢出也”②，但从文字看来，此著却恰恰轻于记事而重于评议，尤喜以个人好恶臧否人物，评价有失公允之处。如作者评价台湾首任巡抚刘铭传：“台湾之用刘铭传，醇邸一人之意也，经年累月，而不能获一生番，幕府上功牍欺朝廷而已。至于剥民虐民，又其次也。不伏法而引病以去，天道果可信欤！”③评价阎敬铭：“阎敬铭办山西荒务，几举山西之荒田而有其半，可谓无耻。”④评价曾纪泽：“弃澳门于西人，曾纪泽一人主之。可恨！”⑤评价张之万：“一无所长，惟作画颇得家法。”其说马建忠：“马建忠全家皆入天主教，人荒谬无匹。而合肥保举之云：‘素行谨饬。’欺侮朝廷一至于此，可为发指。”⑥

① [清]欧阳昱:《见闻琐录》,岳麓书社1986年版,第6页。
② [清]祁寯藻等:《〈青鹤〉笔记九种》,中华书局2007年版,第36页。
③ [清]祁寯藻等:《〈青鹤〉笔记九种》,中华书局2007年版,第35页。
④ [清]祁寯藻等:《〈青鹤〉笔记九种》,中华书局2007年版,第33页。
⑤ [清]祁寯藻等:《〈青鹤〉笔记九种》,中华书局2007年版,第33页。
⑥ [清]祁寯藻等:《〈青鹤〉笔记九种》,中华书局2007年版,第28页。

这种浓郁的主观色彩严重影响了作品的可信度，降低了作品的史料价值。

同时，我们在阅读、使用笔记作品时，也应该关注作者所持的立场。就近代史料笔记而言，因其作者大多为封建士人或清朝各级官员，许多在清亡后，仍以遗老自居，他们大都站在清朝统治阶级的立场上观察、考虑、评价问题，对此我们要有充分的认识。其涉及的立场问题主要有以下三种：一是污蔑农民起义军、革命者。二是在民族问题上的表述不当。这一点在回民起义的记载中非常突出；三是对事件的评价带有严重的主观色彩。如顾恩瀚在《竹素园丛谈》中对张勋复辟评价如下："复辟一役千秋自有公论，张勋以一武人而深明大义，功虽不就，志实可钦。成败论人，英雄短气"，并称张勋复辟"然其事其人已足千古"[①]。这一评价完全是顾恩瀚以个人之思站在清朝统治立场上的妄评。当然，立场会影响作者对史事的评价和态度，但其对史事记载本身的可靠性如何，还需要我们综合评判，不能简单地因为立场就否定其记载。

四、作者才、学、识等方面的影响

作者的才、学、识对其记载的可信度、史料价值也有重要影响。影响之一，能否对亲历亲闻之事予以完整准确、条理清晰的记录。万斯同说过，"闻而书之者，未必有裁别之识也"，他就看到了记录者裁别之识对记录内容的影响。瞿兑之在谈到作者著述能力影响到史实的记载及真相时说："同一记事而有工拙之不同，工于记事的，能把握一事的中心，自然易得其真象。不然，则所记者皆枝叶零星，而离事实愈远。"[②]影响之二，制约着作者对材料的使用、史实的考辨、评论的公允与否。试举数例予以说明。

民国时期著名的掌故家徐一士有《一士类稿》《一士谈荟》《凌霄一士随

① 杨寿枏，昂孙：《云在山房丛书三种　网庐漫墨》，山西古籍出版社1996年版，第70—71页。

② 徐一士：《一士类稿》，山西古籍出版社1996年版，第13页。

笔》《近代笔记过眼录》等笔记作品。这些作品的一大特色即以史料见长，剖析一事、解说一人往往旁征博引，条分缕析，且对人、事的评价能做到客观公正。如对陈夔龙的评价，徐一士说陈夔龙“美风仪，能文词”，“以敏干为上官所赏”，“佐理外交，亦有能名”[①]；论仕途，“宦途腾踔，世颇以巧宦目之”，“盖所历多系应升之阶，未为超擢不次，惟官符如火，迅疾过于同侪，故人惊其速化耳”[②]；论政见，“盖自视为保守一派”[③]。作者基于其所采摘的史料，对陈夔龙的评价较为公允。如《一士谈荟》中《岑春煊》一则，作者采用了汤用彬《新谈往》、费行简《慈禧传信录》《近代名人小传》、章士钊《孤桐杂记》、吴永《庚子西狩丛谈》等资料，对岑春煊一生的重大事件进行解说，不拘泥于成见而在充足史料的基础上进行客观分析。曾有传言岑春煊初拟助帝收回政权，后“不敢发，而益自结于后”，以至于“论者多病其不能见义勇为”。徐一士就说：“封疆重臣，统兵大将，多戴后，帝则势处孤危，举事不慎，将有奇祸，春煊纵欲建非常之业，其力亦苦不足耳”。[④]徐一士对时局，对岑春煊力有未逮的分析是中肯的。

胡思敬著《国闻备乘》以记录晚清政坛轶事与政治要人为主，在其记载中政治态度鲜明是重要特点之一。作为晚清保守人物的代表，胡思敬激烈反对清朝末年实行的政治变革，抨击维新人物以及张之洞、袁世凯等力主变法的封疆大吏。但与此同时，胡思敬亦能秉着史家“秉笔直书”的著史态度，揭露批判清朝末期的朝政腐败、政局紊乱及其迅速走向衰败的历史。如《报效》一则载光绪时兴建海军，从以“报效”名义收钱封官，发展为制度性卖官鬻爵，指斥李鸿章为始作俑者。《新增财赋》中列举了清末新加各种赋税，以及收捐、发彩票的敛财方式，认为“取民之法愈巧，侵蚀之术愈工”[⑤]。《同罪异罚》叙述多项事实后，总结为“庄子谓窃钩者

① 徐一士:《一士类稿》,山西古籍出版社1996年版,第148页。

② 徐一士:《一士类稿》,山西古籍出版社1996年版,第160页。

③ 徐一士:《一士类稿》,山西古籍出版社1996年版,第161页。

④ 徐一士:《一士谈荟》,山西古籍出版社1996年版,第164页。

⑤ 胡思敬:《国闻备乘》,中华书局2007年版,第71页。

诛，窃国者侯，不诚信与！”[1]《溥伟争位》《监国之黯》《外党》《政出多门》等则，揭露了清廷上层统治集团的内部矛盾与斗争。所有这些，为我们了解清末政局、探究清政府迅速败亡提供了丰富的史料。胡思敬通过对清末政坛的观察意识到清廷败亡为必然之势，又说明作者具有史家之识。如《溥伟争位》中，胡思敬评价说：“国统再绝而家无令子，识者早知其必有乱矣。”[2]在《外党》中则言：“内政不修而恃外援以自懈，古未有不亡者。”[3]胡思敬所记录的晚清史实，即使是其政治态度，都可作为我们了解晚清历史的重要依据。

当然，因作者学识不足而导致的错误，在史料笔记中也是存在的。

因著《官场现形记》而出名的李伯元另有《南亭笔记》问世。可惜作者不审事实，下笔草率，失实之处甚多，陈恭禄在其《中国近代史资料概述》中批评李伯元“历史知识极端贫乏”[4]，并举例说明。其实，《南亭笔记》中的错误远不止陈恭禄所举一例。如《南亭笔记》卷一载：

> 康熙暮年，牙齿尽脱。尝在池上率嫔妃钓鱼取乐，偶举竿得一鳖，旋脱去。一妃曰：“亡八挠了。”（北京谓走曰挠。）皇后在左曰：“光景是没有门牙了，所以衔不住钩子。”妃斜视康熙而笑不止。康熙怒，以为言者无意，笑者有心，因贬妃终身不使近御。[5]

这则饶有趣味的材料常为近人引用以说明康熙的狭隘，妃子的不幸。其实，这段文字对康熙与妃嫔的音容笑貌、言谈举止描述的绘声绘色，但不知当时情景如何为外人得知，并延续到200年之后。细加考究，此事当属子虚乌有。康熙暮年30多年中未再册立皇后，此时又如何能有“皇后”同康熙一起钓鱼取乐？显然，李伯元“历史知识极端贫乏”已经严重影响了他的笔记

① 胡思敬:《国闻备乘》,中华书局2007年版,第75页。

② 胡思敬:《国闻备乘》,中华书局2007年版,第110页。

③ 胡思敬:《国闻备乘》,中华书局2007年版,第127页。

④ 陈恭禄:《中国近代史资料概述》,中华书局1982年版,第252页。

⑤ [清]李伯元:《南亭笔记》,江苏古籍出版社2000年版,第1页。

创作。毕竟，《南亭笔记》不同于《官场现形记》，不是小说创作。[①]

罗惇曧的《宾退随笔》中有一则材料写到翁同龢与荣禄交恶，全文为：

> 光绪初，李文正鸿藻、沈文定桂芬同在枢府，文定以熟语掌故称上旨，权颇重，汉人在枢府类当国者，自文定始也。荣禄方为步军统领，年甚少，不慊于文定。值晋抚出缺，是日文定方乞假，荣禄入见，乃力保文定授晋抚。命下，举朝皆诧，枢臣既未进言，则言者必为外臣，是日除荣禄入见外，皆疏远小臣，则言者必为荣禄。翁同龢方为詹事，与荣禄盟兄弟也，同辈使侦荣禄，时方有试差，同龢不预，与荣禄语甚憾文定，非揭其阴私，荣禄信之。翁问沈外任何意也？荣言吾言诸太后，遂有是命。翁归，告李文正，谋有以报之。数日而西安将军出缺，文正力保荣禄，遂外任西安。迨翁继秉政，而荣禄十年不迁，怨翁极深。戊戌四月，翁以导景皇帝行新政得罪，废于家，谕言“以为居心险诈者戒”，盖指前事也。[②]

这些材料细考之，亦不可信。沈桂芬于同治二年（1863）十月署理山西巡抚，同治三年（1864）七月实授山西巡抚，此前任户部左侍郎。同治六年（1867）任礼部右侍郎，同治七年（1868）在军机大臣上行走，九年（1870）迁兵部尚书。当光绪元年（1875）荣禄署步军统领时，沈桂芬以兵部尚书协办大学士，直至1880年去世一直任职枢府。因此，所谓荣禄力保沈桂芬任山西巡抚之事实属子虚乌有。而荣禄于同治十三年（1874）任总管内务府大臣，光绪元年（1875）署步军统领，光绪三年（1877）实授步军统领，四年（1878）擢工部尚书。后因“慈禧皇太后尝欲自选宫监，荣禄奏非祖制，忤旨”[③]，四年八月荣禄被解工部尚书任，还被开去总管

① 有学者考证《南亭笔记》非李伯元所作，而是书商借李伯元之名拼凑而成。见郭长海：《〈南亭笔记〉与〈南亭四话〉非李伯元所作考》，《长春师院学报》1996年第1期。

② 罗惇曧：《罗瘿公笔记选》，山西古籍出版社1997年版，第279—280页。

③ 赵尔巽等：《清史稿》，中华书局1998年版，第12373页。

内务府大臣的差使。光绪六年（1880），荣禄“又以被劾纳贿”，被降二级调用，此后基本赋闲在家。光绪十年（1884），荣禄以购买枪支为名，向朝廷报效了一笔钱，蒙加恩开复降二级调用处分。清廷陆续任命他为都统、领侍卫内大臣、专操大臣等职务，但仍未得到重用。荣禄任西安将军时为光绪十七年（1891）十一月，十二月赏加尚书衔，二十年（1894）任步军统领，二十一年（1895）迁兵部尚书。结合荣禄一生历史可知，1878年至1891年是其一生低谷时期，而任西安将军后仅3年他又重新走向政治前台。因此，所谓的李鸿藻力保荣禄外任西安将军，在翁同龢的阻扰下十年不迁，是违背历史事实的。罗惇曧以讹传讹，未能明辨正误。

再看如下一则关于刘坤一的材料：

> 庚子之变，公力持和约，以保东南。时长江钦差李秉衡者树异议，公窃忧之。一日诡语李曰：“今联军攻天津，京师危甚，老夫受国深恩，志在勤王，愿以此席畀公，何如？”李愤然曰：“仆有怀久矣，微公言亦欲以死报国，勤王之举，仆身任之，无烦公也。”后数日李即率师北上。公语人曰：“李公此行，社稷之福也。”或问其故，笑而不答。未几，李战败死绥，而东南半壁，赖公独全。①

作者对刘坤一推崇备至，在庚子之变中，“东南半壁，赖公独全”，虽肯定了刘坤一在东南互保中的地位，却又不自觉的抹杀了张之洞等其他督抚的作为。东南互保之局是在湖广总督张之洞、两江总督刘坤一及两广总督李鸿章等督抚的共同努力下形成的。

有清一代，西方使节觐见中国皇帝的礼仪之争延续了一个多世纪，直到1873年才告一段落。1873年6月29日，西方各国使臣觐见同治帝，这在近代外交史上具有重要的地位。那么这次觐见的详细情况又如何呢？西方文献和中国笔记中的记载迥异。

① 辜鸿铭，孟森等：《清代野记》（第四卷），巴蜀书社1988年版，第1958页。

平步青在《霞外攟屑》中有“各国使臣觐见”一则，描写细致入微，几于亲历。

癸酉秋，都门谦益长号传来时事一纸云，京师自亲政后，雨旸应时，人情静谧。各国使臣觐见，先欲乘肩舆进太和门，带刀上殿，要皇上下宝座，亲受国书。经文中堂捽茗碗粉碎，厉色以争，始定议，六月初六日，于紫光阁觐见。先一日，在总理衙门演礼，尚偃蹇笑谈，不以介意。至日，神机全营屯西苑门，皆明装露刃。法、米、英、俄、布、日本六国，共十二人，皆准其带刀，总理司员引进苑门。每进一门，即将其门上锁。至阁阶之下，总理大臣引上阁阶。皇上登宝座，使臣行六鞠躬礼，不跪。阶旁设黄案，使以次立读国书。居首者读至数句，即浑身发战，不能卒读。皇上问国王好，亦不能答。皇上又问，屡次求见，有何话说，亦不能答。其次者则奉书屡次坠地，而不能开声。经恭亲王当众嘲笑“草鸡毛”，令人掖之下阶，不能动步，坐地汗喘。十二人摇头私语，不知所云。延之就宴，亦不能赴，仓皇散出。恭王云：“说是大皇帝不可轻见，你们不信，今日如何？我中国叫此为草鸡毛!”举国以为笑谈。当时离宝座不过数武，据其自云，并未瞻仰天颜。人人皆言渠眼中必另有神物景象，故如此战栗也。①

关于觐见的情形外国人较为原始的记载是美国公使镂裴迪给国务大臣的公函及其备忘录。今转引如下：

是日早晨6点钟，“俄、美、英、法及纽芬兰诸国之公使毕集于虎门紫禁城围墙之内，有数大臣接应之。彼等乃离座，步行至长春宫……彼等入于御用更衣室，略用茶点。大臣传言，谓此种食品，出自天厨，惟终席不须叩头也。一点钟过后，使臣又带入紫光阁西便之

① [清]平步青:《霞外攟屑》,上海古籍出版社1982年版,第147页。

一大天幕中，以恭王为首之总理衙门之大员，及其余衙门中人在焉……外国公使在此等候多时，中国朝臣频致歉语，谓皇帝正接到喀什噶尔战地之军报，故稽留耳。最后，皇帝驾到，坐于大内坛上之座。五使臣由左门入。中门，惟皇帝所出入耳。彼等入殿，达宝座之前，鞠躬于皇帝；进前数步，再鞠躬；后进至宝座之足下，又鞠躬，凡三次。然后，各据其位，俄使则读一演说辞，有翻译立于其后，译为中文。既毕，各公使进一步，放其信物于宝座下之黄桌，再鞠躬一次。当信札置于案上时，皇帝微欹其身向前，以示承认接受之意。恭王跪地与帝语。其声甚微，命语使臣，告以信物收讫。亲王乃起，历级而下，径至外使之前，复述其语，又上坛，跪下，再受帝语。起又历阶而下，向外交团领袖公使述帝旨，敬问其帝王及总统之康健，且深望总理衙门及各国外使之外交事件之顺利。觐见既毕，外使退，作三鞠躬，如前退出。彼等复回长春宫少歇，通过仪仗队而至门外，坐舆而回，则觐见完矣。”①

据英人所办报纸《字林西报》记载：各国公使“见时，仍各服其国之朝衣，仍各行其国之大礼，跄跄济济，肃肃雍雍，一无陨越之愆，适合迴翔之度。面奏各语，大略总以中西辑睦、和好永敦为主”。②

对于平步青的记载，细节姑且不论，其对各国使臣心惊胆颤、汗流浃背以至于“不能动步”的记载就不可思议，至于“望见神物”之说更是无稽之谈。平步青的记载反映了中国鸦片战争以后虽有外力的强力冲击，但士大夫根深蒂固的天朝上国意识是多么深厚而牢不可破，传统的“夷夏大防”的观念只有在虚幻的自我安慰中体现。当时国内诸如此类的记载绝不仅是平步青，刘体智转引的李慈铭《桃花圣解盦日记》中的文字与此同出

① 朱杰勤译：《中外关系史译丛》，北京海洋出版社1984年版，第186—187页，转载自王开玺：《晚清政治新论》，商务印书馆2006年版，第289—290页。

②《译西字报述各钦使已经团见事》，《申报》1873年7月8日。

一辙。“夷酋皆震栗失次，不能致辞，踉叩而出，自此不敢复觐天颜。此辈犬羊，君臣脱略，虽跳梁日久，目未睹汉官威仪……今一仰天威，便伏地恐后，神灵震慑，有以致之云。”[①]刘体智对此种虚妄的记载就指出：“英法兵入京之后，西人渺视中土久矣，此事为理所绝无”[②]，而流播于当时士大夫中的这则传说，反映了鸦片战争三十余年后，国人对西方世界的了解仍旧有限，不惜以心理上的优越感去掩盖战争和外交上的失败。

第三节 辨明笔记作品的体例

笔记作品的突出特点就是“散”，或者可以这样说，没有固定的体例恰恰就是笔记的体例。对撰写者来说，相对于其他体裁，这无疑是一个巨大优势，也是士人愿从事笔记创作的重要因素。但从提供史料的角度来看，驳杂不纯恰恰也是史料笔记重大的缺陷之一。当然，部分笔记的撰写者会注意到撰述内容的相对集中，或重视编写方式以使其便于阅读，有的则分类编排资料形成笔记类书。以下分别做一简单分析。

一、笔记散的体例特征减弱了所提供史料的价值

大多数的史料笔记作品包含的内容丰富，举凡人物、政治、军事、文化乃至诗词歌赋无不涉及。但在史料的提供上，它很难像纪事本末体史书那样，完整的反映某一事件的前因后果，也很难像纪传体史书那样，全面的记载王朝的兴衰更迭、某一人物的人生历程、某一朝代的典章制度，更难像编年体史书那样，顺应着时间流逝去记载历史发展进程及其丰富内容。总体来说，笔记这一体裁的史料类别在资料的提供上相当零散，往往只记录历史细节而难以涉及历史全貌，记载了静态的历史人物和事件，而难以动态的体现历史的发展进程。

① 刘体智:《异辞录》,中华书局1988年版,第59页。

② 刘体智:《异辞录》,中华书局1988年版,第59页。

以记载人物为例。往往一部笔记涉及历史人物可达数十乃至百十人之多，然多是零散纪事，记录的仅是人物经历的历史片段。如王之春《椒生随笔》记载的人物有周天爵、陈国瑞、杨秀清、潘祖荫、周沐润、胡林翼、曾国藩、杨遇春、胜保、林则徐等。记载周天爵写其至孝轶事，记载潘祖荫则写其才情，记载胡林翼则写其功勋，记载曾国藩则专写其记日记之勤。又如蔡钺的《桑海摭闻》记载的人物有年羹尧、陈圆圆、乾隆、和珅、慈禧、肃顺、洪秀全、刘秀成、石达开、光绪、珍妃、李鸿章、袁昶、许景澄、赵舒翘、毓贤、裕禄、刘坤一、袁世凯等。记载肃顺只写其伏法之因果，记载石达开只写其文武全才，记载李鸿章只写其痛斥义和团，记载赵舒翘只写其作为祸首被杀。徐宗亮《归庐谈往录》记载了胡林翼、黄冠冕、左宗棠、英翰、程学启、唐殿魁、肃顺、杜文澜、严树森等人。记载胡林翼写其不用族戚、荐举人才、理财，记载左宗棠写其在官文幕中形态，记载程学启写其苏州杀降，记载肃顺则写其荐举曾国藩。笔记作品对人物的记载大体如是。即使像《梦蕉亭杂记》《乐斋漫笔》《庚子西狩丛谈》《崇陵传信录》这类以记载个人为主的笔记，它所反映的也只是个人一生中的片段。《梦蕉亭杂记》主要记载了陈夔龙从1886年授兵部主事到1911年辛亥革命爆发后这20余年为宦的历史，而这是他个人认为值得书写流传的。纵向来看，这不过是陈夔龙一生中最值得骄傲的一段历程，横向来看，这也全是陈夔龙为官的经历。因此，《梦蕉亭杂记》虽是研究陈夔龙的重要资料，却必须和其他史料相印证。《乐斋漫笔》主要记载了岑春煊从1879年任职工部到1917年护法战争结束彻底归隐为止近40年的历史。但岑春煊幼年时为京城有名的恶少，《乐斋漫笔》中岑春煊却讳而不谈。汤用彬在《新谈往》中就提到，“春煊少跅弛，自负门第才望，不可一世。黄金结客，车马迎门，如宴也”，“光绪中叶，京师有三恶少之称。三恶少者，岑春煊、瑞徵、劳子乔也。

春煊夙根较深，反正亦早”[1]。像这等描述，岑春煊当然不会自己写成文字流传后世。

以记载事件为例。笔记对事件的记载大体有两种，一是较为完整的记录了某一历史事件，二是记载了某一历史事件的部分片段。但即使是对某一历史事件较为完整的记录，其完整性也是相对于那些零散记载而言的，总体而言，仍未能如纪事本末体史书那样详尽的记录事件。此处以晚清时期张汶详[2]刺马一案为例说明。

1870年8月张汶详刺杀一品大员两江总督马新贻一案是晚清四大疑案之一。事件发生后在朝野之间引起了极大轰动，也引起了清廷最高统治者慈禧的震惊。慈禧先后指定漕督张之万、刑部尚书郑敦谨赴宁查案，并调曾国藩为两江总督协同查案，最终在拖延近半年后于1871年3月结案。此一疑案的疑点在张汶详刺杀马新贻的动机。蕞尔小民胆敢在督抚重地的重重护卫之下刺杀总督，且一扑而中，本身就极易引起他人的种种想象，何况张汶详被捕后宣称“养兵千日、用兵一时”，审讯时口供又“闪烁”“支离”，“坚不吐供”。在近代史料笔记中对这一疑案的记载甚多，各种传闻异辞罔不囊括，这里仅以笔者所见介绍如下。

李岳瑞在《春冰室野乘》中记载了张汶详杀马新贻的动因，一在于马新贻与回部勾结而引起不忿，一在于马新贻禁止私开押店影响了张汶详的生计。按其说法张汶详刺马新贻则公义私愤兼而有之[3]。实际上，张汶详刺杀马新贻一案在审理过程中，张汶详一度有供称刺杀马新贻的原因在于马新贻与回部勾结。李岳瑞文字中所谓的徐姓之人应为曾任马新贻差弁的时金彪。张汶详此供被郑敦谨等主审之人推翻。

张汶详刺杀马新贻一案发生后，山西督学王家璧、侍郎袁宝恒风闻此案与丁日昌有关，疑为丁日昌或其子主使，并上奏朝廷。徐宗亮在《归庐

---

① 汤用彬：《新谈往》，载白化文：《中国近现代历史名人轶事集成》（第3册），山东人民出版社2015年版，第352页。

② 张汶详，或被写为张文祥或张汶祥。本处依据《清实录》等官方文献中的文字。

③ 李孟符：《春冰室野乘》，山西古籍出版社1995年版，第92—94页。

谈往录》中对这一说法予以驳斥。

马端愍新贻之被刺也，郑尚书敦谨、张漕督之万，先后遵旨查办，均以刺者张文详为洋盗复仇，定律凌迟结案。而中外议论，颇多异同，其谓事涉暧昧者，固不足辨。究考其实，复仇一说，亦在疑似之间。时王少常家璧督学陕西，奏称丁中丞日昌主使以报私恨。袁侍郎保恒适办西征粮台，亦主其说，请饬使臣，切实根究。廷寄将原折抄给阅看，中有既有此说，亦不可不使郑敦谨等知之之谕。先是丁中丞之子以狎妓斗殴，致酿人命，中丞请旨交端愍查办，坐凶人抵罪，亦未及丁，实两无所嫌也。主使之说，不知何来。大抵中丞于属吏，颇近操切，衔恨者多。世传《百韵诗》，至污辱不忍卒读，传授增加，何所不至。王、袁两公，素重端愍，悼此惨祸，仓卒据以入告，初不察其虚实重情，有关国是。幸赖朝廷宽大，不欲兴起大狱，卒就使臣议结。王、袁之奏，亦等诸台谏风闻耳。端愍在江南，恪守曾文正公遗规，俭以维俗，勤以励治，亦称其职，而舆情则不甚惬焉。①

此案后期主审郑敦谨在上奏朝廷时对此亦予以了否定。

文廷式《知过轩随笔》中说张汶详刺马是为李世忠报仇：

梅小岩河督为余言："张汶祥刺马端愍一案，查奏之言，无不实，有不尽。"张佩绪知府云："余少依端愍在浙时与张汶祥同居一室，熟识其人。此事余知之其详，不能言也。"又云："此事牵涉李世忠。张汶祥实为人报仇，非己之仇也。"佩绪丰润人，佩纶之弟，其父乃马新贻之师云。②

① 徐宗亮：《归庐谈往录》，载沈云龙：《近代中国史料丛刊》(第七十五辑)，文海出版社1972年版，第53—54页。

② [清]祁寯藻等：《〈青鹤〉笔记九种》，中华书局2007年版，第35—36页。

对张汶详刺马新贻的动因流传最广的是马新贻渔色负友，张汶详为兄复仇。对此记载最详的为梁溪坐观老人的笔记《清代野记》，文字甚长，不再摘引[①]。其他如金天羽《天放楼续文言·皖志·列传》，张相文《南园丛稿》等均采此种说法。京剧《张汶详刺马》，苏州弹词《金陵杀马》等戏曲也均以此为本，将张汶详塑造为不畏强权、为兄复仇的英雄。

薛福成的《庸庵笔记》中有两则材料涉及张汶详刺杀马新贻一案，薛福成认为无论是他人指使还是所谓的渔色负友均不可信，而认同该案定谳之言即因一己私怨而奋起杀人[②]。欧阳昱《见闻琐录》中也记载了该案相关传闻[③]。

以上数则材料均记张汶详刺杀马新贻一案，其中有详有略，或记整件事之来龙去脉，或述其中某个关节，且人言人殊，通读各篇文字也难有确论。这一事例充分显示了笔记作为史料在记载事件时的局限性（当然，研究张汶详刺杀马新贻一案，这些资料虽不充分但却是重要史料）。

再以记载地方民俗为例，多数史料笔记仅能提供为数甚少的社会风俗资料。王之春《椒生随笔》仅有一则“宣化风俗”记载了宣化地区春季游览风俗。陈恒庆《谏书稀庵笔记》有“葱姑娘”一则记载了回民食俗，“说饼”“肝”“油鸡”“京师茶馆”记载了各地食俗，“老婆市”记载了山东潍坊的特色集市，“六项”记载了满人风俗等。这些记载也都是杂乱零碎的，从中可以得出某些关于某地风俗民情的资料，但却很难得到系统性信息。不仅记载风俗如此，其他各种记载也无不如此。

二、部分记载内容较为集中的笔记价值相对较高

笔记体例有“散”的局限，但并不是说所有的笔记在体例方面就没有差异。在“散”这一总体特征之下，“散”的程度亦有不同。不同的作者、

---

① 梁溪坐观老人:《清代野记》,山西古籍出版社1996年版,第110—113页。

② [清]薛福成:《庸庵笔记》,江苏人民出版社1983年版,第100—101页。

③ [清]欧阳昱:《见闻琐录》,岳麓书社1986年版,第111—113页。

不同的写作态度、不同的写作内容都影响着笔记作品的体例。

有些笔记作品以记载个人经历为主体，几乎不涉及个人经历以外的内容，虽然不是个人传记，但是却可以为我们提供较为集中的人物研究的资料。这类笔记有吴永的《庚子西狩丛谈》、岑春煊的《乐斋漫笔》、陈夔龙的《梦蕉亭杂记》、陈惟彦的《宦游偶记》等。

有些笔记作品围绕着某一中心下笔，资料相对集中。如以记载人物为主体的《新世说》《暝庵杂识》《崇陵传信录》《奴才小史》《贪官污吏传》《同光风云录》等。以记载地方为主体的《天咫偶闻》《瀛壖杂志》《津门杂记》《台阳见闻录》。以记载某一专题为中心的有《枢垣记略》，主要记载军机处，《石渠余记》以记载财政、典制为中心。以记载晚清政治、人物为主题的，如胡思敬的《国闻备乘》、刘体智的《异辞录》等。这些笔记的优势在于记载内容相对集中，便于今人拣阅利用。如研究岑春煊自然要利用其《乐斋漫笔》；了解清军机处，《枢垣记略》则不可不读；说清代北京史，则《天咫偶闻》《道咸以来朝野杂记》《燕京纪略》及《旧京琐记》都是重要资料。因此，相对于其他内容广博，政治、人物、文化、诗词歌赋、考证均有涉及的史料笔记，其价值自然就高出一筹。

此外，笔记体类书分类汇编各种材料，也能较为集中地反映某一领域的内容。如《清稗类钞》《清朝野史大观》《新世说》《清代名人轶事》《古今笔记精华》等。《清朝野史大观》取材广泛，“参考之书，半多手抄秘籍，及各省府县志乘，名家文集”，根据《编辑凡例》统计，采用了已刊行之文献150种，笔记、野史、文集、报章无不采择，有清一代朝野轶事、掌故趣闻、宫廷传闻、艺苑词章等无不备具。全编共分为五类十二卷，收录各类资料共3271则。卷一、卷二为“清宫遗闻”，涉及帝王后妃、宫廷故事；卷三、卷四为“清朝史料”，主要涉及清廷统治时期的内政外交诸事；卷五至卷八为“清人逸事”，主要是清代人物轶事；卷九、卷十为“清朝艺苑”，辑录文苑轶事；卷十一、卷十二为“清代述异”，收录怪诞离奇的故事。各类之下搜集了集中反映某一类内容的各种资料，参考价值更大，读者搜检也更为方便。如《清朝野史大观》中有《日本不允撤兵》《起用檀道济》《牙山失守》《平壤失守》《鸭绿江之败》《丁汝昌》《吴大徵告示》《敌军纵横旅顺》《老湘营终于牛庄》《甲午议和时之联语》《马关条约》《割台记》《台湾独立赋》《左宝贵毅力》等文，较为集中地保留了甲午中日战争中重大历史事件和历史人物的资料。

民国时期诞生的一批以探究清代历史人物、历史事件为主要内容的笔记作品，兼具史料价值和学术价值。民国时期笔记写作蔚然成风，是因为清代已逝去，研究清史、总结清史成为客观上的必要。清史尤其是晚清史距离民国不远，流传的各类资料丰富翔实，为人们了解清史提供了条件。人们对清史尤其是晚清历史、人物有着浓厚的兴趣，这就为笔记作品的创作提供了庞大的读者群。在各种因素的综合作用下，有着为数不少的作者开始从事于此类笔记的创作。如徐一士的《一士类稿》《一士谈荟》《凌霄一士随笔》《近代笔记过眼录》，黄濬的《花随人圣庵摭忆》，柴小梵的《梵天庐丛谈》，瞿兑之的《风俗人物制度丛谈》。这类作品的资料主要是综合自其他文献，个人的亲身经历或见闻不是构成资料来源的主体，同时作品的内容有一定的系统性，每则内容独立成篇，记人或记事基本完整，大多数均首先发表于民国时期的各类文史期刊，后由作者或他人整理结集出版。以《一士类稿》为例，该著于1944年由古今出版社结集出版，其内容曾分别载于《国闻周报》《逸经》《古今》等杂志，所写人物多为晚清民国名人，如周祖培、曾国藩、肃顺、胡雪岩、李鸿章、李慈铭、李秉衡、王闿运、柯劭忞、陈三立、陈夔龙、章炳麟等，每则文字篇幅较大，均综合利用了笔记、文集、函札、日记等多种资料，杂有个人的介绍与评论。这类笔记在揭幽探秘的过程中比较集中的保留了有关人、事的大量资料，同时条分缕析，阐明因果，对后人的研究有一定的参考价值。

综上，以记载个人经历或见闻为主的史料笔记，在考订其史料价值时要重点关注其资料来源、作者在写作过程中的主观因素并兼顾作品的体例。而以摘录为主的笔记则应考察其摘录来源，判断其价值。只有这样，才能对笔记作品的史料价值有基本的判定，才能为史学研究提供初步的史料基础。

第四章　近代史料笔记的刊行

近代以来史料笔记的数量相当可观，据笔者不完全统计，刊行于晚清、民国时期涉及晚清史实的笔记在二百种以上。其中大多数笔记在不同时期通过各种形式刊印问世。笔者将近代史料笔记的出版刊行粗略地划分为三个时期：晚清时期、民国时期、中华人民共和国成立后。现分述如下。

第一节　晚清时期的史料笔记刊行概况

晚清时期的出版业呈现出非常复杂的局面，表现出新陈代谢的过渡性。与此相对应，笔记作品的刊刻出版亦展现出形式多样、技术多样、途径多样的形态。从形式来看，既有单行本，又有丛书，有的还刊于报刊中；从技术来看，新式技术（铅活字排版与机械化印刷）与传统技术（雕版、木刻、活字）并重；从出版途径来看，则是坊刻、私刻与近代出版并存。但总体而言，这一时期的笔记作品的出版途径还是以私刻、坊刻为主，印刷技术仍旧以雕版、木刻、石印为主。下面从两方面予以说明。

一、传统的官刻、坊刻、私刻仍旧是笔记刊行的主要途径

官刻即由官署负责雕版刊印的书，清代的官刻图书主要有国子监本、武英殿本和官书局本。同治年间，各省纷纷成立官书局，主要雕版刻印经史子集等传统典籍。私刻（家刻）是由私人出资刊行的书。清代私刻

比较流行，如1850年伍崇曜、谭莹开始编刻的《粤雅堂丛书》就是晚清时期一部大型私刻综合性图书，收书208种，1289卷，刊刻历史25年，分三编。官刻和私刻以图籍流传为目的。坊刻即由书坊刊行的书，以营利为目的。

近代出版业在洋务运动时期就已经有了一定的发展，但其时主要的任务是出版西方书籍，还没有达到能够取代传统出版业的水平。西方的出版机构一方面刊行西方图籍，一方面关注中国的经典著作①，无暇关注时人的笔记作品。因此，笔记作品问世的主要途径还是官刻、坊刻和私刻。如梁章钜《退庵随笔》于光绪元年（1875）由福州梁氏浙江书局刻。沈涛《交翠轩笔记》于道光年间沈氏家刻。齐学裘《见闻随笔》由天空海阔之居于同治十年（1871）刻。吴振棫《养吉斋丛录》，光绪二十二年（1896）钱塘吴氏刻。陈其元《庸闲斋笔记》于同治十三年（1874）开雕，成于光绪元年（1875），为私刻，后于宣统三年（1911）由扫叶山房石印。继昌《行素斋杂记》，光绪二十七年（1901）湖南臬署刻印。震钧《天咫偶闻》，光绪三十三年（1886）甘棠转舍木刻。方濬师《蕉轩随录》，由方氏退一步斋刻于同治十一年（1872），续录刻于光绪十七年（1891）。黄钧宰《金壶七墨》，同治十二年（1873）松江比玉楼刻。薛福成《庸庵笔记》，光绪二十三年（1897）遗经楼刻。

二、新的刊行形式出现并有所发展

晚清时期，近代出版事业产生并有所发展。1843年英国传教士麦都思在上海创办墨海书馆，使用汉字铅活字印刷。1844年美国基督教长老会在澳门设立华花圣经书房，次年迁往宁波，改名为美华书馆。1860年又迁至上海，并开始首次采用电镀法创制汉文字模。西方出版机构进入我国，对中国传统出版业带来了挑战和冲击，也推动了中国出版事业的变革。洋务

① 如1861年，《中国经典》第一、二卷在香港出版，包括《论语》《孟子》《大学》《中庸》，1862年，第三、四、五卷出版，即《尚书》《诗经》《春秋左传》。

运动时期，清政府建立了翻译机构，如京师同文馆、上海广方言馆等，主要翻译西方科技书籍，介绍西学，为学习西方的声光化电等科学技术服务。1876年，英商美查创办点石斋石印书局，引进石印技术，石印图书和期刊。

近代出版技术和经营模式的传入对官刻、私刻、坊刻从出版内容到出版形式都带来了严重的冲击。在这种冲击下有的坊刻逐渐演变为近代出版机构，其突出代表即扫叶山房，有的官书局在采用先进技术后逐渐更新出版内容，注重时代需求。由华人创办的新式出版机构纷纷成立，1897年夏粹芳等人在上海创办的商务印书馆和1902年俞复等人在上海创办的文明书局是典型代表。随着近代新式出版机构的产生及发展，笔记作品开始成为其出版物之一。如扫叶山房在清末刊刻了多种清人笔记，有代表性的为陈其元《庸闲斋笔记》（宣统年间刊刻）、姚之元《竹叶亭杂记》（1910年石印）、陈康琪《郎潜纪闻》等。

报刊杂志也开始成为登载笔记的载体之一，但这一时期尚不占重要地位。由申报馆创刊于1872年的《瀛寰琐记》，是一部综合性的文学刊物，它以发表诗词和散文为主，兼有政论、小说、笔记作品。与《瀛寰琐记》前后相接的《四溟琐记》《寰宇琐记》中也登载有笔记作品。《四溟琐记》登载了沈懋良的《江南春梦庵笔记》，葛元熙的《沪游杂记》刊行于《寰宇琐记》。《国风报》1910年2月创刊于上海，是一本综合性刊物，设有论说、时评、调查、纪事、文牍、谈丛、文苑、小说等栏目，在谈丛栏目下收录有春冰（李岳瑞）的《春冰室野乘》①、双涛（梁启超）的《双涛园

①《春冰室野乘》刊行于《国风报》第一年第二期至第十六期、第十八期、第十九期、第二十二期、第二十九期、第三十期、第三十三至三十五期，第二年第一期至第十七期。该著于1911年6月由广智书局刊行了单行本。

随笔》①、野民（陈诗②）的《江介隽谈录》③等。

第二节 民国时期的史料笔记出版

民国时期，随着清政权的垮台，一大批在晚清时期已写就但因各种原不得问世的史料笔记有了刊刻的要求。同时，由于禁忌的解除，民国时期又诞生了大量笔记作品，它们也有出版需求。而且，随着印刷技术的进步，文化教育的兴盛，出版机构的蜂起，也为出版工作的发展提供了条件。因此，民国时期史料笔记的出版不仅受到人们的重视，而且取得了很大的成就。

这一时期私刻仍旧存在，但已不占主要地位，大量的著作都是由近代出版机构出版的。私刻如何刚德的《春明梦录》《客座偶谈》，即由何氏自刻，皮锡瑞的《师伏堂笔记》于民国十九年（1930）由长沙杨氏积微居刻，郭庆时的《听雨楼随笔》于民国十六年（1927）由郭氏自刻，胡思敬的《国闻备乘》于1924年由南昌退庐刊印等。由近代出版机构出版的图籍更多，如林纾的《畏庐漫录》于民国十一年（1922）由商务印书馆铅印。吴永的《庚子西狩丛谈》于1928年由北京广华印书局铅印。曾肇焜的《瓜棚闲谈》于1926年由北京财政部印刷局铅印。朱彭寿的《旧典备征》由北平文岚簃印书局铅印。徐一士的《一士类稿》于1944年由古今出版社铅印，《一士谈荟》于1945年由太平书局铅印。江庸的《趋庭随笔》于1934年由北平和记印书馆铅印。李伯元的《南亭笔记》于1919年7月由大东书局石印出版。贡少芹的《近五十年见闻录》于1917年4月由上海进步书局

① 《双涛园随笔》刊行于《国风报》第一年第一期，仅两则，为《张勤果公佚事》《孙文正饰终之典》，查李国俊著《梁启超著述系年》，该随笔似仅此二则，当为梁氏未完之作。

② 陈诗（1864—？），字子言，号鹤柴。安徽庐江人。诸生，平生无他嗜好，惟务苦吟，时人比之贾岛。有《尊瓠室诗》《江介隽谈录》《尊瓠室诗话》等著。

③ 《江介隽谈录》刊行于《国风报》第一年第七、八、十一、十二、十四、十七、十九、二十一、二十三、二十四、二十五、二十九、三十、三十一、三十三、三十四期，第二年第三期。

出版。顾恩翰的《竹素园丛谈》于1927年由云在山房校印出版。《清稗类钞》于1917年由商务印书馆铅印。

除了这些常规的出版以外，这一时期笔记的刊刻也有其发展特点，大致为：一是各类文史类期刊成为笔记作品面世的重要载体；二是笔记作品被大量收入各类丛书中；三是笔记丛书和笔记类书出现。

一、各类报刊中的笔记作品

中国报刊出现的时间早于西方，我国学者认为唐代即出现了世界上最早的报纸——“进奏院状报”，即后来的邸报[①]。但具有近代意义的报刊起于1915年马礼逊、米怜创办的《察世俗每月统记传》。此后我国的报刊事业逐渐发展，起到了传播科学技术知识与现代政治理念，宣传救亡图存与启迪民智的作用。

进入民国以后，报刊的种类众多，文学期刊数量有较大增长。在这些文学期刊中，登载近人及当时人的笔记是较为普遍的现象。笔记作者也乐意在报刊上登载自己的笔记作品：报刊中的文字不能太长，但可以连载，或述一人，或叙一事，比较方便；加之清朝灭亡不久，民众揭幽探秘的心理普遍存在，此类文字可以获得广泛的读者；清朝遗老则更想通过文字以表忠心与哀思。就报刊的发行人来说也想通过作者笔下活灵活现的文字满足读者的猎奇心理，以吸引读者，扩大影响。综合多种因素，报刊这一刊载形式在民国时期获得了极大发展。以下列举四种文学刊物中的笔记作品以为说明。

（一）《小说月报》中的笔记

《小说月报》由商务印书馆主办，创刊于1910年8月。五四运动前为

① 方汉奇：《从不列颠图书馆藏唐归义军“进奏院状”看中国古代的报纸》，载中国人民大学新文学《新文学论集》编辑组编：《新闻学论集》（第五辑），中国人民大学出版社1983年版，第96—122页。也有学者认为中国报纸在西汉武帝时期就已出现。

鸳鸯蝴蝶派刊物。自1921年第12卷第1号起由沈雁冰主编，对登载的作品进行全面革新，成为文学研究会代用机关刊物，1931年12月停刊，先后共出22卷，262期（包括增刊4期）。《小说月报》是第一个大型新文学刊物，主要刊登文言章回小说、旧体诗词、改良新剧以及用文言翻译的西洋小说和剧本，其中辟有“笔记”栏目，刊登了一批单篇或连载的笔记作品。《小说月报》中的笔记作品，并不限于“笔记”栏目中的文字，按本著中的定义其他栏目如“国故”“轶闻”“纪事”等均载有笔记作品。如金安清的《觚哉漫录》，欧阳兆熊的《春窗梦呓》，缘天翁的《缘天清话》，孟森的《心史笔粹》，守如的《慧因室杂缀》，樗园退叟的《盾鼻随闻录》，观奕的《遯盦随笔》，鹏九的《胜国纪闻》，西云的《藤花馆笔记》《藤花馆掌故笔记》，赵惠甫先生的《能静居笔记》，等等。以观奕的《遯盦随笔》为例，该著记载了丁腹松、某试官、孙闳达、胡印渚、穆彰阿、杜文正、孙文节、穆宗之崩、左文襄、德宗之乳母及其友、潘文勤、陈国瑞轶事、借款回扣、张翼、连山关之战、珍妃、李文忠轶事、某县令等条，是典型的笔记体裁。

其他的一些片段文字，或收入“笔记”栏目，或收入“谈屑”栏目。如第1卷第2号“笔记”栏目下有《马士英有才艺》《和珅小有才》《倭文端善让》《记胜克斋事》《钱莲仙》《朱四芬》《记米价》《记肉价》《小半斤》《说盐》等数则。第1卷第6号收录有《书琦中堂轶事》《渔洋诙谐》《亭林先识》《作诗妙用》《库吏恶作剧》。杜阶平的《目力》《罗定州》《书吴趼人》《文人奇癖》《圆明园宝器》《食品》等则收入第8卷第1号的“谈屑”栏目。所以，总体来看，《小说月报》中的笔记是不少的。

（二）《庸言》中的笔记

《庸言》于1912年12月创刊于天津，梁启超担任主笔，吴贯因、黄远庸先后担任编辑，第1卷第1期至第24期为半月刊，从第2卷开始改为月刊发行。停刊时间未详，大约在1914年。《庸言》主要撰稿人除了梁启超和吴贯因外，还有当时颇具影响的严复、林纾、夏曾佑、陈家麟、丁世峰、周善培、蓝公武、麦孟华、黄为基等人。《庸言》栏目编排设五大块，分别是“建言”“译述”“艺林”“特载”“杂录”。“建言”栏所刊内容全是针对当时政治和社会的通论、专论、杂论、讲演等文稿；“译述”的内容包含世界名著、外论、杂译等；“艺林”刊登史料、艺谈、文苑、说部、文录、随笔等，其形式和内容短而精悍；“佥载”有国闻、外纪、摭言等；“杂录”则是刊发一些法令和时事日志方面的文字。该刊中登载笔记作品主要集中在“艺林”“佥载”栏目中，数量不多，主要登载了罗惇曧的《宾退随笔》《清外史》《拳变余闻》《中日兵事本末》《割台记》等作品。此外尚有熊升恒的《健庵随笔》、恽毓鼎的《崇陵传信录》等。

（三）《青鹤》中的笔记

《青鹤》半月刊于1932年11月15日创刊于上海，连续出刊5年，共出版114期，以1937年7月30日出版的5卷18期为末期。《青鹤》由陈灨一发起并任总编，以“吾国固有之声名文物稍稍发挥，而于世界潮流亦复融会贯通”①为宗旨，主要栏目有“论评”“专载”“中外大事记”“名著”“丛录”“杂纂”等。虽然没有专载“笔记”的栏目，但考其内容，位列“名著”和“丛录”栏目下的文字多为笔记之属。该刊保存了许多文史资料，特别是刊载的史料笔记，对近代史研究具有一定的参考价值。

《近代稗海》第三辑中刊行了部分《青鹤》中的笔记，名为《〈青鹤〉近代笔记选编》。中华书局《近代史料笔记丛刊》出版了单行本，收录笔记九种②。

据不完全统计，《青鹤》中登载的笔记包括近三十种：文廷式《闻尘

① 陈灨一:《本志出世之微志》,《青鹤》第1卷第1期,第5页。

② 这九种“笔记”分别为:祁寯藻《枢廷载笔》、文廷式《知过轩随笔》《南轺日记》《旅江日记》、吴大澂《窸斋自订年谱》《窸斋日记》、祁景颐《𫗧谷亭随笔》、何刚德《春明梦录》《郎潜忆旧》。根据其收录内容,有日记、有年谱、有记事诗,一概称为笔记有所不妥。

偶记》《知过轩随笔》，夏敬观《清世说新语》《窈窕释迦室随笔》，吴庆坻《蕉廊脞录》，何刚德《春明梦录》《郎潜忆旧》，祁景颐《䜩谷亭随笔》，陈灨一《睇向斋谈往》《睇向斋逞臆谈》《睇向斋随笔》《燕蓟拾零》，孙宣《朱庐笔记》，徐沅《白醉拣话》，陈锐《裦壁斋联话》《裦壁斋杂记》，魏元旷《光宣佥载》《蕉庵随笔》，恽毓鼎《崇陵传信录》，刘蘧《蘧庵笔记》，梁鸿志《爰居阁脞谈》，沈宗畸《便佳簃杂钞》，章士钊《孤桐杂记》，裘毓麐《匡庐笔记》，陈诗《静照轩笔记》，沈曾植《海日楼笔记》，杨无恙《海国丛谈》，等。

二、丛书中收录的笔记作品

丛书有丛刊、丛刻、汇刻书等异称，它在一个总书名下汇集了多种独立的著作。丛书是我国图书编纂和出版的主要形式之一。根据不完全统计，流传至今的中国古代典籍中，大约有三分之二是以丛书方式存在或因被选入某种丛书而流传保存下来的。丛书可分为专门性丛书（如下文要提到的笔记丛刊）和综合性丛书（如《四库全书》《申报馆丛书》等）。晚清时期编撰的丛书中就收录了一批笔记作品，如朱克敬的《暝庵杂识》《儒林琐记》，牛应之的《雨窗消意录》收录于朱克敬辑《挹秀山房丛书》[①]。王锡祺辑《小方壶斋舆地丛钞》[②]第九帙收录的笔记作品有张焘的《津门杂记》、王韬的《瀛壖杂志》、葛元煦的《沪游杂记》、黄式权的《淞南梦影录》；第十帙收录有陈其元的《庸闲斋笔记》。由尊闻阁主辑《申报馆丛书》[③]收录有《庸闲斋笔记》《客窗闲话》《夜雨秋灯录》《啸亭杂录、续录》等笔记作品。民国以降，各类丛书的出版更为繁盛，史料笔记被收入各类丛书中。如魏元旷的《坚冰志》《光宣佥载》收录于熊罗宿辑《熊刻四种》，徐沅《檐醉杂记》、顾恩瀚的《竹素园丛谈》收录于杨寿枏辑《云

---

① 同治、光绪年间陆续刊行。

② 第九、十帙于1891年上海著易堂排印。

③ 光绪前期排印。

在山房丛书》，《春明梦录》收入于何刚德独撰的《平斋家言》，陈惟彦《宦游偶记》收于自编《疆本堂汇编》等，梁章钜的《归田琐记》《浪迹丛谈》《浪迹续谈》收于其自编的《梁氏笔记》。此外，诸如《清季野史》等杂史类丛书也包含有较多史料笔记。

单就笔记的出版刊行来说，民国时期的一个重要发展就是笔记作品的汇编、汇刻，诸如《笔记小说大观》《清代笔记丛刊》《笔记小说丛书》等丛书的出现，对笔记作品的刊行与流传都极为有益。笔记类书也应运而生。类书是分部类摘引若干条有关的图籍文字形成的资料汇编，如成书于康熙雍正年间的《古今图书集成》，其内容分为6汇编、32典、6117部，每一部中包含着从各类图籍中摘录的有关文字。类书的编撰有一定的难度，因而其总体出版数量相对于丛书来说少很多。近代史料笔记类书主要有徐珂编《清稗类钞》，小横香室主人编《清朝野史大观》，易宗夔编《新世说》等。以下略作介绍。

（一）进步书局：《笔记小说大观》

20世纪20年代，上海进步书局石印《笔记小说大观》，8册，外集1辑，收录从晋至清的各类图书221种，附录5种。其所收书主要来自《知不足斋丛书》《申报馆丛书》《稗海》等丛书。该书在编排、选材上都有不足。如编排上未按朝代先后排列，显得杂乱无章。版本选择也不太讲究，并未选择较好的底本进行刊印，有的作品缺漏甚多。在选材上，虽曰“笔记小说”，但对笔记小说的概念并无界定，不仅选录有“笔记”“笔记小说”，还包括游记、日记、地理书、诗文集等作品。选材范围既漫无限制，“笔记小说”就名不副实。除此之外，《笔记小说大观》还存在体例不统一、文字错误较多等问题。但总体而言，丛书还是为我们保留了一批有代表性的笔记作品。

江苏广陵古籍刻印社采用影印和排印结合的形式于1983年和1995年

两次整理重印了《笔记小说大观》，分装35册，其中排印本有第1、6、15、20、26、32、33、35诸册，其余均为影印。在重版时，出版社尽可能地进行了一些校订整理工作，据前言介绍，补漏订误达万余处，其中对《太平广记》校改增补2000余处。虽然如此，因为《笔记小说大观》卷帙浩繁，挂一漏万，重版本仍旧存在体例、编排、文字、断句等方面的问题①。

除广陵古籍刻印社重版本外，台北新兴书局于20世纪60年代对《笔记小说大观》也进行了整理重印，分为正编、续编，分两批重印。后新兴书局对《笔记小说大观》予以较大规模的扩充，形成一部独立的古代典籍丛书（详见本章第三节）。

《笔记小说大观》中收录清代作品共110部，现将其中部分史料笔记罗列如下②。

表4-1 《笔记小说大观》中的史料笔记

书　名	作　者	所在册数
庸闲斋笔记	陈其元	21册
墨余录	毛祥麟	21册
冷庐杂识	陆以湉	23册
淞南梦影录	黄式权	23册
津门杂记	张　焘	24册
春在堂随笔	俞　樾	26册
庸庵笔记	薛福成	27册
金壶七墨	黄钧宰	27册
瀛壖杂志	王　韬	27册
瓮牖余谈	王　韬	27册

① 韦甫：《评〈笔记小说大观〉的出版》，《古籍整理出版情况简报》第178期，第108—114页。

② 以江苏广陵古籍刻印社重版本为依据。

续表

书名	作者	所在册数
燕下乡脞录	陈康琪	28册
郎潜纪闻	陈康琪	28册
客窗闲话	吴芗厈	29册
瞑庵杂识	朱克敬	33册
啸亭杂录	昭梿	35册

（二）文明书局：《清代笔记丛刊》

民国年间上海文明书局辑录了一批清代笔记，命名为《清代笔记丛刊》，共收录清代著名笔记41种①。其中多为笔记或笔记小说，如《阅微草堂笔记》24卷、《觚剩》8卷（续编4卷）、《郎潜纪闻》14卷、《虞初续志》12卷、《广阳杂记》5卷、《岛居随录》2卷、《冷庐杂识》2卷、《三借庐笔谈》12卷、《荟蕞编》20卷、《今世说》8卷、《坚瓠集》66卷、《履园丛话》24卷、《耳食录》5卷、《退庵随笔》22卷、《初月搂闻见录》20卷、《熙朝新语》16卷、《重论文斋笔录》12卷、《归田琐记》8卷、《东城杂记》2卷、《茶余客话》12卷、《子不语》34卷、《谐铎》12卷、《虞初新志》20卷、《池北偶谈》26卷、《吹网录》6卷、《鸥陂渔话》6卷、《清嘉录》12卷、《埋忧集》12卷、《庸庵笔记》6卷、《庸闲斋笔记》12卷、《夜雨秋灯录》12卷、《金壶七墨》18卷、《壶天录》3卷、《海水亭杂识》4卷、《篙庵闲话》2卷、《香祖笔记》12卷、《春在堂随笔》10卷、《瓮牖余谈》8卷、《客窗闲谈》8卷、《两般秋雨盦随笔》8卷、《燕下乡脞录》16卷。

齐鲁书社于1985年根据文明书局本重新影印，精装4册出版。

此外，1924年至1936年由上海新文化书社铅印的《笔记小说丛书》收录笔记或笔记小说共17种，其中明人著作4种，清人著作13种，其中包

① 上海图书馆:《中国丛书综录·总目》,中华书局1959年版,第787—788页。

括梁章钜的《浪迹丛谈》《浪迹续谈》，薛福成的《庸庵笔记》，黄式权的《淞南梦影录》。上海文明书局1923年石印的《笔记小说二十种》收录有陈其元的《庸闲斋笔记》、俞樾的《春在堂随笔》、毛祥麟的《墨余录》。上海大达图书供应社1934—1936年铅印的《文学笔记丛书》收录作品25种，其中有王韬的《瓮牖余谈》《弢园笔记》、梁章钜的《浪迹丛谈》、吴趼人的《我佛山人笔记》等史料笔记。

（三）徐珂：《清稗类钞》

1917年，商务印书馆出版了徐珂编撰的《清稗类钞》，铅字排印断句本，不分卷，共48册。徐珂（1869—1928），原名昌，字仲可，别署中可、仲玉，浙江余杭县人，光绪间举人。袁世凯小站练兵时，入袁世凯幕府，后在上海商务印书馆任编辑，曾就学于谭献和况周颐。

徐珂喜搜集有清一代的遗闻轶事。《清稗类钞》即徐珂辑录野史笔记和新闻报刊中有关清朝的朝野轶事，按类编撰而成。该书体裁仿《宋稗类钞》，全书分为时令、地理、外交、教育、兵刑、吏制、种族、宗教、会党、风俗、农商、著述、经术、文学、艺术、音乐、物品、服饰等92类，约13 500条，300余万言，按性质、年代先后，以类相从。该书卷帙浩繁、资料丰富，内容广博，采录清人笔记、各类野史数百种，并参考了报刊、杂志中刊行的有关记载。

《清稗类钞》虽具有资料丰富的优点，但在体例、资料选择等方面亦有不足。如该书分类过细，全书分92类，未免芜杂。该书为作者平时阅读时随笔记录整理而成，故大半“凡所援引，泰半贯穿而成，未能悉记来历”[1]，资料的真实性如何，后人使用时仍需详加核实。再则，该书所引

① 徐珂:《清稗类钞》,中华书局1984年版,第10页。

资料，都没有注明出处，不便于后人利用①。

中华书局于1984年重新排印该书，分为13册，繁体竖排，增加了新式标点，订正了错字，“但不涉及史实的订误”②。

另外，笔记类书尚有《清朝野史大观》《新世说》与《古今笔记精华》，前文已有介绍，不赘述。

第三节　中华人民共和国成立后的史料笔记刊行

中华人民共和国成立后，我国的历史学进入了新的发展时期，其中一个突出表现就是历史资料的编撰、出版发行得到长足发展，尤其是中国近代史研究的繁盛，为近代史料笔记的出版提供了条件。这一时期大致又可分为两个阶段，第一阶段为1949—1978年，主要体现在《中国近代史资料丛刊》《近代史料笔记丛刊》的汇编出版上；第二阶段是1978年后至今，以各类笔记、野史丛刊的汇编出版为表现形式，笔记作品的出版得以迅速发展。以下对此略加介绍。

一、1949—1978年史料笔记的刊行

中华人民共和国成立后，在近代史研究成为热点的情况下，资料的汇编整理工作也开始进行，其中史料笔记是前辈史学家在进行资料搜集整理时所关注的一个重要方面。中国史学会主编的《中国近代史资料丛刊》中摘编了为数众多的笔记史料，由沈云龙主持编撰的《近代中国史料丛刊》

① 谢菊曾在《十里洋场的侧影》(花城出版社1983年版)中曾提到该书的成书过程。谢菊曾曾受徐珂嘱托帮其抄录当时的鸳鸯蝴蝶派小说杂志中徐珂圈出的文字，这些杂志主要是《游戏杂志》《小说丛报》《小说新报》《眉沿》《营花》等，徐珂圈出的内容主要是遗闻轶事，整个清朝的掌故。谢菊曾提出，《清稗类钞》不注出处，全书内容只是“一只大杂烩”，“其实这部书中的材料，真确性非常可疑”，“因为当时这些杂志不少为迎合读者口味，故意杜撰，而徐仲可也明知其不可靠，只因其内容新颖可喜，便兼收并蓄，以供读者谈助的”。谢菊曾的这段回忆文字，可帮助我们全面评判《清稗类钞》的史料价值。

② 徐珂：《清稗类钞》，中华书局1984年版，第4页。

以及新兴书局出版的《笔记小说大观》中都收入了大量的笔记作品。

（一）《中国近代史资料丛刊》

新中国史上第一部大规模的资料汇编当属中国史学会整理出版的《中国近代史资料丛刊》。《中国近代史资料丛刊》以中国近代史上重大政治事件为线索，在这一时期先后整理出版了10种①，分别为《鸦片战争》（齐思和等主编，神州国光社1954年版）、《太平天国》（金毓黻等主编，神州国光社1952年版）、《回民起义》（白寿彝等编，神州国光社1952年版）、《捻军》（范文澜等主编，神州国光社1953年版）、《洋务运动》（上海人民出版社1961年版）、《中法战争》（邵循正等主编，新知识出版社1955年初版，上海人民出版社1961年新1版）、《中日战争》（邵循正等主编，新知识出版社1956年版）、《戊戌变法》（翦伯赞等主编，神州国光社1953年版）、《义和团》（神州国光社1951年版，上海人民出版社1957年版）、《辛亥革命》（柴德赓等编，上海人民出版社1957年版）。《中国近代史资料丛刊》刊载的资料包括档案、日记、文集、年谱、家传、著述、外文资料等，同时亦收录了为数不少的笔记文献。

齐思和在《鸦片战争·书目题解》中将笔记列入私家纂著丁类，收录的重要笔记有梁章钜《归田琐记》《浪迹丛谈》《浪迹续谈》，黄钧宰《金壶七墨》，陈康祺《郎潜纪闻》《燕下乡脞录》，等等。

《洋务运动》中收录的重要笔记有王韬《瓮牖余谈》《瀛壖杂志》，李濬之《东隅琐记》，黄陵先生（刘声木）《采菽堂笔记》，谭宗浚《止庵笔语》，朱彭寿《安平康乐室随笔》，张培仁《静娱亭笔记》，葛元煦《沪游杂记》，黄式权《淞南梦影录》，张焘《津门杂记》，等等。

《中日战争》中摘录的重要笔记有易顺鼎《盾墨拾遗》，王伯恭《蜷庐

① 《第二次鸦片战争》《北洋军阀》与《抗日战争》在1978年后陆续出版，《第二次鸦片战争》由上海人民出版社于1978—1979年出版，《北洋军阀》由上海人民出版于1988—1993年出版，《抗日战争》由四川大学出版社于1997年出版。

随笔》，文廷式《闻尘偶记》，吴永《庚子西狩丛谈》，刘声木《苌楚斋随笔续笔三笔四笔五笔》，黄陵先生（刘声木）《采菽堂笔记》，等。所列举的参考书中属笔记著作的有魏元旷《坚冰志》，李岳瑞《春冰室野乘》，涵秋《娱萱室随笔》，林纾《铁笛亭琐记》，等等。

《戊戌变法》中摘录的笔记作品有徐珂《清稗类钞》，裘毓麐《清代轶闻》，金梁《四朝佚闻》，梁溪坐观老人《清代野记》，恽毓鼎《崇陵传信录》，辜鸿铭《张文襄幕府纪闻》，王无生《述庵秘录》，陈夔龙《梦蕉亭杂记》，胡思敬《国闻备乘》，江庸《趋庭随笔》，徐一士《花随人圣庵摭忆》《凌霄一士随笔》《一士类稿》《一士谈荟》，刘声木《苌楚斋随笔续笔三笔四笔五笔》等30余种。

《义和团》中摘引的笔记作品包括胡思敬《国闻备乘》，金梁《四朝佚闻》，徐珂《清稗类钞》，恽毓鼎《崇陵传信录》，吴永《庚子西狩丛谈》，狄葆贤《平等阁笔记》，李岳瑞《春冰室野乘》，王无生《述庵秘录》，蒋芷侪《都门识小录》，陈夔龙《梦蕉亭杂记》等10余种。在翦伯赞所著《戊戌变法·书目题解》中，第八类即为“笔记杂录”。

这套丛书是研究中国近代史的基本资料，同时也是对近代史料笔记的初步整理、汇编。

（二）《近代中国史料丛刊》

台北文海出版社于1966年10月至2006年底陆续出版了由沈云龙主编的《近代中国史料丛刊》。该丛书共三编三百辑，所收图籍均为原刊本影印。该丛书同《中国近代史资料丛刊》一起成为中国近代史研究的主要参考资料，其中也同样收录了为数不少的史料笔记，约百种。现将该丛书中收录的史料笔记列表如下。

表4-2 《近代中国史料丛刊》中的史料笔记

书　名	作　者	卷　数
庚子西狩丛谈	吴永口述,刘治襄笔记	初编第1辑
一士类稿	徐一士	初编第1辑
一士谭荟	徐一士	初编第1辑
掌固零拾	王嵩儒	初编第4辑
万竹楼随笔	左舜生	初编第5辑
近三十年见闻杂记	左舜生	初编第5辑
春冰室野乘	李岳瑞	初编第7辑
啸亭杂录、续录	昭　梿	初编第7辑
蒿庵随笔	冯　煦	初编第7辑
石渠余纪	王庆云	初编第8辑
趋庭随笔	江　庸	初编第9辑
云在山房丛书三种	杨寿枏	初编第12辑
杶庐所闻录	瞿兑之	初编第13辑
枢垣记略	梁章钜	初编第13辑
述德笔记	毓　盈	初编第16辑
旧典备征	朱彭寿	初编第17辑
异辞录	刘体智	初编第18辑
新世说	易宗夔	初编第19辑
苌楚斋随笔续笔三笔四笔五笔	刘声木	初编第22辑
天咫偶闻	震　钧	初编第22辑
养吉斋从录	吴振棫	初编第23辑
蜷庐随笔	王伯恭	初编第24辑
旧闻随笔	姚永朴	初编第27辑
椒生随笔	王之春	初编第29辑
清宫述闻	章乃炜	初编第35辑
陪京(都)杂述	缪润绂	初编第35辑
竹叶亭杂记	姚元之	初编第37辑
蕉轩随录	方濬师	初编第38辑

续表

书名	作者	卷数
瀛壖杂志	王韬	初编第39辑
篷窗随录	沈兆沄	初编第39辑
蕉廊脞录	吴庆坻	初编第41辑
谏书稀庵笔记	陈恒庆	初编第41辑
敬乡笔述	徐士銮	初编第41辑
汪穰卿先生笔记	汪康年	初编第42辑
春在堂随笔	俞樾	初编第42辑
旧闻零拾	邓之诚	初编第42辑
金壶七墨全集	黄钧宰	初编第43辑
退庵随笔	梁章钜	初编第44辑
国闻备乘	胡思敬	初编第45辑
玉井山馆笔记	许宗衡	初编第49辑
旧闻纪略	瞿鸿禨	初编第52辑
皇朝琐屑录	钟琦	初编第54辑
郎潜纪闻	陈康祺	初编第56辑
郎潜二笔、郎潜三笔(壬癸藏扎记)	陈康祺	初编第56辑
津门杂记	张焘	初编第57辑
乐斋漫笔	岑春煊	初编第66辑
听雨丛谈	福格	初编第69辑
梦蕉亭杂记	陈夔龙	初编第71辑
都门纪略	徐永年增辑	初编第72辑
世载堂杂忆	刘成禺	初编第72辑
春晖草堂笔记	张天锡	初编第75辑
归庐谈往录	徐宗亮	初编第75辑
冷庐杂识	陆敬安	初编第76辑
退醒庐笔记	孙家振	初编第80辑
宦游纪略	桂超万	初编第81辑
十叶野闻	许指严	初编第84辑
无事为福斋随笔	韩泰华	初编第89辑

续表

书名	作者	卷数
近代佚闻	陶菊隐	初编第91辑
近代笔记过眼录	徐一士	初编第94辑
潜庐随笔	甘鹏云	初编第97辑
潜庐续稿	甘鹏云	初编第97辑
民国野史	许金城	初编第98辑
光宣列传(一、二)	金　梁	续编第10辑
庸闲斋笔记	陈其元	续编第12辑
瓜园述异	金　梁	续编第24辑
睇向斋秘录	陈灨一	续编第24辑
潜庐类稿	甘鹏云	续编第34辑
庚辛提牢笔记	白曾焯	续编第37辑
眉庐丛话·餐樱庑随笔	况周颐	续编第64辑
曾胡谈荟	徐凌霄、徐一士	续编第64辑
凌霄一士随笔	徐凌霄、徐一士	续编第64辑
近世人物志	金　梁	续编第68辑
台阳见闻录	唐赞衮	续编第85辑
梅楞章京笔记	丁士源	续编第86辑
革命史谭	陆丹林	续编第86辑
同光风云录	邵镜人	续编第95辑
行素斋杂记	继　昌	三编第4辑
安乐康平室随笔	朱彭寿	三编第4辑
清代名人轶事	葛虚存	三编第4辑
近世中国秘史	韩文举	三编第16辑
听雨闲谈	桐西漫士	三编第26辑
宾退随笔	罗惇曧	三编第26辑
花随人圣盦摭忆	黄　濬	三编第47辑
四朝佚闻	金　梁	三编第61辑
瓮牖余谈	王　韬	三编第61辑

（三）《笔记小说大观》

台北新兴书局辑录有《笔记小说大观》一套。民国进步书局版《笔记小说大观》是其滥觞，新兴书局在进步书局版本上加以扩充，逐渐形成一部洋洋洒洒45编，450册，收录图书总计2080种的大型丛书。该著出版时间从1960年影印进步书局版《笔记小说大观》开始，至1987年6月编辑完第45辑止，历时近30年，出版跨度不可谓不长。其收录图书，没有统一标准，既没有限定于笔记小说，也没有限定于笔记，甚至并不限于史籍，而是经、史、子、集各有涉猎，过于庞杂，于“笔记小说”之谓实不相符。如丛书第1编收录了《聊斋志异拾遗》，第4编收录了《越绝书》《吴越春秋》《华阳国志》，第5编收录了《吴子》《尉缭子》《吕氏春秋》《晏子春秋》《管子》《孔子家语》《韩非子》等，甚至还有《光绪帝大婚妆奁单》，第7编收录了《光绪皇帝血泪秘史》《慈禧太后私生活实录》《清末政局回忆录》《历代娼妓史》等野史小说，第11编收录了蔡东藩的《前汉通俗演义》《后汉通俗演义》，第19编收录了《二十六史通俗演义》，这些均为章回小说。第34编收录有《绎史》，为纪事本末体史书，第37编收录的《西湖拾遗》为白话短篇小说集，第44编收录的《宣统政纪》则为实录。如此收书，实在不伦不类。但它这种无原则的收录古代图书并影印再版对古代典籍的保存和流传还是起到了积极作用。

《笔记小说大观》在出版至第30编之后，编辑有《笔记小说大观丛刊索引》，包括书名、书名笔画索引、人名笔画索引，便于使用者检索利用。

二、1978年以后史料笔记的出版

1978年以后，我国的出版业迎来了新的发展，笔记史料的搜集整理在继续进行，出版发行工作也有了长足进步，取得了巨大成就。概括而言，呈现出以下现象：首先，大量的史料丛刊汇编出版，如《中国野史集成》

及其《续编》，《中华野史》《历代笔记小说集成》《笔记小说大观》等卷帙浩繁的丛书不断涌现，这还不包括《续修四库全书》《四库全书存目丛书》《民国丛书》等综合性的丛书。其次，专门的笔记丛书的出版也有了很大发展，具有代表性的为中华书局的《清代史料笔记丛刊》《近代史料笔记丛刊》，山西古籍出版社的《民国笔记小说大观》、上海书店的《民国史料笔记丛刊》、岳麓书社的《近代湘人笔记丛刊》等。最后，对笔记作品的点校成为出版业的趋势，古籍整理方兴未艾。《清代史料笔记丛刊》《近代史料笔记丛刊》《民国笔记小说大观》《中华野史》等丛书对收录的作品都进行了点校，方便今人的利用，也扩大了读者群。一些晚清民国时期重要的笔记作品也借丛书出版的机会获得了再版。

下面介绍数种比较重要的收录近代史料笔记的丛书。

（一）中华书局：《清代史料笔记丛刊》

《清代史料笔记丛刊》为中华书局出版的《历代史料笔记丛刊》中的一种，从20世纪70年代开始出版，收录清代有史料价值的笔记。其中部分曾收录于中华书局20世纪五六十年代出版的《近代史料笔记丛刊》，其余均为新版，计有70余种。其中涉及晚清历史的史料笔记所占数量不少，详见下表：

表4-3 《清代史料笔记丛刊》所收录的近代史料笔记

书　名	作　者	出版时间
夷氛闻记	梁廷枏	1959年初版
听雨丛谈	福　格	1959年初版
世载堂杂忆	刘禺生	1960年初版
归田琐记	梁章钜	1981年
浪迹丛谈 续谈 三谈	梁章钜	1981年
旧典备征 安平康乐室随笔	朱彭寿	1982年
乡言解颐 吴下谚联	李光庭、王有光	1982年

续表

书名	作者	出版时间
竹叶亭杂记	姚元之	1983年
郎潜纪闻初笔二笔三笔	陈康祺	1984年
枢垣记略	梁章钜	1984年
冷庐杂识	陆以湉	1984年
异辞录	刘体智	1988年
庸闲斋笔记	陈其元	1989年
蕉廊脞录	吴庆坻	1990年
郎潜纪闻四笔	陈康琪	1990年
海国四说	梁廷枏	1993年
蕉轩随录 续录	方濬师	1995年
水窗春呓	欧阳兆熊、金安清	1997年
苌楚斋随笔续笔三笔四笔五笔	刘声木	1998年
养吉斋丛录	吴振棫	2005年

《清代史料笔记丛刊》收录的均为有较高史料价值的笔记作品，并有专人予以点校，作品前均有作品简介及点校说明，点校水平较高，有较高的版本价值。

（二）四川人民出版社：《近代稗海》

《近代稗海》是中国近代史研究领域较为重要的一套史料集成汇编。该书由荣孟源、章伯峰主编，中国社会科学院近代史研究所近代史资料室编辑，四川人民出版社1985—1988年陆续出版，共14辑，73种。所收集资料以原始文献和属于稗史者为主，收录范围大致为原件稿本、抄本和孤本，罕见的刊本，多为研究中国近代经济、政治、文化史等有较大价值的史料。每种资料前，加有说明或按语，指出资料来源、版本、内容要点、作者情况以及应注意之处，并在正文处酌加简注，并力求保持著作原貌[1]。

① 荣孟源，章伯峰：《近代稗海》，四川人民出版社1985年版，第1页。

《近代稗海》中属于史料笔记著作的为数不少，其中包括：

第一辑：高树《金銮琐记》，岑春煊《乐斋漫笔》，胡思敬《国闻备乘》，陈夔龙《梦蕉亭杂记》，丁士源《梅楞章京笔记》。

第二辑：徐一士《一士谈荟》《一士类稿》。

第十辑：梁溪坐观老人《清代野记》，陈其元《庸闲斋笔记》。

第十一辑：许指严《十叶野闻》，龙顾山人《南屋述闻》，郭沛霖《日知堂笔记》、王树枬《德宗遗事》，金梁《光宣小记》，汪康年《汪穰卿笔记》。

第十三辑：《〈青鹤〉近代笔记选编》，恽毓鼎《崇陵传信录》，陈灨一《睇向斋秘录》，沈宗畸《东华琐录》，吴庆坻《蕉廊脞录》。

（三）中华书局：《近代史料笔记丛刊》

《近代史料笔记丛刊》最早发行于20世纪50年代，是中华书局规划的史料丛刊之一种，以单行本的形式刊行近代著名史料笔记。先后出版的有梁廷枬的《夷氛闻记》（邵循正点校，1959年出版），柯悟迟、陆筠的《漏网喁鱼集》《海角续编》（祁龙威校注，1959年版），刘成禺的《世载堂杂忆》（钱实甫整理，1960年版），段光清的《镜湖自撰年谱》（1960年版），等。限于当时条件，《近代史料笔记丛刊》在发行数种后即停止出版，已出版者再版时被收入中华书局出版的《清代史料笔记丛刊》。2007年中华书局恢复了《近代史料笔记丛刊》的出版。恢复出版后的丛刊将所收史料范围扩大到1840—1949年，并不限于史料笔记，亦收入随笔、日记、年谱及其他原始资料。所收笔记均加入新式标点，进行了初步校勘，每种史料前有“整理说明”，介绍史料的作者、版本、内容及点校说明。

该丛书目前已出者大部分为《近代稗海》所收录，部分为重新点校本，个别为首次点校整理。如夏燮的《粤氛纪事》为全国高校古籍整理研究工作委员会资助项目，为首次点校整理出版；黄濬的《花随人圣庵摭忆》以前虽已有上海书店和山西古籍版的点校本问世，中华书局出版时组织人力进行了重新点校；徐一士的《近代笔记过眼录》虽有山西古籍出版社的《民国笔记小说大观》本，但中华书局本是徐一士之子徐泽昱重新点校的。该丛书中所收录的记载晚清历史的近代史料笔记列表如下：

表4-4 《近代史料笔记丛刊》所收录的近代史料笔记

书　名	作　者	出版时间
海角续编	陆　筠	1959年
漏网喁鱼集	柯悟迟	1959年
夷氛闻记 五卷	梁廷枏	1959年
世载堂杂忆	刘禺生	1960年
水窗春呓	欧阳兆熊、金安清	1984年
崇陵传信录	恽毓鼎	2007年
睇向斋秘录·附二种	陈灨一	2007年
革命史谭	陆丹林	2007年
国闻备乘	胡思敬	2007年
乐斋漫笔	岑春煊	2007年
梅楞章京笔记	丁士源	2007年
梦蕉亭杂记	陈夔龙	2007年
南屋述闻	龙顾山人	2007年
青鹤笔记九种	祁寯藻、文廷式、吴大澄	2007年
清代野记	张祖翼	2007年
日知堂笔记	郭沛霖	2007年
十叶野闻	许指严	2007年
汪穰卿笔记	汪康年	2007年
一士类稿	徐一士	2007年
一士谭荟	徐一士	2007年
花随人圣庵摭忆	黄　浚	2008年
近代笔记过眼录	徐一士	2008年
粤氛纪事	夏　燮	2008年

（四）山西古籍出版社：《民国笔记小说大观》

《民国笔记小说大观》由山西古籍出版社和山西教育出版社联合于1996—1999年间陆续出版，共四辑（第五辑有书目而未出）。该套丛书以“笔记小说”命名，以承《笔记小说大观》之余绪，但正如邓云乡在前言中所言，此套丛书所收录笔记，实在在于广义的笔记概念，而非狭义之“笔记小说”。就时间而言，丛书所收大都为民国年间撰写或出版的史料笔记，个别笔记为清末出版。编者对所收丛书进行了初步的校勘整理，采用简体横排本，加注小标题，并撰写“导言”介绍作者、主要内容、价值及版本。丛书收录的作品如下：

第一辑1996年1月出版，收《春冰室野乘》（李岳瑞）、《十叶野闻》（许指严）、《眉庐丛话》（况周颐）、《餐樱庑随笔》（况周颐）、《张文襄幕府纪闻》（辜鸿铭）、《近代轶闻》（陶菊隐）、《退醒庐笔记》（孙玉声）、《健庐随笔》（杜保祺）、《世载堂杂忆》（刘成禺）、《杶庐所闻录》（瞿兑之）、《故都闻见录》（瞿兑之）、《曾胡谭荟》（徐凌霄、徐一士）、《曾胡治兵语录》（蔡锷）、《石屋馀瀋》《石屋续瀋》（马叙伦）等。

第二辑1996年9月出版，收《清代野记》（梁溪坐观老人著）、《云自在龛随笔》（缪荃孙）、《一士类稿》《一士谈荟》《近代笔记过眼录》（徐一士）、《异辞录》（刘体智）、《梦蕉亭杂记》（陈夔龙）、《蕉窗话扇》（白文贵）、《太一丛话》（宁调元）、《云在山房丛书三种》（杨寿枏）、《网庐漫墨》（昂孙）、《陈嘉庚回忆录》（陈嘉庚）等。

第三辑1997年7月出版，收《凌霄一士随笔》（徐凌霄、徐一士）、《新世说》（易宗夔）、《洪宪纪事诗本事薄注》（刘成禺）、《康居笔记汇函》（徐珂）、《春明梦录·客座偶谈》（何刚德）、《罗瘿公笔记选》（罗惇曧）、《清代名人轶事》（葛虚存）、《民权素笔记荟萃》（苏曼殊等）、《栖霞阁野乘》（孙静庵）、《悔逸斋笔乘》（李岳瑞）、《人物风俗制度丛谈》（瞿兑之）等。

第四辑1999年9月出版，收《南巡秘记》（许指严）、《新华秘记》（许指严）、《寒云日记·辛丙秘苑》（袁克文）、《钏影楼回忆录》（包天笑）、《花随人圣庵摭忆》（黄濬）、《民国野史》（姜泣群）、《近世中国秘史》（扪虱谈虎客）、《梵天庐丛录》（柴小梵）、《南亭笔记》（李伯元）、《趋庭随笔》（江庸）、《蜷庐随笔》（王伯恭）等。

丛书选录了民国时期出版的较为重要的笔记作品，其中有的是初次点校（如况周颐《眉庐丛话》、徐一士《凌霄一士随笔》），有的是民国时期初版后长期没有得到再版，有的是将发表于报刊中的笔记搜集整理汇集成册，对民国笔记的保存与流传贡献良多。

《凌霄一士随笔》初由《大公报》副刊《国闻周报》连载，历时八年，累计一百余万字。该著由徐一士执笔，其兄徐凌霄帮助搜集资料。凌霄、一士兄弟是世家子弟，先后毕业于山东高等学堂，均被清廷授予举人称号，既精通传统文史，又接受西学教育，后来投身在报业工作，为多家报纸撰稿。徐一士的作品有《近代笔记过眼录》《一士类稿》《一士谈荟》《亦佳庐笔记》等。《凌霄一士随笔》为民国时期掌故名著，以内容丰富、资料翔实著称。该书在民国时未有机会出版。后台北文海出版社在出版《近代中国史料丛刊》时依据《国闻周报》将其全文影印收录，与《曾胡谈荟》合为续编第636—639辑。山西古籍出版社根据文海出版社影印本对《凌霄一士随笔》进行点校出版，分为5册，收入第3辑于1997年出版。一方面整理时基本保持原著风貌并且保留作者与读者的往来信件，另一方面为便于阅读不仅增添新式标点，而且在每则文字前加注了小标题，保留了原著在《国闻周报》中的卷数年月及每期期数。这是对《凌霄一士随笔》的第一次整理出版，使这本掌故名著得以传世。

柴小梵的《梵天庐丛录》也是民国时期的著名笔记作品。该书37卷，57万多言，初由中华书局于1925年出版，手写影印，线状19册。台北新兴书局出版《笔记小说大观》时将其影印收入第17编，分装4册。台北鼎文书局、禹甸文化均有影印本出版。山西古籍将其收入《民国笔记小说大观》第4辑，共3册，系首次整理为简体横排标点本。

黄濬的《花随人圣庵摭忆》曾于1934年至1937年8月连载于《中央时事周报》《学海》。作者黄濬早年毕业于京师大学堂，后留学日本早稻田大学。曾任民国北京政府交通部秘书，财政部佥事、秘书、参事，南京国民政府行政院秘书、机要秘书。1937年7月因给日军间谍送情报被捕获，随后以通敌罪叛处死刑。1943年，《花随人圣庵摭忆》由其友人瞿兑之刊行，仅印百部，流传不广。此后，香港龙门书店、台北联经出版事业公司、文海出版社均有影印本问世。大陆则以上海古籍出版社1983年影印本最为流行，上海书店出版《民国史料笔记丛刊》时将其收入第3辑，1998年印行。《民国笔记小说大观》在上海古籍出版社影印版的基础上进行了整理。①

该部丛书较为集中的收录民国时期出版的笔记著作，其中部分属于首次点校整理，对此类作品的流布，对晚清民国史研究均有助益。

（五）上海书店：《民国史料笔记丛刊》

上海书店于1997—2000年陆续出版了《民国史料笔记丛刊》，共3辑，33种，分30册出版。该套丛书收录的主要是民国时期刊行的史料笔记，记载内容涉及晚清、民国时期，尤以反映民国时期历史文化为主。从选材来说，值得注意的是，丛书收录了数种反映近代上海地区历史文化的史料笔记，如第一辑收录了陈无我的《老上海三十年见闻录》，该著以记载清末民初上海掌故旧闻和人物风土为主，分30门类，内容丰富，多角度全方位地反映了上海地区的历史文化、社会风俗。第二辑收录了郁幕侠的《上海鳞爪》，该著亦是有关近代上海社会风土题材的掌故类作品，反映了20世纪二三十年代上海地区社会生活的方方面面。第三辑收录了《上海俗语图说》和《上海轶事大观》。《上海俗语图说》以解说旧上海十里洋场俗语

① 2008年中华书局出版《近代史料笔记丛刊》时，收录该著。

切口为主，《上海轶事大观》分20多个门类，是20世纪前20年上海社会全面的写照。该套丛书所收书目见下表。

表4-5 《民国史料笔记丛刊》所收书目

辑数	书名	作者	出版时间
第一辑	蛰存斋笔记	蔡云万	1997年
	退醒庐笔记	孙家振	1997年
	辰子说林	张慧剑	1997年
	新语林	陈灨一	1997年
	南巡秘记	许指严	1997年
	国闻备乘	胡思敬	1997年
	求幸福斋随笔	何海鸣	1997年
	自勉斋随笔	陈邦贤	1997年
	汪穰卿笔记	汪康年	1997年
	老上海三十年见闻录	陈无我	1997年
第二辑	上海鳞爪	郁慕侠	1998年
	上海俗语图说	汪仲贤	1999年
	光宣小记	金　梁	1998年
	政海轶闻	陶菊隐	1998年
	民国政史拾遗	刘以芬	1998年
	采菲录	姚灵犀	1998年
	北洋述闻	张国淦	1998年
	洪宪惨史	王建中	1998年
	古红梅阁笔记	张一麐	1998年
	满宫残照记	秦翰才	1998年
	睇向斋谈往	陈灨一	1998年

续表

辑数	书名	作者	出版时间
第三辑	花随人圣庵摭忆	黄濬	1998年
	死虏余腥录	曹芥初	2000年
	旅俄日记	蔡运辰	2000年
	上海轶事大观	陈伯熙	2000年
	石叟牌词	谭人凤	2000年
	西北东南风	大华烈士	2000年
	辛丙秘苑	袁克文	2000年
	京话	姚颖	2000年
	故宫五年记	吴景洲	2000年

通过其所收书目可以看出，丛书名为“民国史料笔记”，但并不限于史料笔记。

（六）上海古籍出版社：《清代笔记小说大观》

上海古籍出版社2007年出版《清代笔记小说大观》丛书，该丛书为《历代笔记小说大观》丛书的清代部分，收录了《筠廊偶笔二笔》（宋荦撰，蒋文仙校点）、《今世说》（王晫撰，陈大康校点）、《虞初新志》（张潮辑，王根林校点）、《坚瓠集》（褚人获辑，李梦生校点）、《在园杂志》（刘廷玑撰）、《柳南随笔续笔》（王应奎撰，以柔校点）、《茶余客话》（阮葵生撰，李保民校点）、《檐曝杂记》（赵翼撰，曹光甫校点）、《履园丛话》（钱泳著，孟斐校点）、《归田琐记》（梁章钜撰，阳羡生校点）、《浪迹丛谈·续谈·三谈》（梁章钜撰）、《啸亭杂录续录》（昭梿撰，冬青校点）、《竹叶亭杂记》（姚元之撰，曹光甫校点）、《冷庐杂识》（陆以湉撰，冬青校点）、《两般秋雨盦随笔》（梁绍壬撰，庄葳校点）、《秦淮画舫录》（捧花生撰，赵丽琰校点）等清代极富文学价值与史料价值的笔记小说。该丛书在整理时加以标点、校勘，采用现代简体横排方式，文前加“校点说明”，简略介绍作者生平、书籍内容及意义、版本情况。收录时，注意精选较好的版本作底本，并略加校勘。丛书名为“笔记小说”，实际上为小说者并不多，多属史料笔记。同时，该丛书收录的多和《清代史料笔记丛刊》重复，如《履园丛话》《归田琐记》《柳南随笔续笔》《檐曝杂记》《浪迹丛谈续谈三谈》《啸亭杂录续录》《竹叶亭杂记》《冷庐杂识》《秦淮画舫录》等均已被《清代史料笔记丛刊》刊行。总体而言，该书的出版便于今人阅读使用，便于此类笔记的普及。

（七）巴蜀书社：《中国野史集成》及《续编》

《中国野史集成》及《续编》为四川大学图书馆与《中国野史集成》编委会合作辑录，巴蜀书社于1993年和2000年出版。该丛书均为原本影印民国及以前出版的各类丛书、类书、刻本、印本。就其近代部分而言，主要影印了《小方壶斋舆地丛钞》《史料丛刊》《香艳丛书》《京口掌故丛编》《上海掌故丛书》《太平天国丛书》等民国时期出版的丛书。所收录“野史”中，有不少是属于“史料笔记”的范畴，正编收录了《咸同将相琐闻》（佚名）、《弢园笔乘》（王韬）、《洪福异闻》（佚名）、《盾鼻随闻录》、《江南春梦庵笔记》（沈懋良）、《清光绪帝外传一卷》（恽毓鼎）、《清廷戊戌朝变记一卷附录一卷》（佚名）、《戊戌履霜录四卷》（胡思敬）、《庚子西行记事》（唐晏）、《戊壬录》（宋玉卿）、《张文襄幕府纪闻》（辜鸿铭）、《弢园纪事》（史念祖）、《金壶浪墨》（黄钧宰）、《归庐谈往录》（徐宗亮）、《啸亭杂录・续录》（昭梿）、《知过轩随录》（文廷式）、《清代名人趣史》（佚名）、《栖霞阁野乘》（孙静庵）、《庸闲斋笔记》（陈其元）、《春冰室野乘》（李岳瑞）、《悔逸斋笔乘》（李岳瑞）、《国闻备乘》（胡思敬）、《十叶野闻》（许指严）、《异辞录》（刘体智）、《梼杌近志》（佚名）、《名人轶事》（佚名）、《清宫琐闻》（佚名）、《奴才小史》（老吏）、《贪官污吏传》

（佚名）、《述庵秘录》（王无生）、《清稗琐缀》（佚名）、《清代之竹头木屑》（佚名）、《小奢靡馆脞录》（佚名）、《秦鬟楼谈录》（佚名）、《外交小史》（佚名）、《都门识小录》（蒋芷侪）。续编收录了《清代野记》（梁溪坐观老人）、《啸海成都笔记》（汪海如）等。

《中国野史集成》及《续编》所收录的典籍中，珍本、孤本不多，如上所列史料笔记，也都是常见并有再版或点校版的。但它将大批的古代典籍汇于一部丛书，对典籍的流传和利用是有利的。

（八）车吉心：《中华野史·清朝卷》

由车吉心主编，泰山出版社于2000年出版的《中华野史》，辑录了先秦至民国时期中国历代野史一千余种，其中清代卷分5册，收录清代野史233种（包括涉及清代历史的民国时期的出版物）。《中华野史》的收录范围，是“由‘异于正史’的‘杂史’‘杂传’‘载记’‘霸史’‘志怪传奇’‘稗官琐记’‘笔记小说’等各类体裁中辑录，凡符合上述体裁而又有一定文化价值的野史均在收录之列”。采用简体横排本形式，丛书对收录的“野史”进行了初步的校勘整理，加现代标点，便于今人阅读，尤便于历史爱好者阅读使用。丛书对所收野史，均加写简明提要，介绍作品的作者、内容、学术价值、版本等情况，便于使用者了解作品的相关基本情况。

在《中华野史》所收录的文献当中，就有为数不少的史料笔记，如《异辞录》《谏书稀庵笔记》《天咫偶闻》《蕉廊脞录》《冷庐杂识》《庸闲斋笔记》等。可视为近代史料笔记的约有60种，列表如下：

表4-6 《中华野史》中的近代史料笔记

书　名	作　者	收录卷数
十叶野闻	许指严	卷一
竹叶亭杂记	姚元之	卷三

续表

书名	作者	收录卷数
冷庐杂识	陆以湉	卷三
对山余墨(即墨余录)	毛祥麟	卷三
庸闲斋笔记	陈其元	卷三
弢园笔乘	王韬	卷三
听雨丛谈	福格	卷三
咸同将相琐闻	佚名	卷三
水窗春呓	欧阳兆熊、金安清	卷三
郎潜纪闻初笔二笔三笔	陈康祺	卷三、卷四
烟屿楼笔记	徐时栋	卷四
蕉轩随录	方濬师	卷四
蕉轩续录	方濬师	卷四
栖霞阁野乘	孙静庵	卷四
所闻录	汪师侬	卷四
贪官污吏传	佚名	卷四
梦蕉亭杂记	陈夔龙	卷四
张文襄幕府纪闻	辜鸿铭	卷四
述庵秘录	王无生	卷四
归庐谈往录	徐宗亮	卷四
网庐漫墨	昂孙	卷四
都门识小录摘录	蒋芷侪	卷四
慧因室杂缀	佚名	卷四
名人轶事	佚名	卷四
清代名人轶事	葛虚存	卷四
清代名人趣史	佚名	卷四
春冰室野乘	李岳瑞	卷四
国闻备乘	胡思敬	卷四
悔逸斋笔乘	李岳瑞	卷四
安乐康平室随笔	朱彭寿	卷四
宾退随笔	罗惇曧	卷四

续 表

书　名	作　者	收录卷数
椒生随笔	王之春	卷四
燕京岁时记	富察敦崇	卷四
右台仙馆笔记	俞　樾	卷四
外交小史	佚　名	卷四
行素斋杂记	继　昌	卷四
清代之竹头木屑	佚　名	卷四
清稗琐缀	佚　名	卷五
一士类稿	徐一士	卷五
小奢靡馆脞录	佚　名	卷五
啁啾漫记	佚　名	卷五
梼杌近志	佚　名	卷五
奴才小史	老　吏	卷五
竹素园丛谈	顾恩瀚	卷五
阳秋剩笔	佚　名	卷五
檐醉杂记	何圣生	卷五
秦鬟楼谈录	佚　名	卷五
异辞录	刘体智	卷五
蕉廊脞录	吴庆坻	卷五
眉庐丛话	况周颐	卷五
续眉庐丛话	况周颐	卷五
餐樱庑随笔	况周颐	卷五
旧典备征	朱彭寿	卷五
旧京琐记	夏仁虎	卷五
谏书稀庵笔记	陈恒庆	卷五
天咫偶闻	震　钧	卷五
春明梦录	何刚德	卷五
戊壬录	宋玉卿	卷五
客座偶谈	何刚德	卷五
清代野记	梁溪坐观老人	卷五

丛书对所收录作品的整理还是初步的，有的作品中还有非常明显的错误，并未校勘出来。王无生的《述庵秘录》，其中一则“慈禧后致疑于奕䜣”，从其所记述史实来看，奕䜣当为奕譞之误。这一错误，从《述庵秘录》的初版开始即已存在，后《述庵秘录》又通过多种形式再版①，但对这一明显的错误均未更正②。

除了以上介绍的丛书之外，尚有1983年岳麓书社推出的《近代湘人笔记丛刊》，丛刊共出版4册6种，为王之春的《椒生随笔》、李肖聃的《星庐笔记》、朱克敬的《暝庵杂识》《暝庵二识》《儒林琐记》《雨窗消意录》，作者均为湖南籍人士，记载的内容以湖南地方历史、人物为主。

1994年河北教育出版社出版了由周光培主编的《历代笔记小说集成》，精装16开，110册，收录汉魏至明清历代“笔记小说”751种，其中《清代笔记小说》计有50册208种，收书也不限于笔记小说，如史料笔记就收录有陈其元的《庸闲斋笔记》、福格的《听雨丛谈》、震钧的《天咫偶闻》等。

黄山书社于1994年出版《清代笔记小说类编》，分装10册，分别为“言情卷”“世相卷”“计骗卷”“武侠卷”“奇异卷”“劝惩卷”“神鬼卷”“精怪卷”“烟粉卷”“案狱卷”。类编总引资料150部，其中大部分为笔记小说，亦有部分为笔记，如“神鬼卷”中引用的笔记作品有《履园丛话》《浪迹丛谈》《竹叶亭杂记》《墨余录》《庸闲斋笔记》《庸庵笔记》《右台仙馆笔记》《见闻琐录》等。

综上可见改革开放以来笔记丛书出版的成就，至于以单行本面貌问世的史料笔记同样为数不少，不再赘述。

---

① 如1913年胡寄尘辑录《清季野史》，岳麓书社1985年再版本，1987年巴蜀书社再版本（改名为《清代野史》），北京古籍出版社1999年《清代野史丛书》本

② 许指严的《十叶野闻》中引用了《述庵秘录》中的这则材料，文字加以变通，但将奕䜣更正为奕譞。

三、当代史料笔记整理出版的若干问题

以上概要性地介绍了近代以来史料笔记作品的出版情况。因为资料限制，遗漏处可能尚有不少，但大体上能反映笔记刊行的历史与现状。晚清和民国时期的笔记刊行，不再评论，这里对当代特别是近40年来我国史料笔记出版浅谈几点意见。

（一）对史料笔记的整理尚有不足

中国史学会自20世纪50年代起出版的《中国近代史资料丛刊》中摘录了部分史料笔记中的文字，收录时进行了标点、分段，做了初步的校勘，可以看成是对近代史料笔记的初次整理。中华书局出版的《清代史料笔记丛刊》刊行了数10种清代笔记，且都由专人进行点校，可看作我国出版界对清代史料笔记的第一次大规模的整理出版。荣孟源、章伯峰两位先生主编的《近代稗海》以收录晚清民国时期的稗史资料为主，是又一次对近代史料笔记较大规模的整理。20世纪90年代中后期，上海书店出版的《民国史料笔记丛刊》，山西古籍出版社出版的《民国笔记小说大观》对一批史料笔记进行了整理。2007年始，中华书局策划出版的《近代史料笔记丛刊》一方面将《近代稗海》中的资料再版，一方面出版了部分首次点校本。应当说，一批较为著名的笔记得以整理出版，便利了学术界对史料笔记的利用。但是仍有大量晚清民国时期刻印或散见于各类报章中的笔记没有得到系统的搜集与整理。这些没有整理的笔记如冯熙的《蒿庵随笔》、齐学裘的《见闻随笔》、陈惟彦的《宦游偶记》、王韬的《瓮牖余谈》、张培仁的《静娱亭笔记》等。

例如，徐一士的《近代笔记过眼录》中介绍的《述德笔记》《杏轩偶录》《瓜棚闲谈》《闲谈笔记》《宦游纪略》《宦游偶记》等均未得到整理出版[①]。《青鹤》杂志中登载的大量杂志除了《近代稗海》摘引了部分编成

① 本处的整理出版指的是简体、标点，并予以初步校勘、标目等整理工作，非古籍影印出版。

《〈青鹤〉笔记选编》外，其他还有许多笔记同样被遗漏于故纸堆中。1929年陈垣先生在《中国史料的整理》一文中很有感触地说："笔记是非常难读的，一来笔记的分量多，内容复杂；二来笔记的编制非常不经济，除了极少数的每段有目录外，其余不是完全无题目，便是有题目而无总目。要想从笔记里寻材料的，除了以披沙沥金的法子慢慢去找寻以外，着实没有办法。所以笔记题目的整理是非常必需的；要把所有的笔记，无目录的加上目录，有目录的加上总目，使后来要从笔记里找任何材料的都可以一目了然。"①从目前来看，目前对笔记的整理工作还是不足的。

（二）点校需更精细谨慎

中国典籍浩如烟海，即以近代史料笔记而言，数量也甚为可观，目前虽有部分笔记经过了初步的点校整理，但点校整理水平还有待于提高。以《近代稗海》为例对此予以说明。《近代稗海》第13辑收录了《青鹤》中的部分笔记合为《〈青鹤〉近代笔记选编》。其所录吴大徵《窸斋日记》中有文"自口乖崖，学者称乖崖先生"②，此处"自口"应为"自号"③。所录祁景颐《鹆谷亭随笔》中有文"孝钦意动一，乃交直、粤、川、楚四督查复。……川督吴勤惠疏言：'纵无巨商在川购木'"④。文中"一"为衍文，"纵无巨商"之"纵"为"从"之误，"从来"之意⑤。

《近代史料笔记丛刊》所选录的《近代稗海》中的作品历经20余年重新以单行本的形式问世，这对于这些史料的留存、利用都是有利的。不足的是中华书局在重新出版时没有组织人力对这些作品进行重新整理，有的甚至出现了新的文字、标点错误。如胡思敬《国闻备乘》原刊于《近代稗海》第1辑，《近代史料笔记丛刊》本有多处《近代稗海》本所未有的文

① 刘梦溪：《中国现代学术经典·陈垣卷》，河北教育出版社1996年版，第839页。

② 章伯峰，顾亚：《近代稗海》（第13辑），四川人民出版社1989年版，第106—107页。

③《青鹤》第1卷第22期，原文无误。

④ 章伯峰，顾亚：《近代稗海》（第13辑），四川人民出版社1989年版，第115—116页。

⑤《青鹤》第1卷第2期，原文无误。

字错误。在卷三“《湘潭志》前后印本不符”一节中，有“经高宗伸斥，始该从今本”之句，此处“伸斥”，显然应为“申斥”，《近代稗海》本无误。“孝钦临危定策”一节中有“翼日，山奕劻勘易州陵工”，查《近代稗海》本，此处“山”为“出”之误。“宫闱疑案”一则，“既立今上。称双祧，次日又诏各省疆臣保荐名医，其矛盾可笑如此”，此句“今上”之后应为逗号，《近代稗海》本无误。至于《近代稗海》本点校时就已存在的错误，再版时极少更正。如《近代稗海》本在“北洋捷径”中将唐绍仪误作“唐绍怡”，而在“广东十姊妹”中作“唐绍仪”。再版时，“唐绍怡”的错误没有改正。再以《崇陵传信录》为例，新版中有言：“德宗嗣祚，上微号曰嘉顺皇后。”[①]此处“微号”当为“徽号”，《近代稗海》本无误。“请其劝载漪匆为祸首”[②]，此处“匆”当为“勿”之误，《近代稗海》本有误，新版未改。“请大臣咸岌岌自危”[③]，“请”当为“清”之误，亦为《近代稗海》之误而未改者。“联军入城日，徐相谓其子承能曰”[④]，徐桐之子为徐承煜，而非“承能”，《近代稗海》本误，新版未改。《方家园杂咏纪事》中亦有多处错误。如其十一《纪事》：“是的涛幼，太后不疑其有他”[⑤]，此处“是的”应为“是时”，为新版时新增的错误。《金銮琐记》有言：“小鹏密语我曰：此公现有不测之锅。”此处“锅”当为“祸”，亦是新版中新出现的错误。其他错误处甚多，大多为《近代稗海》本所遗留[⑥]。

由中华书局新版的属于其精品丛书《历代史料笔记丛刊》一种的《近代史料笔记丛刊》在文字、标点、语言等方面出现如此众多的错误，实属遗憾。为了保留古代典籍、为了保存史料、为了中华历史文化的传承，古

① 岑春煊，恽毓鼎：《乐斋漫笔　崇陵传信录（外二种）》，中华书局2007年版，第52页。

② 岑春煊，恽毓鼎：《乐斋漫笔　崇陵传信录（外二种）》，中华书局2007年版，第66页。

③ 岑春煊，恽毓鼎：《乐斋漫笔　崇陵传信录（外二种）》，中华书局2007年版，第66页。

④ 岑春煊，恽毓鼎：《乐斋漫笔　崇陵传信录（外二种）》，中华书局2007年版，第68页。

⑤ 岑春煊，恽毓鼎：《乐斋漫笔　崇陵传信录（外二种）》，中华书局2007年版，第105页。

⑥ 有学者对新版部分作品的点校提出质疑，见杨继光：《〈青鹤笔记九种〉点校献疑》，《德州学院学报》2009年第3期；杨继光：《〈东游纪程〉点校献疑》，《兵团教育学院学报》2009年第3期。

籍的整理点校出版在今日非常必要，但这是异常艰巨的工作，非持端正严谨的态度不可。

（三）资料汇编工作尚需加强

近代笔记资料的出版颇受重视，中华书局、上海古籍出版社等出版社均有较大规模的笔记丛书出版，但进一步的系统整理出版工作未有进展。这里重提一下谢国桢早在1961年就提出的整理笔记野史资料的思路。谢先生认为整编步骤可分三个方面：一在编辑笔记丛刊；二在存其精华、去其糟粕的基础上，编辑笔记资料汇编；三则分类编辑各种资料钞存[①]。目前从出版界情况来看，第一方面做的较多，惜第二方面和第三方面工作力度欠缺。笔记资料的汇编工作也有一些成果，《中国近代史资料丛刊》搜集整理了一批笔记资料，为相关专题的研究带来了很大的方便。李春光编撰的《清代名人轶事辑览》[②]以人为中心采录了很多笔记素材，形成一部250万字的资料汇编，实属不易。从《清稗类钞》中辑录的专题资料汇编亦有多种。来新夏编撰的《清人笔记中社会经济史料辑录》堪称笔记史料汇编的典范[③]。但这些相对于近代史研究的发展来说显然是不够的。范文澜说："现在对历史资料确有望洋兴叹之感，资料太多太散太乱，搜集、整理和考证资料，实在是一件十分重大迫切的事情。我们必须特别重视资料工作。"[④]对近代笔记资料进行广泛地搜集（稿本、抄本、孤本）并加以系统地整理，进而编辑资料汇编的工作当为人所重。

---

① 谢国桢：《明清笔记谈丛》，上海书店2004年版，第267页。

② 李春光：《清代名人轶事辑览》，中国社会科学出版社2004年版。

③ 以《清人笔记随录》的附录形式出版。

④ 范文澜：《范文澜历史论文选集》，中国社会科学出版社1979年版，第213页。

第五章　近代史料笔记专题研究

为了进一步说明史料笔记在历史研究中的价值及在利用过程中应注意的问题，特选择四部代表性的笔记作品《异辞录》《天咫偶闻》《宦游偶记》《十叶野闻》进行个案研究。

第一节　刘体智《异辞录》

一、作者生平

《异辞录》于民国初年刊行，为《辟园史学四种》之一。中华书局出版《历代史料笔记丛刊》时将《异辞录》作为《清代史料笔记丛刊》之一种出版。刘笃龄据石印本和稿本予以点校。刘笃龄为刘体智之孙，据其详细考证，《辟园史学四种》为刘体智所著，所谓辟园乃“避袁”之意，既与自己的政治态度相合，又能托兄之号以避祸①。

刘体智（1879—1963），字晦之，晚号善斋老人，安徽庐江人，清四川总督刘秉璋第四子。刘秉璋（1826—1905），字仲良，咸丰十年（1860）庚申恩科进士，同治元年（1862）入李鸿章淮军，同治十一年（1872）授江西布政使，光绪八年（1882）任浙江巡抚，光绪十二年（1886）任四川总督，年七十以后归里，家居十载，死后追谥文庄。刘体智天资聪颖，秉承家学。1896年，刘体智进京娶大学士孙家鼐之女，之后十余年间常居北

① 刘体智：《异辞录》，中华书局1988年版，第1页。

京。这十年居于京师的经历为作者积累了大量有关朝野掌故的素材。刘体智因父荫授户部郎中，任户部银行芜湖分行总办，驻芜湖。1919年，中国实业银行成立，刘体智出任董事、上海分行经理，从此长年定居上海。1930年升任中国实业银行总经理，1935年去职。之后赋闲在家，专事文物收藏，勤于著述。1962年为上海文史研究馆馆员，次年病逝。

刘体智为我国近代著名的收藏大家，他年轻时就与兄长刘体乾治古籍版本及金石之学。藏甲骨28 000余片，人称“罗振玉第二”。1937年，郭沫若著《殷契粹编》，选印了他所藏甲骨拓片1500余片。编有《远碧楼书目》32卷，收书有24 000部，8万余册，方志1000余种。新中国成立后，捐献给上海图书馆。著有《善斋吉金录》《小校经阁金石文字》《辟园史学四种》等。

二、史料价值及局限

《异辞录》分四卷，共363则。其资料来源，主要有两种，一类为作者的亲历亲闻，一类为作者之父日记及函牍。1896年，刘体智进京与孙家鼐之女联姻时，应李鸿章之邀，入李鸿章家塾，从毕德格学习英语。据刘笃龄介绍，作者“遂与李氏父子叔侄、门生故吏，朝夕谈燕，不拘形迹。廷臣徐桐、瞿鸿禨，亦于作者为父执姻长。作者婚后，馆于孙氏。板荡多事，孙李徐瞿诸人商讨大计，时或命作者传递口讯，往来奔走。是故作者虽仅五品微员，特于同光以后清廷若干举措，颇有所闻。作者之父，亲历戎行，镇压太平军、捻军。以后作者旅居京华，目击大事踵至。此书所记，按《四种》自序云：‘记今事悉取诸先公日记，类皆当日耳目之所及，中朝士大夫之所道。’并及所藏函牍等，闻见较切，或可补正史缺漏，以供史学工作者参考。”[①]作者特殊的人生经历为作者写作提供了丰富而独特的史料来源，也成就了本著独特的史料价值。简而言之，其价值有如下三方面体现。

① 刘体智：《异辞录》，中华书局1988年版，第2页。

记载丰富。《异辞录》主要以记载晚清时期的遗闻轶事为主，其中又多记人物，举凡封疆大吏、帝后枢臣、名士显宦无不涉及。所记人物有慈禧、光绪、李鸿章、曾国藩、左宗棠、刘秉璋、翁同龢、荣禄、奕劻、袁世凯、程学启、陈宝箴、胡雪岩、李慈铭等。是书以人记事，涉及晚清时期许多重大历史事件，如太平天国起义、捻军起义、洋务运动、马嘉里案、光绪初年三大案、中法战争、朝鲜壬午兵变、甲午中日战争、戊戌维新运动、义和团运动、丁未政潮等。

如记晚清著名商人胡光墉的有《胡光墉宜列货殖传之首》《胡光墉办饷特旨封赏》《胡光墉广设钱肆垄断丝茶》《胡光墉破产》《胡光墉遣去姬妾》《刘秉璋清理胡光墉产业》《追债情状》《有僧索存款》《商股出售胡氏物》《胡光墉母子相随踵没》等数则，将胡光墉盛极而衰的情形记录在案。记录中法战争的有《张佩纶借舰》《吴杰守镇海以终》《刘秉璋昭雪吴杰原奏》《薛福成描写捍海奇勋》《都人讥词臣任军役联语》《张之洞坐收成功》《左宗棠彭玉麟耄昏》《甲申都中对语》《讥张佩纶三联》等则。记载戊戌变法的有《康有为两谒张佩纶》《梁启超转移风气》《康梁声名盛极而衰》《康有为隐夺政权》《康有为逃香港》《李鸿章得康有为书》《翁同龢不悦于维新异说》《袁世凯报密》《慈禧之苛酷》《杨崇伊》《谭嗣同之死》《杨锐等得罪》《李鸿章蔑视党案》《张荫桓被逮前》《伊藤去而政变毕》等则。

史料珍贵。是书所记不少内容均可补正史之不足或纠正史之偏谬。如关于作者之父刘秉璋，作者在《清史稿刘秉璋传失实》一则中就指出《清史稿·刘秉璋传》中有谬误或处理不当之处。

德祥弹章两上，一由湖北巡抚谭继洵查复，上以措施失当，任用非人，致招物议，谕令吏部议处分。及部议落职，上以宣力有年，平日办事尚属认真，特从宽典，明见谕旨。国史立传，定兴为总裁，改云："部议留任，上谕加重"，可谓奇谈。①

① 刘体智：《异辞录》，中华书局1988年版，第121页。

《清史稿》列文庄传于丁文诚之后，以吴武壮传与诸淮将合为二卷，并不知武壮（吴长庆——引者注）为文庄旧部，继为统军，故后文庄曾为请建祠，有案可稽者。①

又如文廷式在《知过轩随笔》中记载黄金满之招降之事：

陈士杰办理黄金满一事，初则扬厉铺张，欲为事平保举之地。其后迁延不获，两奉严旨，惧无所出，乃以重贿得调山东。刘秉璋接其任，又不能获，乃勉强以一抚了结。侍读盛昱劾其将为杨嗣昌。严旨督责，刘乃奏覆，愿以身保其不反。迨九年冬，彭玉麟调赴广东。余观其人，乃一极庸猥之子耳。乃费一尚书两巡抚竭力经营，而不能诛之，可笑也。②

文廷式以局外人妄议招降之事，将招降之事讥为“可笑”，颇为不公。刘体智在卷二有《刘秉璋招降黄金满》一则，颇可见当时内幕：

……盗既逸出，天涯地角、海澨山陬，无不可以容身，虽欲缉获，无克期必得之理。当时大乱初平，人心未静，不逞之徒，辄假之为标帜。江浙两省，每遇盗贼之案，均用影射。甚至苏州文庙，以金满名易入神位，尤为骇人听闻。先文庄任浙抚，诏旨督捕甚严，复使彭刚直往浙，专治其事，而渺不可得。会旧部文员中徐春荣，杭人也，与天台县廪生谢梦兰习，令梦兰入其穴，招之来降。问以近日江浙两省事，均茫然不知所以。春荣引之入见，乃一委琐不堪之贼也。文庄谓曰：“为盗而枭首于吾辕下者不知凡几，尔犯罪累累而许以不死，何其幸也。”金满作向前势曰：“抚台命我前进几步，即上前几步。”又作向后势曰：“抚台命我退后几步，即退后几步。”文庄曰：

① 刘体智：《异辞录》，中华书局1988年版，第122页。

② 辜鸿铭，孟森等：《清代野史》（第四卷），巴蜀书社1998年版，第1886页。

"如此良佳。"及刚直入粤督师，携金满往，且为之娶。至粤来书曰："金满又纳妾，从此不思为贼矣。"同时清议，颇不以招降为然。文庄于始早为之计，令台绅请于刚直，刚直许可，乃会闽督何小宋制府衔入奏，而言路弹章仍复不免。一日，文庄至幕客文芸阁孝廉室，见一简，为盛伯羲祭酒书。论及金满案，言一劾不许必再，再劾不已必三云。及时过境迁，皆知金满无贰。甲午之役，将用以拒敌，皆曰："彭刚直招降之功也。"吾国士大夫毁誉，大率类此。①

文中一方面指出刘秉璋为直接招降黄金满之人，而非彭玉麟，另一方面指出招降之策的合理性。作为刘秉璋之子及阅过刘秉璋日记、函牍之人，刘体智的记载是值得采信的②。

另浙江镇海招宝山炮台守将吴杰在镇海保卫战中功勋最著，却受浙江提督欧阳利见中伤，被闽浙总督卞宝第参革。后薛福成抗疏力争，刘秉璋复上奏为吴杰鸣冤。但《清史稿》在德宗本纪中却记载，"二月甲戌，浙江提督欧阳利见败法人于镇海口"③，实为大谬，刘体智对此有详细记述并摘引其父昭雪吴杰原奏折片④以为说明。

又如清末重臣奕劻的贪腐，晚清笔记中多有记载，《异辞录》中一则披露了奕劻用度来自于练兵处兵饷："新军扩张至六镇，隶于练兵处，庆邸领之，一切贿赂之妙用悉具于此。六镇每月皆有截旷之饷，不下三四万，项城悉辇以献庆邸。"⑤此后铁良等为政时亦效袁世凯所为。故刘体智评论说"庆邸初无成见，始终为一利字而已"⑥，是恰当的。

此著中的许多记载颇能揭幽探秘，有的在前文中已有说明，不再

① 刘体智：《异辞录》，中华书局1988年版，第89—90页。

② 刘声木在《苌楚斋三笔》卷二中有《黄金满投诚细情》，所记与刘体智相同，可为佐证。参见刘声木：《苌楚斋随笔续笔三笔四笔五笔》（上），中华书局1998年版，第518—520页。

③ 赵尔巽等：《清史稿》，中华书局1998年版，第279页。

④ 刘体智：《异辞录》，中华书局1988年版，第96—99页。

⑤ 刘体智：《异辞录》，中华书局1988年版，第196页。

⑥ 刘体智：《异辞录》，中华书局1988年版，第196页。

赘述。

客观公允。是书在史料价值中的另一突出之处是记载人物、事件较为客观，执论比较公允。

该书关于李鸿章的记载有多处，涉及李鸿章一生的若干重大事件。作者刘体智之父刘秉璋曾为李鸿章部属，刘体智亦曾馆于李氏家塾，两家有世交之谊，但刘体智在记述李鸿章时毫不隐讳，能据实秉笔直书。如记载甲午之战，刘体智就指出李鸿章不能辞其罪。

> 以弱敌强，虽甚支绌，未至败绩，中外尚无异言。公明瞭兵事，不宜开衅，犹未知兵械两绌，不可以战。其巡海疏中有云："内卫京畿门户，外控藩属邻邦，俾北洋海疆千余里，有事得资援应，尚称缓急可恃。"有云："渤海门户深固不摇。"有云："修筑新式炮台，讲求制胜机宜，俾声威既张，敌情自慑。"读公之章奏，似嫌过于自满，启上骄志。光绪十四年，户部奏言，不购军械。十五年上谕："嗣后购买机器军火，各项物料，均着先行陈奏。"当时节缩经费，专为颐和园土木工程之用。公以汉臣而膺宠眷，未便与人家事，此不能为公咎者。然北洋海陆全军，缓急足恃与否？渤海门户，深固不摇与否？公于事前似未尽知。不然，观常熟《日记》，未开战先，常熟曾至津，督促宣战。公当以去就争之。何至轻于一掷，情见势绌，底里毕露，百患皆作。陵夷至于土崩瓦解，不可收拾，酿为他日神州陆沈之祸。《春秋》责备贤者，公不得辞其罪矣。①

刘体智指出战前李鸿章"过于自满"，奏疏中张大其辞"启上骄志"，李对敌我态势"未能尽知"，对朝廷主战意图未能抗争到底。对日本来说对华侵略是蓄谋已久，即使退出平壤，撤离朝鲜，日本魔爪也将伸入东三省，入踞中国腹地。中国虽孱弱已久，但经过洋务运动的三十年建设，未

① 刘体智：《异辞录》，中华书局1988年版，第124—125页。

始不能一战。中国之败，败在国内政治，而非仅仅因为北洋海陆军不能战。作者在记载甲午之战时明确指出中国“然与彼时日本之军事、外交相较，亦百步五十步之间耳”，而中国之所以战败、割地求和全在于“中国之昏暗”，乃“上下离心离德，自取覆败”①，议论是中肯的。

又卷一中指出李鸿章虚报战功，文字有“铺张之处”，而不为尊者讳。

> 虚报战功，为随营刀笔之惯技，匪特不肖者为然也，虽贤者亦有不免焉。《李文忠集》中奏议、函稿、电稿之属，当时抄录，早自分类。所谓吴挚翁编者，特已然之迹耳，而事后删润之处，颇有端绪可寻。同治间邸抄，文忠疏称李秀成死者，一再而三，此岂小故也哉！……及陈报军情，军中幕客令文忠秉笔，一挥而就。时主稿者为半通之学子，阅之不以为然，大加删改。文忠贵日，辄述及之，曰：“吾武事弗如也，而谓我握管行文，乃不若彼耶！”盖文忠之文，素有奇气，难免有铺张之处。②

又如肃顺、载垣等当辛酉政变之后被称为“三奸”，既被屠戮，名誉复遭诋毁。但刘体智虽在文中称其为“三奸”，仍旧指出“文宗用人，惟贤是尚，不分满汉，皆肃顺匡辅之功。秋狝热河，以军符予曾文正，实开中兴之业。不幸帝乃殂落，三奸夷灭，恭邸当国，阴行肃顺政策”③，肯定肃顺“匡辅之功”。

同样，作者虽以遗老自居，对慈禧之苛酷也不讳言：“戊戌政变，追忆二妃之过，以文芸阁学士曾授之读，且与妃兄志锐为友，亦遭波及而加逮治，已近于苛。庚子西狩，崔监竟致珍妃于死地，尤嫌其酷。”④

李慈铭为同光时期名士，其《越缦堂日记》尤为一时所重，但刘体智

---

① 刘体智：《异辞录》，中华书局1988年版，第138页。
② 刘体智：《异辞录》，中华书局1988年版，第23页。
③ 刘体智：《异辞录》，中华书局1988年版，第82页。
④ 刘体智：《异辞录》，中华书局1988年版，第168页。

评点《越缦堂日记》，指出其多种不足。如刘体智认为："莼客记所读之书全无宗旨，嫌其太杂。经史子集，无一不有，读之未毕，随手札记，难免首尾不贯。"[①]"丛书目录抄写多种，连篇累牍，视为珍秘。其至《缙绅录》亦删节记入，无复著书之体。"[②]"莼客于小学未识门径"[③]，"读国朝人集，常数十种，不伦不类，莫名其意。"[④]"《读史札记》较有可取，然多单辞片证，盖于顷刻之间，逐卷寻觅而得之。非若王西庄、赵云崧辈，有所见而录之，积少以成多也。明季杂史，略有考据，亦皆细故，无关宏旨。"[⑤]"生性好揭人短，论经学则以焦里堂为偏谲，论古文则言方、姚之陋，诋曾文正之未纯，而茅鹿门并不菲薄，可谓别有肺肠。"[⑥]作者尤指出李慈铭好谩骂时人，"适成其为无忌惮之小人而已"[⑦]。关于《越缦堂日记》自可有不同观点，但刘体智的一家之言却值得参考。

再如，作者行文中对袁世凯无一誉词，披露其招权纳贿及其野心。"异辞"二字就在于作者有感于正史记载忌讳太多，往往使真相难寻，故而写出有别于正史的记载，利于史家追寻。正因为客观公允的写作态度，才为我们保存了许多不易多得的晚清史料。

当然，由于作者立场、思想的限制，《异辞录》中不可避免的具有局限性，大体有如下三点：一是由于阶级立场限制，作者以清朝遗老自居，从清朝统治阶级立场蔑称太平天国、捻军，视张勋复辟为"保持晚节"等，在民族关系上也有错误论述；二是部分史事记载错误，盖由于追忆之作，不免误记；三是对某些史事、人物的评论有偏颇之处。如作者在讲述台湾保卫战时就说："台湾之不能自立，无智愚皆知之。唐景崧、刘永福未尝不晓然于中，其所以敢于拒日者，离乱之中，浑水摸鱼计也。景崧七

① 刘体智:《异辞录》,中华书局1988年版,第153页。
② 刘体智:《异辞录》,中华书局1988年版,第153页。
③ 刘体智:《异辞录》,中华书局1988年版,第154页。
④ 刘体智:《异辞录》,中华书局1988年版,第155页。
⑤ 刘体智:《异辞录》,中华书局1988年版,第155页。
⑥ 刘体智:《异辞录》,中华书局1988年版,第156页。
⑦ 刘体智:《异辞录》,中华书局1988年版,第157页。

日而亡，永福一战而溃，人早料及，固无足异。杨西园尚书遵旨内渡，率所部归，不伤一人，不折一矢，身名俱泰，其识固加人一等矣。”[①]在作者看来，台湾必失，也就不必再保。此论调显然是错谬的。但瑕不掩瑜，《异辞录》是记载晚清历史笔记中史料价值较高的一部作品。

第二节　震钧《天咫偶闻》

一、作者生平

震钧（1857—1920），满族人，姓瓜尔佳氏，字在廷。汉名唐晏，号涉江道人。他11岁随父去江南，23岁重返京师，光绪十五年（1889）举人。初在礼部等处任事，庚子之变后曾任江苏江都知县。宣统二年（1910）执教于京师大学堂，旋为江宁将军铁良幕僚，并任江宁八旗学堂总办。清亡后，居于南方。

作者生活于晚清时期，亲历咸丰、同治、光绪、宣统四朝，久居于京师，熟悉北京地区的朝野遗闻、名人轶事。作者博学多闻，一生著述颇丰，有《庚子西行纪事》《渤海国志》《两汉三国学案》《八旗诗媛小传》《八旗人著述存目》《国朝书人辑略》《洛阳伽蓝记钩沉》《陆子新语校注》《天咫偶闻》等传世。其中《国朝书人辑略》《天咫偶闻》为世人所重。

二、史料价值及局限

《天咫偶闻》从1895年开始撰写，“信手条记……追溯旧事”，至1907年刊行，撰写时间长达12年。该书以北京内城外城各区区分卷次，分皇城、南城、东城、北城、西城、外城、外城东、外城西、郊垧、琐记九类十卷，涉及北京的地理风物、风俗人物、朝政典制等，内容丰富，文字精到，是记载北京地区历史文化和整个清朝历史的一部史料价值较高的

① 刘体智：《异辞录》，中华书局1988年版，第138页。

作品。

其一，从记载的清代人物来看，从枢臣疆吏到文人墨客，均有所涉及[①]。如记载左宗棠则写其入京而受京官钳制无所作为之事：

左文襄入都，僦居东安门内。《盾鼻余沈》自记有石鼓阁，即此。公入军机，锐意欲有为。曾闻一章京云：公虽欲有为，而成例具在，丝毫难于展布。陈奏发行，急于星火，无暇推敲。且有明日拜章而今日甫定稿，了无更正之暇。有所建白，亦多中辍。所以文襄入直未几，即力疏求去，有以也。然而京官之钳制堂官，亦见于此。[②]

其记载同光年间军机大臣沈桂芬之清正廉明：

沈文定公（桂芬）居东厂胡同。公本无屋，借居瑞文庄公（麟）第。同治初，汉军机中惟公最持大体，遇少年喜纷更者，一皆抑之，故尤不为新进所喜。及事后思之，其益无穷。且清慎持躬，绝无苞苴。居家俭素，尝自雇驴车进内，及东华门，门者呵止。公下车而进，众乃大惊，又一驴车宰相矣。[③]

记宗室宝廷：

郑府宗室，近代有竹坡侍郎（宝廷），喜吟咏，好山泽游。家故贫而交接寒峻，随手资助，无少吝。立朝直言极谏，奏疏传诵于四方。官礼部侍郎时，上疏谆谆以人才为虑。……侍郎少曾读书西山灵光寺。十三而工诗，通籍后诗益工。放达不拘小节，卒以是罢官。晚乃自悔所为，折节入理学。著书名《庭闻忆略》，多见道语。诗集亦

① 该笔记所记人物囊括整个清朝，非仅记述晚清人物，但受本书内容所限，这里仅以晚清人物为例。

② [清]震钧：《天咫偶闻》，北京古籍出版社1982年版，第11—12页。

③ [清]震钧：《天咫偶闻》，北京古籍出版社1982年版，第62页。

手定，名《偶斋诗集》。①

其他记录八旗妇女能诗者，旗人能画者，旗人高尚之士人数众多，不再详述。其记曾国藩、官文、刘秉璋、胡林翼、倭仁、英翰、李星沅、江忠源、彭玉麟等遗闻轶事均可补正史之阙。

其二，记载清朝的典章制度。该著记录京师建筑物之时往往附带介绍清代的典章制度。如记载内廷奏事之制：

内廷奏事之制：每日子正，部院各以一笔帖式持折至东华门外。少俟，门启，随奏事官以入，至景运门内九卿房，以折匣及本衙门印片一纸，同交奏事官，奏事官登之于簿。少顷，乾清门启，奉之以入，至内奏事处，交奏事太监以达御览，时不过丑正也。乾清门石栏上置白纱镫一，递事者以此镫为表缀。若镫移至阶上，则事下不久矣。少顷，奏事官徐捧折而出，高呼曰：接事。则群集以俟。奏事官呼某衙门，则某衙门入前。奏事官手付口传曰：依议；曰：知道了；曰：另有旨。虽百十函无一舛误，不须开匣视也。然此亦有诀，以爪划痕，俗谓之：横知竖议。后移西苑，则接事在西苑门外，侍卫处檐下。②

记载总理各国事务衙门：

总理各国事务衙门在东堂子胡同，故大学士赛尚阿第也。总以亲王，副以卿贰章京。分为数股，有英股、法股、俄股、美股等名，皆以六部司员充之，不分满汉。兼此者，本署可不复顾，而升转如常。二年保奏一次，不数年外放海关道。故京官趋之若鹜，为第一捷径。③

① [清]震钧：《天咫偶闻》，北京古籍出版社1982年版，第112—113页。
② [清]震钧：《天咫偶闻》，北京古籍出版社1982年版，第2页。
③ [清]震钧：《天咫偶闻》，北京古籍出版社1982年版，第56页。

这段文字道出了总理衙门在清政府中的特殊地位。

记载神机营：

神机营署，在煤炸胡同。同治初，设选八旗精锐，别立此营。总以亲王大臣，无定员。其下全营翼长二人。其下分为文案、营务、印务、粮饷、核对、稿案六处，各有翼长、委员（印务无翼长）。此外军火局、枪炮厂、军器库、机器局，各有专司，共兵万五千余名。自设立后，八旗京官竞来投效。文案处委员至一百六十余员，营务处一百八十余员，而书手不在此数，庚子以后废。①

这段文字记载的神机营的军制及其结局，言简意赅。通过这段文字，可看出神机营是八旗军制的近代演变，但其最终仍不可避免地走向衰败，这种衰败与整个清政府的衰败相生相伴。

其他关于典章制度的记载如军机处、升殿之仪等尚有很多，不再列举。

其三，记载晚清时期重大历史事件及朝局。是著虽仅记载北京地区，但北京作为清代的政治中心，在记载中必不可少地涉及大量相关的朝政大事。如第二次鸦片战争时的中外交涉：

咸丰庚申之役，王大臣于此（即法华寺——引者注）设巡防处。总之者为瑞文庄公（常）、文文忠公（祥）、宝文靖公（鋆）、麟梅谷（魁）。凡数月，和议既定，诸大臣于此延见洋人，是为京师交涉之始。②

记中法战争及甲申易枢事：

当光绪甲申越南事起，枢臣多不主战。于是廷臣交章极谏，盛祭

① [清]震钧：《天咫偶闻》，北京古籍出版社1982年版，第58页。

② [清]震钧：《天咫偶闻》，北京古籍出版社1982年版，第59页。

酒（昱）劾枢臣尤力，众知事必有变。……越日，遂有旨，恭亲王以下，咸出军机，且切责诸臣之不职。越日，遂有旨宣战，中外欣抃。明年谅山既克，和议底成，遂设海军衙门，醇邸航海至旅顺，亲阅海军及炮台。于是乎武夫悍卒无虑，皆瞋目而语兵事矣。明年冬，以天下渐已太平，有诏修颐和园，以备巡幸。①

这段文字记载了中法战争时朝廷内部关于和战的分歧及中法战争的结局对晚清政局的影响。中法战争与中日战争有着深刻联系。因甲申易枢，使枢臣、疆臣不敢不战或以战来沽名钓誉，又因中法战争在战场上取得的部分胜利及不割地、不赔款的条约增强了国人的虚骄，是以甲午年间面对日本的挑衅，国内主战的舆论占据了主导地位。

谈及中法战争及中日战争，不可不谈清流，该书也有关于清流的记载：

光绪初元，言官最盛。上自朝政之阙，下及官方之邪，徵及闾阎之困，无不朝闻事目，夕达封章。公会至戒偶语，官师相规，动以恐登白简为戒。及甲申，其力遂足以摇动枢臣，亦盛极而亢，亢极将悔之机也。逮夫钧衡既改，谏权亦终。朝议以言臣嚣竞之风，恐致成阻挠之患。不得不力为摧抑，以牿童牛，维持数年，风始少戢。然甲午议和，仍有争谏。至庚子用兵，音响殆绝。②

这段文字记载了晚清清流由光绪初年至甲申，由甲申而甲午最终至庚子年逐渐衰退的历程，为研究晚清清流提供了宝贵的资料。

关于庚子之变，京师沦陷，惨遭八国联军劫掠，京师士人不时有自戕殉清者，震钧记载了王懿荣、寿富、熙元夫妇、钟琪、文福、延茂、葆初等殉难之事。

① [清]震钧：《天咫偶闻》，北京古籍出版社1982年版，第131页。
② [清]震钧：《天咫偶闻》，北京古籍出版社1982年版，第156页。

孰知庚子之变，一败莫挽，王君以身殉之。而诸家收藏，散失几尽，一时学术亦遂大变，是岂诸君所及料哉！是时，满祭酒熙元字吉甫夫妇偕殉……。

同时殉难者，有庶吉士寿富字伯茀，别号鞠客。宝竹坡侍郎之子，幼有至性，居丧遵古礼，寝苫枕块，服布素三年。为文章操笔立就，兼精西算。乙未，中东和议将成，约同人上书力争。遂发愤讲求西法，游历日本，作《劝八旗子弟书》。戊戌成进士，用庶吉士，未及授职。庚子七月，事急，有劝以去者，不应，城破，阖室饮鸩以殉。①

传统士人的殉难及部分市民打出的“顺德”“顺日”旗帜，恰恰反映了在外敌入侵之际，国人面对国难时两种截然不同的极端态度。

其四，记载京师民俗文化。

该书在记载风俗民情文化诸方面也有着墨。如关于满俗的演变，作者说：

昔我太宗创业之初，谆谆以旧俗为重，及高宗复重申之。然自我生之初，所见旧俗，闻之庭训，已谓其去古渐远。及今而日习日忘，虽大端尚在，而八旗之习，去汉人无几矣。国语骑射，自郐无讥。服饰饮食，亦非故俗。所习于汉人者，多得其流弊而非其精华。所存旧俗，又多失其精华而存其流弊，此殆交失也。②

作者对清军入关后风俗的演变是不满的，但满人汉化已是历史趋势所在，作者在哀叹之余只有记录下一些他们的旧俗，以为怀念。如作者记录其丧礼：

① [清]震钧:《天咫偶闻》,北京古籍出版社1982年版,第71页。
② [清]震钧:《天咫偶闻》,北京古籍出版社1982年版,第208页。

满俗丧礼，轻于汉人。斩衰止百日，期服六十日，大功三十五日，小功一月，缌麻廿一日，较之古礼似不及远矣。然其居丧也，衰服不去，身不听乐，不与宴，居室皆用素器，木几素席，以终三年。期功各以其等降，相率行之，无敢逾。若戚友家丧，有服者如其服，无服者男去缨，女去珥。丧主人奉男腰绖，奉女首绖，拜而进，受者亦拜。①

记载满人服饰：

满俗，妇人衣皆连裳，不分上下，此古制也。古人男子有裳，妇人无裳，盖正如是。至于妇人礼服，补褂之外，又有所谓八团者。以绣或缂丝为彩团八，缀之于褂，为新妇之服。②

记载满人礼俗：

八旗旧家，礼法最重。余少时见长上之所以待子弟，与子弟之所以事长上，无不各尽其诚。朝夕问安诸长上之室，皆侍立。命之坐，不敢坐。所命耸听，不敢怠。不命之退，不敢退。路遇长上，拱立于旁，俟过而后行。宾至，执役者，皆子弟也。其敬师也亦然。子弟未冠以前，不令出门。不得已而出，命老仆随之，故子弟为非者甚鲜。③

作者不仅仅记载了满人的礼俗，还记录了京师地区的居住格局、工匠手艺、起居饮食、风土人情等。如作者记载了京师有三种手艺为外方所无，分别是搭棚匠、裱褙匠、扎彩匠。光绪初年陈寅生刻铜、周乐元做鼻烟壶均为一时绝技等。

① [清]震钧：《天咫偶闻》，北京古籍出版社1982年版，第210页。
② [清]震钧：《天咫偶闻》，北京古籍出版社1982年版，第211页。
③ [清]震钧：《天咫偶闻》，北京古籍出版社1982年版，第209页。

京师有三种手艺为外方所无：搭棚匠也，裱褙匠也，扎彩匠也。……搭棚之工，虽高至十丈，宽至十丈，无不平地立起。而且中间绝无一柱，令入者祇见洞然一宇，无只木寸椽之见，而尤奇于大工之脚手架。光绪二十年重修鼓楼，其架自地至楼脊，高三十丈，宽十余丈。层层度木，凡数十层，层百许根。高可入云，数丈之材，渺如钗股。自下望之，目眩竟不知其何从结构也。若裱褙之工，尤妙于裱饰屋宇，虽高堂巨厦，可以一日毕事。自承尘至四壁、前窗，无不斩然一白，谓之“四白落地”。其梁栋凹凸处，皆随形曲折，而纸之花纹平直处如一线，无少参差。若明器之属，则世间之物无不克肖，真绝技也。①

光绪初，京师有陈寅生之刻铜，周乐元之画鼻烟壶，均称绝技。陈之刻铜，用刀如笔。入铜极深，而底如仰瓦。所刻墨盒、镇纸之属，每件需润资数金。周之烟壶画，于玻璃之里面，山水、花果仿名人卷册，极棘猴贯虱之巧。周年不永，一生所画不及百枚。殁未几，一枚已直数十金。②

作者还记载了北京内外城居住格局的差异：

内城房式异于外城。外城式近南方，庭宇湫隘。内城则院落宽阔，屋宇高宏。门或三间，或一间，巍峨华焕。二门以内，必有听事。听事后又有三门，始至上房。听事上房之巨者，至如殿宇。大房东西必有套房，名曰耳房。左右有东西厢，必三间，亦有耳房，名曰盝顶。或有从二门以内，即回廊相接，直至上房，其式全仿府邸为之。内城诸宅，多明代勋戚之旧。而本朝世家大族，又互相仿效，所

① [清]震钧：《天咫偶闻》，北京古籍出版社1982年版，第215—216页。

② [清]震钧：《天咫偶闻》，北京古籍出版社1982年版，第170页。

以屋宇日华。①

此外，作者总括了晚清士大夫好尚的演变：

京师士大夫好尚，可以觇风气。如咸丰中，肃顺尚骄侈，士大夫化之，以奢华倨傲相尚。至同治初，恭邸性谦恭，文、倭二相性俭朴，士大夫遂易而谨饬，且多以布素相尚，至光绪初犹尔，后遂不然。未几诸言臣蔚兴，人皆以名臣自期。及癸未张幼樵编修（佩纶）以庶子署副都御史知贡举，而清议益重。后生初学，争以清流自励。不数年，此风顿改。及潘文勤主持风雅，常熟翁尚书和之，皆尚小学，坊间《说文》盛行。戴东原、段玉裁文集至三十金。至于酉、戌渐重西学，至己亥、庚子之交，徐相当国，理学书大重于时，向之《说文》皆束阁不观矣。庚子以后，又尚西学新译，旧板书无人问价，京师风气改变之速，至于如是。②

其五，记载京师经济生活。

是书对京师地区的经济生活也有描述，如作者介绍了京师经济繁荣状况：

京师百货所聚，惟正阳门街、地安门街、东西安门外、东西四牌楼、东西单牌楼暨外城之菜市、花市。自正月灯市始，夏月瓜果，中秋节物，儿嬉之泥兔爷，中元之荷灯，十二月之印板画、烟火、花爆、紫鹿、黄羊、野猪、山鸡、冰鱼，俗名关东货，亦有果实、蔬菜，旁及日用百物，微及秋虫蟋蟀。苟及其时，则张棚列肆，堆若山积。卖之数日，而尽无余者，足见京师用物之宏。③

①［清］震钧：《天咫偶闻》，北京古籍出版社1982年版，第212—213页。
②［清］震钧：《天咫偶闻》，北京古籍出版社1982年版，第177—178页。
③［清］震钧：《天咫偶闻》，北京古籍出版社1982年版，第216页。

记载地安门外大街的繁荣："地安门外大街最为骈阗。北至鼓楼，凡二里余，每日中为市，攘往熙来，无物不有。"①

记载京师酒肆分为三种，分别是南酒店、京酒店、药酒店，所售之酒，品种丰富，且各类酒店只卖酒，而不卖菜：

京师酒肆有三种，酒品亦最繁。一种为南酒店。所售者女贞、花雕、绍兴、竹叶青之属，肴品则火腿、糟鱼、蟹、松花蛋、蜜糕之属。一种为京酒店。则山左人所设，所售则雪酒、冬酒、涞酒、木瓜、干榨之属，而又各分清浊。清者，郑康成所谓一夕酒也。又有良乡酒，出良乡县，都中亦能造，止冬月有之。入春则酸，即煮为干榨矣。其肴品则煮咸栗肉、干落花生、核桃、榛仁、蜜枣、山查（楂——引者注）、鸭蛋、酥鱼、兔脯之属，夏则鲜莲、藕、榛、菱、杏仁、核桃，佐以冰，谓之冰盌。别有一种药酒店，则为烧酒以花蒸成，其名极繁，如玫瑰露、茵陈露、苹果露、山查（楂——引者注）露、葡萄露、五加皮、莲花白之属，凡有花果皆可名露，售此者并无肴核，又须自买于市。而诸肆向不卖菜，饮毕，亦须向他食肆另买也。②

作者还记录了科举考试给京师经济带来的繁荣景象：

每春秋二试之年，去棘闱最近诸巷。西则观音寺、水磨胡同、福建寺营、顶银胡同，南则裱背胡同、东则牌坊胡同，北则总捕胡同，家家出赁考寓，谓之状元吉寓，每房三五金或十金，辄遣妻子归宁以避之。东单牌楼左近，百货麇集，其直则昂于平日十之三。负戴往来者，至夜不息。当此时，人数骤增至数万。市侩行商，欣欣喜色。或

① [清]震钧:《天咫偶闻》,北京古籍出版社1982年版,第83页。

② [清]震钧:《天咫偶闻》,北京古籍出版社1982年版,第84页。

有终年冷落，藉此数日补苴者。[①]

另外，作者在介绍户部宝泉局时还保留了晚清时期的币制改革的资料[②]。

除上述有关内容的史料外，该书还包括大量其他史料，如科举制度、京师名胜古迹、教育机构等，同时作者还摘引了大量的诗词歌赋及其他文学作品，内容非常丰富。当然，同样由于阶级立场的限制，作者站在清朝统治者的角度，对太平天国运动、捻军起义、义和团运动等农民运动蔑称，对清朝君主则赞誉有加，这对于封建文人来说也是不可避免的。

是书初版为1907年甘棠转舍木刻，1982年由北京古籍出版社点校出版。又有泰山出版社《中华野史》本、上海古籍出版社《续修四库全书》本等。

第三节　陈惟彦《宦游偶记》

一、作者生平

《宦游偶记》，二卷，陈惟彦著。陈惟彦（1856—1925），安徽石埭人（今安徽省池州市石台县），字劭吾。陈氏家族是石埭县的名门望族，陈惟彦之父陈黉举为李鸿章幕僚，主理粮饷后勤，曾任直隶知州。陈黉举与东至人周馥同乡，又均曾长期在李鸿章幕府。有此诸种因缘，陈黉举去世后，陈惟彦便颇受李鸿章和周馥器重，陈惟彦之仕途便与李鸿章、周馥二人密切相关。

陈惟彦先以大理寺丞供差北洋淮军银钱所，此时便颇受李鸿章青睐。后被选授为贵州省开州知州，调署婺川县知县，又以知府充任贵州厘金提

① [清]震钧:《天咫偶闻》,北京古籍出版社1982年版,第53页。

② [清]震钧:《天咫偶闻》,北京古籍出版社1982年版,第67—68页。

调，署黎平府知府。在贵州期间，革除票差催粮，遏制龙世渭起事，为政颇为廉明，《清史稿》中称其“巡抚疏为良吏第一”[①]，即缘于1898年贵州巡抚王毓藻保奏他“明干精炼、严核无秕”。1903年，陈惟彦以道员改发江苏。翌年，受两江总督周馥委任，任南京厘捐局总办、皖岸盐务督销局总办。1909年，被授为湖南财政正监理，四品卿衔，做事雷厉风行，为湘人所忌，被恶意中伤，随即去位。度支部复委任其整顿淮南盐务，在扬州创设淮南盐政公所，随即总办淮盐总栈。1912年，安徽都督孙毓筠举荐其担任财政部次长和安徽财政司长，但陈惟彦坚辞不就，此后寓居上海，不问政事。

陈惟彦既是池州地区著名的实业家，又热心家乡事业的慈善家。在实业方面，他曾在芜湖开设茶庄、烟店和洋货店。1916年，陈惟彦在芜湖集资筹办裕中纱厂，成立裕中第一纺织股份有限公司，共投资白银20万两，共有纱锭18 400枚，每昼夜生产棉纱40件，以“三多”“四喜”为商标，销售省内各地。裕中纱厂是安徽省最早的机器纺织工厂。在慈善事业方面，陈惟彦注重家乡的教育事业。1907年，陈氏兄弟捐巨资开办“育婴堂”和“体仁堂”，又于1918年购田百余亩，岁收租谷，用于“育婴堂”常年经费。1918年，倡导创办崇实学校，后捐资办私立崇实小学。1925年增加崇实小学的办学经费，在其基础上扩办崇实初级中学。陈惟彦临终前划拨10幢洋房给校董会，以房租作为历年办学经费，后学校设立“劭吾图书馆”。

陈惟彦还组织捐资修建了永济桥。石埭县舒溪河南北两岸原来只有两座小木桥维持交通，每逢汛期，山洪暴发，木桥常被冲毁，两岸交通只能依靠渡船维持。1920年农历五月十八日，广阳镇（原石埭县治所在）举行庙会。时值梅雨季节，河水陡涨，汹涌齐岸，渡船不能起锚，但赶庙会的群众仍争先恐后涌上渡船，催促船工冒险开渡，行至中流，渡船倾覆，溺死20余人。此一悲惨事件发生后，陈氏兄弟便拟募集资金修建桥梁沟通南

① 赵尔巽等:《清史稿》,中华书局1998年版,第3220页。

北。陈氏兄弟的建议得到太平县陈少舟、慈溪陆维镛等实业界人士的赞同，他们捐募巨资14万元，在陈惟彦弟陈惟壬之子著名实业家陈范有的设计组织下于1925年建成了长达61丈的钢筋水泥大桥——永济桥，沟通了徽（州）宁（国）古道和省（安庆）屯（溪）公路。永济桥是安徽省第一座通行汽车的钢筋混凝土桥梁，1970年始被拆。

陈惟彦1925年病逝于江苏如皋，归葬于广阳镇荒田垅，当地人感念其功，予以“慈惠”之私谥[①]。有《强本堂汇编》《石埭体仁堂记》等书传世，《强本堂汇编》中就包括《宧游偶记》。

二、史料价值及局限

《宧游偶记》分上、下两卷，为陈惟彦晚年所著的笔记作品，于1912年成书，1918年梓行，所记为作者为宦的亲身经历，一事一则，具有回忆录的性质。前有陈澹然题词，严修序和作者自序。上卷主要记陈惟彦在贵州的从政经历，有《辨开州无教案》《断杨氏承袭事》《争开州报灾事》《书田其嘴事》《判婺川命案》《辞安顺府厘捐》《整顿贵州厘金》《免黎平票差催粮》《记龙世渭事》《记鸭贩事》等则，下卷主要记陈惟彦赴南京之后的经历，计有《查金陵厘捐》《整顿金陵厘捐》《记皖岸盐务》《记与端督论辩数则》《记美商造油栈案》《记日本购米》《辞查皖南道》《莅湘始末》《整顿淮鹾》《撤西鄂湘掣验》《辞皖财政司长》11则，并附陈推彦录自《国风报》的《密查云贵总督案》。现结合其内容从厘金之弊、民教冲突及官场百态三方面简评其史料价值。

（一）关于厘金之弊

陈惟彦曾任贵州厘金总局提调、南京厘局总办，又奉两江总督周馥密令查访金陵所属厘捐之弊。对清廷厘金征收及厘政有颇多的感性认识，《宧游偶记》中有四则文字记载了其办理厘政的经历，均是其亲身经历和

① 赵尔巽等：《清史稿》，中华书局1998年版，第3220页。

亲见亲闻，文字翔实、内容客观，在记载中他对厘金之弊痛心疾首，毫不隐晦。

1897年，王毓藻任贵州巡抚，欲委任陈惟彦办理安顺府厘捐。这在当时属于“优差”，其优在便于中饱私囊，获利甚大。陈惟彦记载：“凡纳捐由行户经办，货百石或完五六十石、七八十石不等，余则缴费放行。”“其地有韩胥者，行户多与交。韩胥请示每百石完捐若干石。以棉纱、鸦片为大宗。如每石完八两者，其不填票之货，每石缴费三两，无须报解，提五厘给韩胥津贴，韩胥利其获，从不泄诸人也。”陈惟彦感叹：“此君仅晤一二次，而直言不讳，亦可见以舞弊为常事矣。”[①]此乃厘政之一弊，损国，少报应征收之额，清政府的厘金税收被严重侵蚀。厘金之第二弊，乃是病商，即超额征收，而商人投诉无门。陈惟彦在《查金陵厘捐》中记载其在私访中亲历的一个事变。潮州商人萧英如运豆饼422石，但却被迫报捐为644石。后据船户告知：“十三即已运至，先扦八百石。告以实数，迭次哀求，迄不允。今日复与辩论，乃将吾捆吊，诸商悯其状，环乞之，定为六百四十四石，始见释。”当萧英如前往厘局声辩时，哨弁将萧英如拘执，吊船户于局门。陈又记载：“萧商运豆饼八百石，而责以按一千六百石报捐。再四乞求，迄不允。乃求领事，卒按九百六十石纳捐。……饼船初二到，十三始开行，其间屡次声明实数，且呈发单，迄不理。”陈惟彦对厘局司员横暴之态亦有记载。司员不仅试图拘执陈惟彦，在得知陈受命密查厘捐时仍旧“横傲如故”，对官尚且如此，对普通商民如何可想而知。陈经过暗访沉痛地指出：“方余之遍历各处也，或称访友，或伪商人。酒肆茶楼，游踪几遍。所至见舟人商贾，辄促膝倾谈。或附货舟，经局卡，亲见司扦之需索，船户之隐瞒。而不勤之弊，为害亦巨（地方官亦习于逸怠于事者居多）。委员深居，司扦疲滑，日已出而高卧，日未入而锁档。下

① 陈惟彦：《宦游偶记》，载《官箴书集成》编纂委员会：《官箴书集成》（第十册），黄山书社1997年版，第648页。

票风行，漫无顾忌。常关之弊抑又甚焉。”[①]经过对金陵厘捐的密查，陈惟彦被周馥任命为总办，开始整顿厘捐，拟定章程二十条，主要措施围绕着恤商民之困，恤办事之艰难进行，既降低厘捐又增加经费提高司员收入，最终取得了显著效果。

（二）关于民教冲突问题

陈惟彦任贵州开州知州时曾险遭民教冲突而引发教案，但陈惟彦及时处置、措施得当，解决纷争。当时天主教士蛮横无理，陈惟彦据理力争，辩以“无论民教悉中国人，即应守中国之法。以中国之官治中国之民，以中国人之房产充入中国之书院，与教堂绝不相关”，对天主教的无理要求严词拒绝，最终获得了这次涉教斗争的胜利。作为陈惟彦自我标榜的政绩，他对此次事件的记载也尤其详细，从中我们也可获得晚清时期民教冲突及教案发生、处理过程的一些细节。

事件的起因，是四川教民卢复生至开州租赁屋、设药肆，“行踪诡秘，唆讼扰民”，“民愤甚，且酿事端”。陈惟彦经过了解将卢复生驱逐出境，以遏乱源。开州总甲方步云“为暴乡里间”，并准备借卢复生之事以滋事，后被陈惟彦弹压。当卢复生被驱逐出境后，法主教去函责备，并再派卢复生前往开州筹建教堂，民众哗然，陈惟彦再次将其递解回川管束。法主教“迭诉臬司、巡抚”，并“诉诸法公使，照会总理衙门”，指责陈惟彦故意违背条约。受法国公使压力，总理衙门“电催开州教案速结”，但陈惟彦据理力争，指出此案与教堂无涉，“开州并无教案”，“得寸进尺，教民惯技，地方官将无以善其后。未便因通融而招实祸也”。[②]由于陈惟彦的努力，最终事件得以和平解决。

晚清时期，民教冲突起因大都由于教民违法乱纪，教士包揽词讼、干

① 陈惟彦：《宦游偶记》，载《官箴书集成》编纂委员会：《官箴书集成》（第十册），黄山书社1997年版，第654—656页。

② 陈惟彦：《宦游偶记》，载《官箴书集成》编纂委员会：《官箴书集成》（第十册），黄山书社1997年版，第639—641页。

涉地方行政，而地方官在民教冲突中慑于传教士及公使、领事的淫威，又往往“袒教抑民”，导致冲突激化、引发教案。19世纪末年，义和团运动爆发，是晚清教案的最高点。1900年山东泰安府上报的禀文中对教案起因有详细的论述：

去岁拳民抢教，牵连数府，到处响应，其事虽出于拳民之太过，其根实由于教民之太横。以平素本不安分之人，一入教中便思寻仇报复，父兄亦可控告，邻里视同寇仇，欠债不还，转思反控，差徭不应，派累平民，每遇词讼，诚如宪谕：地方官畏之如虎，明知教民不是，反责押平民。甚至教士为教民包揽词讼，该教民并不递诉状，但凭教士函片，即签票传人，差役又需索骚扰，片纸下乡，中业倾产。曲直未判，真伪未分，而良民已受无穷之累。且有因调处教案而讹索多端，复令平民作乐放炮，叩求设席，以求了结。①

陈惟彦在处理卢复生问题时，如果仍旧袒教抑民，放纵卢复生的不法行为，则变乱必生。而当面临天主教主教及总理衙门的压力时，陈惟彦坚持认为对卢复生的处理是我内政，与教无涉，顶住压力，同时又惩戒了方步云，解散了试图暴动的民众，最终没有引发更大的动乱。这和晚清时期因地方官处理不当而导致矛盾激化、引发教案的情形形成了鲜明的对比，这也说明地方官对问题的处理方式和能力，某种程度上在教案的发生过程中也起着至关重要的作用。义和团运动后，清廷在上谕中就承认：“各国在中国传教，由来已久，民教争讼，地方官时有所偏：畏事者袒教虐民，沽名者庇民伤教。官无持平办法，民教之怨，愈结愈深。……良由平日办理不善，以致一朝骤发，不可遏制。”②此言虽有推脱责任之嫌，但也道出

① 中国社会科学院近代史研究所近代史资料编辑室：《义和团资料丛编·山东义和团案卷·近代史资料专刊》（下册），齐鲁书社1980年版，第484页。

② 金家瑞，林树惠：《有关义和团上谕》，载中国史学会：《义和团》（四），上海人民出版社1957年版，第88页。

了部分实情。

（三）官场百态

该书曾经被1997年黄山书社出版的《官箴书集成》收录。实际上，《宦游偶记》并不是严格意义上的官箴书，它的初衷并不是为官宦做官服务，但是在某种程度上又能够通过其记载的为官经验为他人做官提供借鉴，所以，《官箴书集成》将其视为官箴书。该书记载的是陈惟彦从政的经历，记载细致、生动，因而为我们了解晚清时期的官场百态提供了资料，正如徐一士在《近代笔记过眼录》中所言，陈惟彦“娓娓写来，胜读《官场现形记》”①。以下就此问题略举数例。

在《争开州报灾事》一则中，陈惟彦任贵州开州知州时，因报灾而去省垣拜见布政使，却遭遇门丁索要门包，陈惟彦拒绝，两次均未见到布政使。前往开州勘察的委员通判施某又以种种理由认为开州不够报灾条件，以此“见好上官”，“藉以需索”，勘灾情况至省后，布政使又要求“查明田主姓名、亩数、丘数及收成各若干成，具报候核”，陈惟彦知道“倘照办，数月不能竣，且胥差纷出，其能无扰耶?”最终，士绅民众表示愿意纳捐，不再报灾。除了开州报灾外，如贵州、遵义等县灾情比开州更甚，但地方官却匿而不报，因为“地方官多饰太平，岂报灾而过其实？灾则停征，公费尚无所出，非真饥馑，谁肯上陈?”②普通的灾情上报事件，谒布政使不得，勘察委员故意刁难，上报之后又制造障碍，其过程如此曲折，最终还是开州民众妥协，报灾之事作罢。见布政使先缴门包、要得到勘察委员的合作必须满足其需索，这些官场潜规则在陈惟彦的记载中被暴露无遗。

陈惟彦对两江总督端方极为不满，在笔记中多则材料涉及端方徇私枉

---

① 徐一士:《近代笔记过眼录》,山西古籍出版社1997年版,第236页。

② 陈惟彦:《宦游偶记》,载《官箴书集成》编纂委员会:《官箴书集成》(第十册),黄山书社1997年版,第643页。

法之处，从中可窥见官场之态。一事是总巡知州汪乔年查出米船无捐票，而揪出委员知县陈润藻。陈润藻为端方亲信，端方不仅维护陈润藻，还以汪乔年“买鞋不给价”和“心术不端”为由，委任苦差，多人劝解无效。同时，端方还力图排挤陈惟彦，将其调出省垣，后陈惟彦终于辞官。陈惟彦将此事前因后果记载详备，端方任人唯亲、打击异己的丑行暴露无疑。这里引用一段文字予以说明。

> 己酉正月初始获卸厘务，遂谒端曰：“鄂岸督销为江南第一差，岂不甚善？惟职道不便往耳。”端曰：“何故？”余曰：“职道往，须按定章，此安能办？”端曰：“章程云何？”余曰：“分销亏空，总办先行垫解。鄂岸各分销亏空之巨，大帅所知。职道如往，恐前总办不了耳。”端曰：“章程如此乎？”余曰：“奏案皎然，必应遵办。”端曰：“若是，非特前总办不了，盐政亦将不了。”（分销委员多系端所荐）余曰：“委差甚善，委鄂岸督销尤善，但须圆转人乃不决裂，如职道往，岂不决裂耶？”端曰：“所见极老练。”余曰：“既以为然，请另委。”①

陈惟彦坦诚不会转圜，实则是指明自己不会徇私枉法，既去任职，必然遵循章程办理。因为分销委员都是端方亲信，陈惟彦的讲原则将会让他处于非常被动的境地，故而对陈之拒绝赴任，端方心领神会，誉之为“老练”，陈惟彦最终未去赴任。

当陈惟彦任职厘局总办时，端方提用外销之款万余金，陈多次拒绝提用，指出无所谓外销之款，未便请提用，并拒绝提归私帐，从而引发他人的攻击。晚清时期外销之款往往为督抚个人所挪用，化而为私，《乐斋漫笔》中，岑春煊就记载：“各省旧习，库存外销之款，多为督抚挪用，甚

① 陈惟彦：《宦游偶记》，载《官箴书集成》编纂委员会：《官箴书集成》（第十册），黄山书社1997年版，第661页。

至浸及公项。”[①]陈惟彦的记载可以说为岑春煊的说法提供了最好的注脚。

另一则《辞查皖南道》，更将端方之形态表露净尽。1908年秋，安徽巡抚冯煦在去任前参罢皖南道文焕。当冯煦奏参文焕时，端方密札陈惟彦查复，密札中称文焕“乡望素孚，宅心平恕”，而实际上，冯煦所参文焕之嗜鸦片、演女戏、挟妓、面粉公司及幕丁勒索状等情，“类不虚”。陈惟彦明了端方企图借用陈惟彦而使之免于劾罢，便“以部民不便查地方官”为由拒绝。端方却坚持让陈查办，表示“文仲瀛素相识，从前在京赌博冶游，诚不足重。但冯梦华之参，全挟私嫌，吾欲借君名誉了此事耳”。陈惟彦表示如果查办则“无一字虚耳”，“不敢含浑以欺大帅、欺地方”，“以知为不知，仍是欺大帅”，“查明实禀”，对端方的“稍含浑”，“有可作为不知者”的要求一概不应，最终端方见陈惟彦态度坚决，同意陈惟彦辞去此差。一查办案件，端方用意之深，可为哀叹。陈惟彦此处所披露的也仅仅是晚清官场的冰山一角[②]。

作者还记述了自己被任命为湖南正监理官后的遭遇。陈惟彦抵达湖南之后，却供张，不住官府安排之屋，另行租赁，自付其资，在两江时又有“持正”之名，因而遭到当地官员的忌讳，还没有视事，招权纳贿之谣已经产生。视事以后，严正不阿，最终被诬去职。陈惟彦曾就湖南情形这样记录：“米捐局总稽查湘绅叶德辉迭致书副监理李君，自侈多财，词鄙甚，且以舞弊取利为可耻，夫有款而云无款，不解而言随解，存诸私店，藉为营运，舞弊取利，不已甚乎？而该局总办李起荣则视若无事，督抚知其事且阴袒焉。盖当时湘中情状如此。”[③]清政府清理财政，想解决财政紊乱、报销不实的情况，强化对地方财政的控制，减缓财政危机，但地方上大量的既得利益者抱成团，刚正之人反受污蔑。可见，在当时的社会风气和政

① 岑春煊，恽毓鼎：《乐斋漫笔　崇陵传信录（外二种）》，中华书局2007年版，第25页。

② 陈惟彦：《宦游偶记》，载《官箴书集成》编纂委员会：《官箴书集成》（第十册），黄山书社1997年版，第665—666页。

③ 陈惟彦：《宦游偶记》，载《官箴书集成》编纂委员会：《官箴书集成》（第十册），黄山书社1997年版，第667页。

治秩序下，“劣币驱逐良币”已成为常态，为官清正廉明反无所作为。时势发展到这种程度，清政府政治秩序的崩坏已经形成。

据以上分析，该书史料价值主要有三点：一是不同于其他笔记作品以记载见闻和各类传闻异辞为多，《宦游偶记》以记载作者的亲身经历为主，与岑春煊的《乐斋漫笔》、吴永的《庚子西狩丛谈》等笔记作品相同，资料来源较为可靠。二是作者在记载其为宦的过程中涉及晚清时期的财政经济、社会生活、对外关系等，内容较为丰富，记载翔实，是今人研究厘金、盐务的重要资料。三是全文近二万四千字，可以说以表露己功、展示自己的勤政廉明为主要目的和主要选材内容，但也正是在这种目的下，陈惟彦记载了很多官场黑暗、腐朽之处，为我们了解晚清政情提供了珍贵的史料。

该书局限在于它是以作者个人的视角记载个人经历，在叙述自己的政绩时会不可避免地有所夸大，对人、事的看法也会带有一定的主观片面性。但瑕不掩瑜，该书对某些方面的研究是有价值的。

第四节　许指严《十叶野闻》[①]

一、作者生平

许指严（？—1923），名国英，字志毅，别署砚耕庐主，又字弹花阁主，江苏武进（今江苏常州）人。他的作品大都以“许指严”为笔名。1906年前后，他到上海徐家汇的南洋公学任教，讲授历史。与历史学家汪荣宝合作，出版有《清史讲义》等书。不久，继受商务印书馆之聘，编辑中学国文、历史等教科书，有《中学国文史学讲义》等书面世。1911年，他到南京金陵高等师范任教，又任财政部机要秘书。两年后辞归上海，除

① 本节内容曾发表于《池州学院学报》2010年第1期，题名为《许指严〈十叶野闻〉辨误》，文字有所变动。

一度曾任某银行文书外，皆以卖文糊口，以至于哀叹“终日伏案，犹不足以维持生活。恐心血耗尽，而此生亦已矣”[①]。为了维持生计，他曾经帮助刘介玉代写说部碑传以获取稿酬，也曾悬牌卖字，自谓：“兔毫秃尽身垂老，换得人间卖命钱。”尤其有趣的是许指严曾伪造过一部《石达开日记》。他为解决生计问题，曾与世界书局经理沈知方商议，伪造《石达开日记》，准备短期内交稿，先预支稿费二百元。沈知方以其经验判断这本书出版后一定有销路，于是订立合同，慨然先付稿费。许指严获得该款后，每天晚上动笔，以《石达开传》中的故事为蓝本，自称“石在大渡河为川军唐友耕所败，进至老鸦漩，势穷被缚。在狱中，述其生平事迹，及天王起事以来与清军相持胜败得失之由，为日记四册”[②]。世界书局也刊登广告予以鼓吹，以增强《石达开日记》的真实性。因为伪造的《石达开日记》有基本的史实依据，曾在短期内行销于世，购者纷纷，数次再版[③]。1923年，许指严在上海因病去世，因家境困窘，几不能成殓。

许指严一生作品甚多，主要有《南巡秘记》《十叶野闻》《新华梦》《复辟半月记》《泣路记》《十年花絮》《三海秘记》《指严余墨》《清史野闻》及《新华秘记》《小筑茗谈》等多种。范烟桥曾评价道：“许指严死，掌故小说与之俱死。”[④]今人称誉许指严为“十足的掌故小说大家”[⑤]。

二、材料来源

《十叶野闻》原刊于《小说新报》[⑥]，1917年由上海国华书局首次刊印。出版后多次再版。近数十年，该书被多次收录于丛书或单独再版。

① 许指严：《三海秘录》，新民图书馆兄弟公司1924年版，第1页。

② 郑逸梅：《南社丛谈·历史与人物》，中华书局2005年版，第147页。

③ 这段史实参见郑逸梅：《艺海一勺》，天津古籍出版社1994年版，第160—161页。

④ 许国英：《指严随笔》，中共中央党校出版社1998年版，第320页。

⑤ 栾梅健：《掌故小说大家——许指严》，《苏州大学学报（哲学社会科学版）》，1991年第4期。

⑥《小说新报》为月刊，上海小说新报社出版，1915年3月创刊，1923年9月停刊，共出版8卷。

《十叶野闻》资料来源非常复杂，从其整体来看，既非亲身经历，又非亲见亲闻，甚至于亦不是得自传闻。综观全书文字，是书资料的主要来源是他人著述，即转引或直引他人文字以为己用。作者所“利用”的图籍中，最多的当属《慈禧外纪》。

《慈禧外纪》（又称《慈禧外传》）1910年在美国出版，1914年中译本由中华书局刊行。该书出版后，西方世界颇有好评。《纽约时报》评论说：“此书堪称权威之作，因为它所依据的事实，全都出自于宫廷档案和太后管家的私人日记，对于这本书即使是匆匆一瞥，也能感受到它卓越的品质……或许，此前从未有过这样的中文档案向世界披露过，也没有哪本书对中国宫廷生活的真相有过比这更详尽的反映。”[①]另一家杂志《观察家》评论说：“很少有哪一本围绕国家档案所写成的书，能像这本书，如此可靠、如此丰富、如此引人入胜。”[②]而实际上，《慈禧外纪》虽引用了不少上谕、奏折或日记[③]以增强其真实性，但其所记述，多得自传闻，乃至掺以个人臆想，可信度不高。许指严却不加考证，直接抄录，或采取变换表述方法的方式进行改编。兹举几例，以证其实。

第一例，慈禧立载湉时所谓的“投名之法”。

《慈禧外纪》载：

（慈禧）语次，转谓慈安曰：“据我之意，当立奕譞之子载湉。宜即决定，不可耽延时候。”恭王闻之，怒谓其弟曰：“立长一层，可以全然弃置不顾吗？”慈禧曰：“可以投名法定之。”慈安太后无异言。其结果则醇王等投溥伦，有三人投恭王之子，其余皆如慈禧意投醇王之子。于是大位遂定。[④]

① 引文来自[英]布兰德，白克浩斯：《慈禧外传》封面，河南文艺出版社2007年版。

② 引文来自[英]布兰德，白克浩斯：《慈禧外传》封面，河南文艺出版社2007年版。

③ 即《景善日记》，但《景善日记》已为丁名楠先生考证为白克浩司所伪造，见丁名楠：《景善日记是白克浩司伪造的》，《近代史研究》1983年第4期。

④ [英]濮兰德，白克好司：《慈禧外纪》，中华书局1915年版，第91页。

《十叶野闻》载：

（慈禧——引者注）语次，转谓慈安曰："据我之意，当立奕譞之子载湉。宜速断，不可延误。"慈安默然，意似不可，而难于启齿。恭王独勃然作色曰："立长一节，独可岸然不顾耶？"慈禧曰："苟不决，可以投名之法定之。"慈安亦颔之，绝无异言。于是各拈阄入一小匣中。及揭晓，则醇王等投溥伦，有三人投恭王之子，其余皆如慈禧意。①

"投名之法"（今天看来，即选举之法），在慈禧立载湉那个时代是必然没有的，这不过是濮兰德等人以己国之事妄加猜度而已。根据《翁同龢日记》记载，西暖阁会议对于皇位继承人的问题并无争执，慈禧一经宣布，除载湉之父醇王奕譞"碰头痛哭，昏迷伏地，掖之不能起"之外，诸大臣们竟无其他反映，惟知"承懿旨"而已。②可见，《慈禧外纪》中所谓的皇后有孕，慈禧、慈安、奕䜣之争，均得自传闻，毫无所依。许指严却采纳了这种不实之词。

第二例，辛酉政变事。

《慈禧外纪》载：

载垣等……遂定计谋杀两宫于途。……荣禄带兵一队，于夜间离梓宫，星夜前进，以保护两宫。

慈禧神态严静，以太后之身份谓怡亲王曰："东后及予皆深感汝及他同官护送梓宫，颇能尽其职分。今日大事已毕，监国之名，即可销去。"怡亲王闻之，厉声答曰："予之监国，乃大行皇帝遗命所授，两太后无权以去之。皇帝冲龄，非予允许，无论太后及何人，皆无权召见臣工。"慈禧答曰："我们后来再看吧。"即传谕名侍卫将三人

① 许指严：《十叶野闻》，中华书局2007年版，第35页。

② 陈义杰：《翁同龢日记》（二），中华书局1989年版，第1086—1087页。

拿下。[1]

《十叶野闻》载：

肃顺等知之，恐为先发，乃令怡亲王侍卫兵护送后妃，将于途中杀之。而荣禄以兵队至，预防其变，肃顺等遂不敢动。……怡亲王及肃顺等既至，两太后率领咸丰弟及军机大臣桂良、周祖培等咸在。慈禧神态严静，谓怡亲王曰："东后及予皆深感汝及他同官，护送梓宫颇能尽其职分。今日大事已毕，监国之名，宜即销去。"怡亲王不意慈禧突有此谕，乃厉声曰："予之监国乃大行皇帝遗命所授，两太后无权以去之。皇帝冲龄，非予允许，无论太后及何人，皆无权召见臣工。"慈禧从容曰："尔意如此？请观其后。"即传谕将怡亲王等三人逮治，一面迎梓宫于皇城大门。[2]

此段引文，抄袭之迹明显。率兵近抵热河者乃是督办皖豫间征捻事宜的钦差大臣胜保，而非荣禄。此其误一也（对于西方人来说，荣禄的知名度显然要大于胜保，以至于出现此张冠李戴的错误）。肃顺、端华、载垣等人只是赞襄政务大臣，绝无载垣摄政之事。此其误二也。除肃顺外，其余七大臣均与慈禧同日抵京，政变发生后，肃顺护送梓宫刚到北京郊外的密云，因此绝无怡亲王与肃顺同见慈禧被逮之事。此其误三也。短短一段文字，史实错误如此之多，可见许指严不加选择的抄录《慈禧外纪》，以讹传讹，危害犹大。

其他如《控鹤珍闻》中所记慈禧回銮事，同样抄自《慈禧外纪》，而《慈禧外纪》有部分内容得之于《泰晤士报》，有部分内容为己所述，《十叶野闻》一律冠以《泰晤士报》登载之名抄录。因文字甚多，不再摘引。考《十叶野闻》所记慈禧、慈安、荣禄事，多录自《慈禧外纪》。

---

① [英]濮兰德，白克好司：《慈禧外纪》，中华书局1915年版，第28—30页。

② 许指严：《十叶野闻》，中华书局2007年版，第90—91页。

除《慈禧外纪》外，该书辗转相袭他人著作的文字也有多处。如《林夫人书》一则，与1911年刊刻李岳瑞的《春冰室野乘·林夫人书稿》相同。至于《毓屠户》一则当采自罗惇曧的《拳变余闻》，《庸言》第1卷第3、4期。对比一下两段记载，叙述的基本事件、数字乃至于部分文字均相同，而《拳变余闻》出版在前，《十叶野闻》出版在后，如果不能说《十叶野闻》必定来自于《拳变余闻》，但起码可以说两则文字都有同一材料来源。

三、史实辨误

中华书局在整理说明中指出，“揭露了清朝官场的种种黑幕”，“叙事生动”。河南大学点校本对其评价很高，认为其“条例分明，亦庄亦谐，可读可信。不少史事，挖广掘深，夹叙夹议，能发前人所未发，使诸多疑点得解，贡献颇巨”[①]。不少论著将其作为重要史料使用。但如对《十叶野闻》详加考辨，则会发现其史料价值被高估：除了涉嫌抄袭以外，它在很多重要史实方面有不同程度的错误；有些文字，不啻于小说家言，充满着虚构与捏造。下文以中华书局《近代中国史料丛刊》版为依据，对《十叶野闻》中史实有重大错误者，就管见所及，论述如下。

（一）关于荣禄的记载

《十叶野闻》中多处述及荣禄，谬误很多。如《十叶野闻》载：“慈安太后实无意于垂帘干政也，慈禧心不能平，乃与其侄荣禄等设计，宣布肃顺等专擅之罪，骈诛之，于是两宫听政之局大定。”[②]“慈禧之用荣禄，以排摈载垣、端、肃之阴谋，深资臂助。”[③]

第一，荣禄非慈禧之侄。荣禄为瓜尔佳氏，祖父为喀什噶尔帮办大臣

① 许指严：《十叶野闻》，河南人民出版社1991年版，第2页。
② 许指严：《十叶野闻》，河南人民出版社1991年版，第49页。
③ 许指严：《十叶野闻》，河南人民出版社1991年版，第51页。

塔斯哈，父亲总兵长寿，和慈禧、咸丰均无亲属关系。第二，辛酉政变时，同两宫密谋而致政变成功者乃咸丰之弟奕䜣，与荣禄无关。咸丰九年（1859），荣禄仅为户部银库员外郎，咸丰十一年八月，因捐输军饷，奖候选道，十一月辛酉政变后始充神机营文案处翼长。辛酉政变时荣禄不过是个赋闲在家的候选道而已，无法参与辛酉政变①。根据许指严记载之事，荣禄当为胜保之误。辛酉政变前，胜保为督办皖豫间征捻事宜的钦差大臣，当热河行在赞襄政务大臣与慈禧、慈安进行激烈的权力之争时，胜保赶赴热河，“叩谒梓宫”②，对两宫和奕䜣表示支持。慈禧回銮之时又上疏要求“皇太后亲理万机”，“特简近支亲王佐理庶政”③，明确反对赞襄政务大臣秉政支持垂帘听政。

另该书所记荣禄被贬事语涉宫闱艳史。此书对宫闱秘闻记载尤多（如圆明园四春事，某福晋等），但既为宫闱秘闻，又岂能轻易为他人所知？述者、记者不过欲藉此以博茶前饭后谈资。

（二）关于寇连材的史实

《十叶野闻》中载有《寇太监》一则。宦官寇连材因违制上书慈禧，提出归政光绪、设立皇太子等事十条而被慈禧处死。梁启超在《戊戌政变记》中专为其作传，称其为“烈宦”，《翁同龢日记》、孙宝瑄《忘山庐日记》、文廷式《闻尘偶记》及众多笔记均有记载。但因人物的特殊性及原始史料的缺乏，各家所记均是正误参差，真相颇不易得。许指严此节记载几无与事实相符之处。

许指严说：“惟连材热心调护，帝（光绪——引者注）幸得长成。”④此情节梁启超《戊戌政变记》及其他笔记均未见记载。梁启超称寇连材15

① 王钟翰：《清史列传》（第15册），中华书局1987年版，第4494页。

②《穆宗毅皇帝实录》（一）卷二，《清实录》（第45册），中华书局1987年影印版，第99页。

③《胜保奏请皇太后亲理大政并简近支亲王辅政折》，载故宫博物院明清档案部：《清代档案史料丛编》（第1辑），中华书局1978年版，第99页。

④ 许指严：《十叶野闻》，中华书局2007年版，第107页。

岁进宫[①]，梁溪坐观老人记寇连材死时"年甫十八"[②]。据今人考证，这些记载是错误的。寇连材于1890年底或1891年进宫，此时他23岁左右[③]。如此记载不误，则寇进宫时光绪帝已20岁，不存在寇连材"热心调护"的事情。《十叶野闻》又载："光绪帝有寇连材为心腹，亦犹西太后之有李莲英"[④]，此言亦误。根据梁启超记载，寇连材入宫后为慈禧梳头房太监，"甚见亲爱"[⑤]，慈禧曾令寇连材服侍光绪以"窥探皇上之秘事"，但寇连材"深明大义"，"极言皇上英明"[⑥]，仅此而已。

许指严对寇连材记载的另一重点是戊戌变法时寇连材对光绪与康有为密谋以图刺杀慈禧之事不以为然，谏于光绪帝前。当政变发生时寇连材为拯救光绪而向昌寿公主求救，使光绪得不死，而己随即被处极刑[⑦]。此处记载完全错误。寇连材死于1896年3月，因擅自上书慈禧，犯宦官干政之禁，被处斩于菜市口。此事当时报纸有报道，《翁同龢日记》有记载。同时，慈禧也不可能"传旨坐乾清门，请祖训，奉太宗御棍，将笞帝死于门下"之事。慈禧权力再大，也不可能对一尚在位的皇帝，名义上的儿子说杀即杀，否则也就不会有戊戌之后的"大阿哥事件"了。

（三）"礼部堂议和"事

《十叶野闻》有"礼部堂议和"一事。许指严记载：英法焚烧圆明园后，奕䜣等同巴夏礼在礼部官衙议和，因巴夏礼"倔强不逊"而将巴夏礼"执而缚之，送刑部狱"[⑧]。巴夏礼被执事件实则有之，但所述具体史实完

---

① 梁启超:《戊戌政变记·附烈宦寇连材传》,中华书局1937年版,第111页。

② 张祖翼:《清代野记》,中华书局2007年版,第66页。

③ 春才,精武:《寇连材其人其事》,《历史档案》1994年第2期,第130—132页。又见中国人民政治协商会议北京市委员会文史资料委员会:《文史资料选编》(第11辑),第239页。

④ 许指严:《十叶野闻》,中华书局2007年版,第107页。

⑤ 梁启超:《戊戌政变记·附烈宦寇连材传》,中华书局1937年版,第111页。

⑥ 梁启超:《戊戌政变记·附烈宦寇连材传》,中华书局1937年版,第60页。

⑦ 许指严:《十叶野闻》,中华书局2007年版,第108—109页。

⑧ 许指严:《十叶野闻》,中华书局2007年版,第19页。

全错误。首先，巴夏礼等被执的地点是在通州附近，为僧格林沁所拘，计有巴夏礼等39人，其中英人26名，法人13名。随后，一行人被羁縻于通州，后送刑部狱。其次，巴夏礼被执的时间乃是1860年9月18日（八月初四），此时联军尚未攻占北京，圆明园也未被焚毁，咸丰帝尚在京师指挥谈判。最后，巴夏礼事件发生时清方议和代表为载垣、穆荫，在事件爆发之后，英法联军付诸武力，清军一再败退，战无所战。咸丰随即撤去载垣、穆荫钦差大臣职，改任奕䜣为钦差便宜行事大臣，督办和局[①]。并非如《十叶野闻》中所指恭亲王“独主持御议”[②]。

（四）“老庆记公司”之误

《十叶野闻》有“老庆记公司”一则，述及奕劻、载振、段芝贵、陈夔龙、陈璧等人事，该则材料反映清末重臣奕劻及其子载振的招权纳贿、昏庸腐朽之事甚详，本可作反映清末政局有用之材料，惜亦有多处史实错误，不得不使人对其材料的真实性产生怀疑。

许指严记段芝贵比载振年长，却甘为其义子。其实，载振义子乃安徽巡抚朱家宝之子朱纶。1910年御史江春霖弹劾奕劻奏中有“直隶总督陈夔龙则其（指奕劻——引者注）乾女儿滟胥。安徽巡抚朱家宝之子朱纶则其子载振之乾儿”[③]之句，并在遵旨明白回奏折中指正详实。

许指严指出陈夔龙为奕劻特别掮客，负责奕劻纳贿卖官之事，恐亦为虚构。陈夔龙于1903年调河南巡抚，1906年调江苏巡抚，1907补授四川总督后改任湖广总督，1909年调任直隶总督兼北洋通商大臣[④]。可见陈从1903年开始直至清朝灭亡均任封疆，试问其如何能有时间精力去担当奕劻的掮客？掮客又何必陈夔龙？

① 这一事件的详细情况，可参看洪燕：《巴夏礼事件与火烧圆明园》，《历史教学问题》2004年第1期。

② 许指严：《十叶野闻》，河南人民出版社1991年版，第19页。

③《宣统政纪》卷三十，《清实录》（第60册），中华书局1987年影印版，第538页。

④ 陈夔龙的历史可见其著作《梦蕉亭杂记》，中华书局2007年版。

书中又提到陈夔龙妻为奕劻亲挂朝珠，冬日以胸暖之，因而有“百八牟尼亲手挂，朝回犹带乳花香”[①]的趣诗，此处引诗亦张冠李戴。该诗所记实为乾隆朝事，某探花先令妾拜于敏中妾为干妈，于敏中死后，又令妾拜大学士兼吏部尚书梁瑶峰为义父，并赠珊瑚朝珠一串，为时人所讥，方有此一诗。事见昭梿《啸亭杂录》[②]，陈庆湘《谏书稀庵笔记》[③]及孟森《清代野史》[④]也录此轶事。

其说陈璧“未得邮部时，颇穷窘”[⑤]，在贿赂奕劻后“由道藩一跃而入为侍郎，且邮部尚书矣”[⑥]，实则陈璧在邮传部尚书前就已先后任顺天府尹、政务处总办、商部右丞、户部侍郎等职。陈璧在任户部侍郎之前担任商部右丞，并非道藩。侍郎在六部中仅次于尚书，“穷窘”之说，显属臆断。

（五）光绪帝与康有为“密谋”

许指严记载，“初，帝欲实行改革新政，与康有为等密谋去太后，杀荣禄”[⑦]，“光绪帝与康密谋于正大光明殿中时，早有一莲英腹心之太监，微闻其语”[⑧]。康有为于1898年6月16日觐见光绪帝，此其一生中唯一的一次会见光绪。此时为变法之初，光绪岂能与此时即密谋“去太后”？近人研究表明，康有为等“围园锢后”之谋则有之，但光绪并不知晓。又，正大光明殿为圆明园正殿，殿上悬雍正手书“正大光明”匾额，故名。戊戌变法时圆明园已被焚毁。许指严此处所记当知紫禁城乾清宫。但乾清宫

① 许指严:《十叶野闻》,中华书局2007年版,第146页。

② 昭梿:《啸亭杂录》,中华书局1980年版,第111页。

③ 陈庆湘:《谏书稀庵笔记》,小说丛报社1922年版,第90—91页。

④ 孟森:《清代野史》,中国人民大学出版社2006年版,第444页。另“朝回”原为“探来”,此讽刺诗据昭梿所记为纪晓岚所作。

⑤ 许指严:《十叶野闻》,中华书局2007年版,第146页。

⑥ 许指严:《十叶野闻》,中华书局2007年版,第147页。

⑦ 许指严:《十叶野闻》,中华书局2007年版,第63页。

⑧ 许指严:《十叶野闻》,中华书局2007年版,第114页。

为内廷后三宫之一，自从雍正皇帝移住养心殿以后，乾清宫即作为皇帝召见廷臣、批阅奏章、处理日常政务、接见外藩属国陪臣和岁时受贺、举行宴筵的重要场所[①]。即使有所密谋，又岂能在“正大光明”匾额之下进行？

除此而外，中华书局出版《十叶野闻》时虽已经删去了许多“荒诞不经”之言，但留下的资料如“和珅轶事”“香厂惊艳”“四春琐谭”“磨盾秘闻”等仍旧只能看作小说，有着某种事实依据，但其丰富生动的记载却有诸多虚构之处。

综上所述，可见将《十叶野闻》中的文字作为史料运用，甚至认为其具有较大的史料价值，是值得商榷的。

① 章乃炜:《清宫述闻》,北京古籍出版社1988年版,第241—242页。

结　语

历代笔记著作，都有着极为珍贵的史料。历代史家都重视笔记的记载，诸如欧阳修《新唐书》《新五代史》等都采纳笔记作为补充。在清史研究特别是近代史研究中，因为史料的极大丰富特别是档案史料的发掘，笔记资料的价值和地位有所降低，但是其所提供的资料仍旧不应为我们忽视。

史料笔记不是史学著述，它与编年体、纪传体、纪事本末体、典制体等史学著述体裁截然不同，它是文人官宦在闲暇之余随笔记录之作，没有固定的体例、没有内容的限定、也没有具体的撰述时间。它可能是作者一时兴之所至行诸于笔端而产生，也可能是作者几年甚至数十年日积月累而成；它可能是作者一时的消遣之作，也可能是有所为而刻意为之，考据辩证、天文地理、古往今来、海内海外、政治、经济、军事、社会、风俗、诗词歌赋等均有涉及。异常丰富的资料使得很多学科研究者都可能从笔记中找到适合的资料。从资料的价值来看，有不少记载保留了较为原始的素材，作者也基本上具有较为客观的态度，因而，总体而言，笔记作品从不同研究角度、研究方向来看都具有一定的史料价值。而作为笔记这一文体特征来说，因作者较少文笔或体例的束缚，因而记载也较其他史料类型更为细致而生动，便利于我们掌握历史的细节，也具有极高的可读性。1978年以来，笔记作品的出版取得了长足的进展，一大批作品通过各种方式得以重新问世、整理出版，这也为我们尽可能多地搜集笔记资料提供了可能性。所以，在历史研究中我们仍应充分地利用笔记史料，挖掘这一史料宝库。

同时，正如前文所述，笔记作品在史料的提供上也具有种种局限。材料的来源复杂多样，既有亲见亲闻，也有得自于各类传闻或转引自其他材料；受制于作者的能力、学识、道德、经历、身份、地位等影响和制约，笔记作品的水平尤其是史实的真实性方面也有明显的差异；所提供的资料固然丰富，但也有零碎驳杂之弊，研究者往往要经历披沙拣金的磨练方能找到能为己所用的资料。如果无视笔记作品的这些局限性，而采取简单的“拿来主义”，不加考证直接使用，特别是作为重要论据使用可能会导致论点的错谬。因此，在重视笔记史料价值的同时不盲目的迷信其价值就非常必要了。

综上，根据笔记提供资料的特点，我们在利用史料笔记时，还需要注意以下三个方面。

一、笔记史料不宜作为主要证据使用。任何史料的真实性都是相对的，即使是最为原始的史料，如档案也仍旧会有删改和伪造，更不用说档案所涉及的内容了。笔记作品中作为第一手史料的是那些记载亲身经历或记载亲见亲闻的文字，但是，这些文字也可能会因为作者主观因素的影响或记忆错误而导致记载失实。因此，相对于档案、日记等对历史反映更为直接的史料类型来说，整体来看，笔记史料不宜作为历史研究的主要证据使用。

二、使用笔记史料时，要对史料进行精审的考辨。要想笔记资料的史料价值能得到更好的发挥，在使用时就要具体地考察笔记史料的可信度与真实性，而决不能不加考证直接使用。

三、要遵循孤证不立的原则。“孤证不立”是历史研究在运用史料时的基本准则，它告诉我们在引用论据进行论证时如果只有一条材料，那么就不能据此去确定历史的真实，解决历史问题。梁启超在他的《清代学术概论》中就说：“孤证不为定说。其无反证者姑存之，得有续证则渐信之，遇有力之反证则弃之。”[1]这是考据的一个基本原则。如果需要孤证的情况，利用起来必须慎之又慎。

总之，近代笔记史料对晚清史研究而言，是一座异常丰富的资料宝库，我们要勇于挖掘开拓其中的有意义有价值的资料，为晚清史研究提供更广阔的史料储备；采取重视而不盲从的态度，严格考证，尽可能地发挥史料笔记的价值。

① 梁启超:《清代学术概论》,上海古籍出版社1998年版,第47页。

主要参考文献

史料笔记

[1] 陈庆溎：《谏书稀庵笔记》，小说丛报社1922年版。

[2] 刘禹生：《世载堂杂忆》，中华书局1960年版。

[3] [清]李光庭，王有光：《乡言解颐　吴下谚联》，中华书局1982年版。

[4] [清]震钧：《天咫偶闻》，北京古籍出版社1982年版。

[5] 崇彝：《道咸以来朝野杂记》，北京古籍出版社1983年版。

[6] [清]薛福成：《庸庵笔记》，江苏人民出版社1983年版。

[7] [清]王之春：《椒生随笔》，岳麓书社1983年版。

[8] [清]欧阳兆熊，金安清：《水窗春呓》，中华书局1984年版。

[9] [清]陈康祺：《郎潜纪闻初笔二笔三笔》，中华书局1984年版。

[10] [清]继昌：《行素斋杂记》，上海书店1984年版。

[11] [清]福格：《听雨丛谈》，中华书局1984年版。

[12] 朱德裳：《三十年闻见录》，岳麓书社1985年版。

[13] [清]欧阳昱：《见闻琐录》，岳麓书社1986年版。

[14] [清]张焘：《津门杂记》，天津古籍出版社1986年版。

[15] 刘体智：《异辞录》，中华书局1988年版。

[16] [清]陈其元：《庸闲斋笔记》，中华书局1989年版。

[17] 姚永朴：《旧闻随笔》，黄山书社1989年版。

[18] [清]王韬：《瀛壖杂志》，上海古籍出版社1989年版。

[19] 葛元煦，黄式权，池志徵：《沪游杂记　淞南梦影录　沪游梦影》，上海古籍出版社1989年版。

[20] 吴庆坻：《蕉廊脞录》，中华书局1990年版。

[21] 毓盈：《述德笔记》，中国社会科学出版社1991年版。

[22] [清]方濬师：《蕉轩随录　续录》，中华书局1995年版。

[23] 况周颐：《眉庐丛话》，山西古籍出版社1995年版。

[24] 李孟符：《春冰室野乘》，山西古籍出版社1995年版。

[25] 梁溪坐观老人：《清代野记》，山西古籍出版社1996年版。

[26] 徐一士：《一士类稿》，山西古籍出版社1996年版。

[27] 徐一士：《一士谈荟》，山西古籍出版社1996年版。

[28] 徐一士：《近代笔记过眼录》，山西古籍出版社1996年版。

[29] 杨寿枏，昂孙：《云在山房丛书三种　网庐漫墨》，山西古籍出版社1996年版。

[30] 孙静庵，李岳瑞：《栖霞阁野乘·悔逸斋笔乘》，山西古籍出版社1997年版。

[31] 葛虚存：《清代名人轶事》，山西古籍出版社1997年版。

[32] 何刚德：《春明梦录·客座偶谈》，山西古籍出版社1997年版。

[33] 徐一士，徐凌霄：《凌霄一士随笔》，山西古籍出版社1997年版。

[34] 易宗夔：《新世说》，山西古籍出版社1997年版。

[35] 刘声木：《苌楚斋随笔续笔三笔四笔五笔》，中华书局1998年版。

[36] 张一麐：《古红梅阁笔记》，上海书店出版社1998年版。

[37] 黄濬：《花随人圣庵摭忆》，山西古籍出版社、山西教育出版社1999年版。

[38] 李伯元：《南亭笔记》，山西古籍出版社、山西教育出版社1999年版。

［39］王伯恭，江庸：《蜷庐随笔　趋庭随笔》，山西古籍出版社、山西教育出版社1999年版。

［40］徐珂：《清稗类钞》，中华书局2003年版。

［41］俞樾：《右台仙馆笔记》，齐鲁书社2004年版。

［42］胡思敬：《国闻备乘》，中华书局2007年版。

［43］岑春煊，恽毓鼎：《乐斋漫笔　崇陵传信录（外二种）》，中华书局2007年版。

［44］许指严：《十叶野闻》，中华书局2007年版。

［45］[清]汪康年：《汪穰卿笔记》，中华书局2007年版。

［46］陆丹林，丁士源：《革命史谭　梅楞章京笔记》，中华书局2007年版。

［47］陈夔龙：《梦蕉亭杂记》，中华书局2007年版。

［48］[清]祁寯藻等：《〈青鹤〉笔记九种》，中华书局2007年版。

论　著

［1］荣孟源：《史料和历史科学》，人民出版社1987年版。

［2］郑逸梅：《民国笔记概观》，上海书店出版社1991年版。

［3］刘德仁，盛义：《中国民俗史籍举要》，四川民族出版社1992年版。

［4］吴礼权：《中国笔记小说史》，商务印书馆国际有限公司1997年版。

［5］苗壮：《笔记小说史》，浙江古籍出版社1998年版。

［6］叶再生：《中国近代现代出版通史》，华文出版社2002年版。

［7］刘叶秋：《历代笔记概述》，北京出版社2003年版。

［8］谢国桢：《明清笔记谈丛》，上海书店出版社2004年版。

［9］冯尔康：《清史史料学》，沈阳出版社2004年版。

［10］郑宪春：《中国笔记文史》，湖南大学出版社2004年版。

［11］来新夏：《清人笔记随录》，中华书局2005年版。

论　文

［1］王多闻：《笔记杂谈》，《图书馆学刊》1980年第1期。

［2］瞿林东：《杂谈正史和野史》，《江淮论坛》1982年第3期。

［3］来新夏：《清人笔记的史料价值——〈清人笔记随录〉代序》，《天津社会科学》1987年第1期。

［4］任道斌：《如何利用明清的野史笔记》，《文史知识》1988年第10期。

［5］杨云海：《略谈掌故》，《史志》1989年第6期。

［6］程毅中：《略谈笔记小说的含义及范围》，《古籍整理研究学刊》1991年第2期。

［7］缪钺，胡昭曦：《论野史——中国野史集成序言》，《四川图书馆学报》1994年第2期。

［8］夏祖恩：《"清代野史"的史学地位初探》，《福建师范大学学报（哲学社会科学版）》1995年第1期。

［9］吴绍釚：《"野史"特征漫议》，《东疆学刊（哲学社会科学版）》1996年第2期。

［10］王树民：《从史学谈明清小说野史的价值》，《河北师范大学学报（社会科学版）》1998年第1期。

［11］陈立：《中国史学史上的正史与野史》，《四川大学学报（哲学社会科学版）》1999年第2期。

［12］雷颐：《稗史与正史》，《上海文学》1999年第9期。

［13］张智华：《笔记的类型与特点》，《江海学刊》2000年第5期。

［14］瞿林东：《说野史》，《齐鲁学刊》2001年第1期。

［15］陶敏，刘再华：《笔记小说与笔记研究》，《文学遗产》2003年第2期。

［16］阚红柳：《私家修史刍议》，《辽宁大学学报（哲学社会科学版）》2004年第2期。

［17］郑宪春：《论清代笔记》，《船山学刊》2005年第1期。

后　记

本著是在我的博士论文的基础上修改而来。2008年，我有幸进入安徽大学历史系攻读“历史文献学”博士学位，师从张金铣老师和吴春梅老师，研读方向为“近代历史文献与文化”。历史文献学在历史学各二级学科中是比较艰深的学科，我又非历史文献学专科出身，虽经博士一年补课，然终难窥门径。好在二位导师赞同了我以“近代史料笔记”为主题撰写博士论文的设想。此后，我便多方搜集近代以来出版的史料笔记，结合自己较为熟悉的晚清史，略谈史料笔记的价值所在，考辨路径和出版现状，并经两位导师的精心指导，最终成文。

史料笔记的价值及其局限，前人多有评述。近来则有冯尔康先生在《清史史料学》中辟专章谈“笔记”史料，来新夏先生以八十余高龄成书《清人笔记随录》，收录清代笔记200余种。此外，尚有谢国桢先生的《明清笔记谈丛》、刘叶秋先生的《历代笔记概述》、郑宪春先生的《中国笔记文史》等作品。一些较为著名的近代史料笔记，也有学者专文研究。本著的写作，从诸位学者的研究成果中受益良多。

本著的出版要感谢的对象很多。首先，感谢池州学院科研处和校学术委员会的支持，将本著纳入池州学院专著出版基金资助项目。其次，感谢池州学院副校长阳光宁教授，慨然将本著纳入“阳光宁名师工作室”出版资助计划。再次，感谢池州学院皖南民俗文化研究中心主任谈家胜教授自始至终对本著的出版予以关怀。最后，感谢安徽师范大学出版社诸位同志的帮助，特别是为本著编校的李慧芳编辑、蒋璐编辑，本著中一些观点、材料等问题，经往来沟通交流，均得到妥善解决。没有他们的支持和帮助，个人的出版心愿是难以实现的，在此谨致谢意。

因本人学识有限，在讨论笔记的定义，包括笔记同野史、小说、笔记小说的区别时，虽力图有较全面地诠释，但仍力有未逮。在讨论近代史料笔记的价值时，虽尽可能地广泛搜集，但限于眼界，仍有所遗漏。因此，本著虽历经修改，但仍不尽成熟，敬请专家学者批评指正，也望读者见谅。

黎俊祥

2021年11月